KB046347

애플 엔비디아 쇼크웨이브

애플 엔비디아

AI 반도체
전쟁의 최후 승자는
누가 될 것인가

백종민 지음

APPLE NVIDIA SHOCKWAVE

쇼크웨이브

세종

프롤로그

애플-엔비디아-TSMC 삼각편대로 이어지는
AI·모바일 반도체 전쟁의 미래

"애플이 반도체 기업이라고?"

애플은 우리에게 아이폰으로 잘 알려져 있지만, 사실 전 세계 10위권 내에 드는 반도체 공급업체다. 반도체 설계 능력 No. 1이라는 평가를 받는 반도체 시장의 숨은 강자로, 애플의 우수한 반도체 칩 자체 설계 능력은 앞으로 반도체 시장의 판도를 뒤흔들어 놓을 것이다. 사실 애플은 칩을 자체 설계하기 이전에도 반도체 전쟁의 한가운데에 있었다. 애플이 어떤 칩을 선택하고 어느 기업과 관계를 절연하는지에 따라 세계적인 칩 메이커들의 명운이 달라졌다. 여기에는 엔비디아, 인텔, 삼성도 예외가 아니다.

어느덧 애플 아이폰이 세상에 등장한 지도 16년이 지났다. 스티브 잡스 애플 창업자가 키패드가 없는 첫 스마트폰을 선보인 후 우리의 일상은 완전히 달라졌다. 맥 PC와 MP3 플레이어 '아이팟' 제조사 애플은 이제 아이폰 외에도 태블릿 PC(아이패드), 시계(애플 워치), 무선 이어폰(에어팟)까지 선보이며 명품 이미지를 굳혔다. 삼성이 구글의 도움을 받아 안드로이드폰으로 치열하게 애플과 경쟁해왔지만, 아이폰의 아성을 뛰어넘기는 쉽지 않다.

물론, 여전히 안드로이드 스마트폰의 시장 점유율은 70%대에 이른다. 아이폰의 점유율은 아직도 30%가 채 안 된다. 그럼에도 어떻게 아이폰을 제조하는 애플은 시가총액 3조 달러 기업이라는 성과를 냈고 안드로이드 진영 스마트폰들의 부진은 두드러지는 것일까? 어떤 이유로 소비자들은 애플의 생태계에 갇히기를 스스로 원한 걸까?

요즘 애플 제품을 디자인 때문에 구입한다는 이들은 얼마나 될까? 남들과 달라 보이기 위해 애플을 선택했던 것은 과거의 일이다. 이제는 애플 제품의 성능이 뛰어나기 때문이라고 평가하는 소비자들이 많다. 소프트웨어는 애플의 iOS와 안드로이드가 서로 닮아가며 비슷해졌지만, 어째서 아이폰의 성능은 강해지고 안드로이드 계열 스마트폰의 성능은 아이폰을 따라가지 못했던 걸까? 왜 10년 가까이 아이폰에 밀리기만 했던 갤럭시 S의 판매는 최근 다시 상승세로 돌아선 걸까?

정답은 반도체다. 애플이 직접 설계한 아이폰용 칩 A 시리즈가 안드로이드 진영 스마트폰들이 사용하는 퀄컴, 삼성, 미디어텍 등의 칩보다 월등한 성능을 보이자 소비자들은 아이폰으로 돌아섰다. 2020년 등장한 M 시리즈 칩은 인텔의 CPU 독주가 끝났음을 만천하에 알렸다.

2010년 이후 애플의 진화는 반도체의 변화와 함께했다. 애플이 직접 설계한 반도체는 이제 애플 제품 대부분에 사용된다. 애플은 삼성보다 뒤늦게 반도체를 설계해 하드웨어와 소프트웨어를 모두 장악하며 애플 생태계를 발전시켜왔다. 생태계의 구심점이 무엇인지를 파악한 결과였다.

PC라는 개념을 탄생시킨 애플은 반도체의 중요성을 일찌감치 깨닫고 있었다. 지금 반도체 설계의 가장 정점에 있는 기업 ARM도 애플의 필요로 탄생했다는 점은 애플의 변화가 어느 순간 갑자기 이루어진 결정이 아니라 수십여 년에 걸쳐 준비한 결과물임을 보여준다. 스티브 잡스는 아이폰과 아이패드, 아이팟이라는 21세기의 히트작들을 탄생시켰지만, 유품으로 남긴 반도체를 통해 애플 왕국에 주춧돌을 놓았다.

잡스와 애플의 변화는 전 세계 칩 비즈니스에 시사하는 바가 크다. 잡스는 TSMC가 몰고 온 설계와 생산의 분리라는 반도체 시장의 변화를 정확히 읽으며 종합반도체 업체인 인텔을 궁지로 몰아넣었다.

잡스가 애플이 사용하는 모바일 기기에 사용할 칩을 스스로 설계하겠다는 당찬 계획을 세울 때 경쟁사들은 어떤 결정을 했을까? 애플에 칩을 팔고 푼돈을 받을 필요가 없다고 판단한 인텔은 반도체 절대 왕좌 1위라는 평가에서 멀어졌다. 이제 와서 과거의 영광을 되찾겠다는 노력을 기울이지만 갈 길은 멀기만 하다. 인텔 장기 투자자들은 삼성전자에 투자한 주주들보다 더욱 답답한 상황이다. 애플을 고객으로 잡은 TSMC는 반도체 산업의 중심지로 거듭났고, 애플을 빼앗긴 삼성전자 반도체 사업은 여전히 메모리 위주다.

2000년 이후 반도체의 막후 세력이었던 애플이 이제는 미래 반도체의 핵심으로 자리 잡았다면, '다크호스' 엔비디아는 여러 차례 위기를 넘기며 창사 이래 집요하게 GPU(Graphics Processing Unit, 그래픽 처리 장치) 반도체 하나만 물고 늘어지다가 기회를 낚아채서 호랑이 등에 올라탄 기세다. 챗GPT 혁명 시대에 가장 독보적인 기업으로 부상한 엔비디아는 애플에 맞설 수 있는, 아니 애플을 뛰어넘을 수도 있는 잠재력을 가진 유일한 기업으로 평가된다. 전기차 혁명을 주도했던 테슬라와 일론 머스크Elon Musk가 누렸던 '선도자'의 위상은 이제 AI 혁명의 조력자 엔비디아에 쏠린다.

지금 투자자들은 챗GPT를 탄생시킨 오픈AI에 투자한 마이크로소프트(이하 MS)보다도 엔비디아에 주목한다. AI를 만들 수 있는 것은 오픈AI 외에 구글, 메타 등이 있지만 엔비디아가 없다면 AI 자체가 성립될 수 없다는 사실을 누구나 인정하고 있다. MS가 애플의 장기 독주를 끝내고 미국 시가총액 1위 자리를 차지한 것도 엔비디아가 일찌감치 AI의 가능성을 확인하고 오픈AI를 전폭적으로 지원하지 않았다면 불가능했다.

엔비디아는 반도체 업계 최초의 시가총액 1조 달러 기업에 등극한 후 2조 달러까지 단숨에 넘어섰다. 이제 엔비디아가 애플을 추월하는 것도 머지않았다는 증권가의 분석도 이어지고 있다. 그러나 엔비디아는 젠슨 황Jensen Huang CEO를 제외하면 대외적으로 거의 알려지지 않았다. 그만큼 엔비디아에 관한 정보가 범용적이지 않았고 최근에야 관심이 쏠린 탓이다.

애플의 급부상으로 침체를 겪었던 인텔, 퀄컴, 삼성 등 기존 반도체 업계는 AI의 부상이 반갑다. 애플의 약점인 AI를 물고 늘어진다면 반격의 기회가 있는 것이 삼성-구글-퀄컴 연합군이 선보인 갤럭시 S24에 의해 확인됐다. 기회가 왔을 때 잡지 못한다면 추격은 더 힘들어질 것이 자명하다.

한편, 애플과 엔비디아의 쇼크웨이브는 바로 이 기업이 탄탄하게 받쳐주고 있다. 대만 TSMC다. TSMC가 토대를 만든 파운드리라는 새로운 반도체 사업 모델이 없었다면 지금 애플과 엔비디아가 누리는 위상이 가능했을까? 반도체는 설계와 생산을 한 기업이 담당하는 종합반도체 업체가 해야 한다는 불문율이 깨지지 않았다면 반도체 산업의 모습은 지금과 완전히 달라졌을 것이다, 두 회사는 반도체 사업을 할 수 있는 구조를 만든 TSMC에 큰 빚을 졌다.

현대 반도체 산업의 흐름은 1980년대 이후 CPU에 이어 AP, 그리고 GPU로 흐름이 변해왔다. 한국은 2000년대 초반 메모리 반도체 위주에서 벗어나 시스템 반도체를 육성해야 한다는 목소리가 높았지만, 여전히 우리는 시스템 반도체 분야에서 선두에 있다고 하기 어렵다. 물론 영원한 승자는 있을 수 없다. 꾸준한 투자와 비전만 있다면 역전은 가능하다. 애플도 반도체가 없어 고민을 거듭하다 결국 반도체를 자체 제작한 자신만의 생태계를 만들어 경쟁사가 넘보기 힘든 위치에 올랐다. 엔비디아는 도산의 위기 속에서도 GPU에 소프트웨어를 지원해 AI 시대의 '승자' 자리를 차지했다. 애플은 소비자 시장에서, 엔비디아는 기업용 시장을 선도하고 있지만 결국 두 회사는 이미 경쟁을 예고하고 있다.

코로나19 팬데믹 이후 발생한 반도체 병목 현상으로 인해 반도체 산업은 변화의 기점에 서 있다. 반도체 업체 간의 경쟁은 물론 국경을 넘어 반도체 기업을 유치하기 위한 경쟁이 치열하다. 과연 이러한 변수 속에 누가 미래 반도체 시장의 승자가 될 것인지 섣불리 예견하기는 어렵다. 다만 승자가 있다면 패자도 있는 법. 반도체 업계에 영원한 1위는 없다. 왕조가 만들어진 것 같아도 이내 새로운 승자가 탄생하곤 했다.

모바일 반도체와 AI는 경쟁구도가 아니다. 하나만으로는 완벽할 수 없다. 결국은 두 분야가 적절히 융합해야 진정한 AI의 정수를 맛볼 수 있을 것이다. 단순한 챗봇이 아니라 AI 시대에도 아이폰처럼 기존의 틀을 완전히 바꿀 수 있는 무언가가 등장할 것이다. 그 무엇을 찾아내기 위한 경쟁의 총성은 이미 울렸다.

《애플 엔비디아 쇼크웨이브》는 애플과 엔비디아가 반도체 시장에 뛰어들며 벌어진 격변의 현장과 새로운 반도체 질서의 형성을 다룬다. 엔비디아를 비롯해 TSMC, AMD, 인텔, ARM, 퀄컴, 삼성, 구글, 테슬라 등 애플에 맞서는 빅테크 기업들을 통해 반도체 시장의 흐름을 진단하고 미래를 전망한다. 특히 AI 반도체로 급부상해 미국 시가총액 1위를 노리고 있지만 잘 알려지지 않은 엔비디아의 성공 비결을 밝힌다.

부디 이 책을 통해 모바일과 AI 시대 반도체의 미래가 어떻게 펼쳐질지에 대한 작은 힌트라도 얻을 수 있기를 희망해본다. '아이폰'과 '엔비디아'의 순간을 놓쳤다고 아쉬워만 말자. 또 다른 '순간'은 오기 마련이다.

차례

1장

AI·모바일 칩 워, 애플과 엔비디아의 참전

4장
애플 실리콘의 출발점, ARM

5장

애플·TSMC, 동맹 시장을 바꾸다

8장
미래 반도체 산업의 지배자는 누구인가

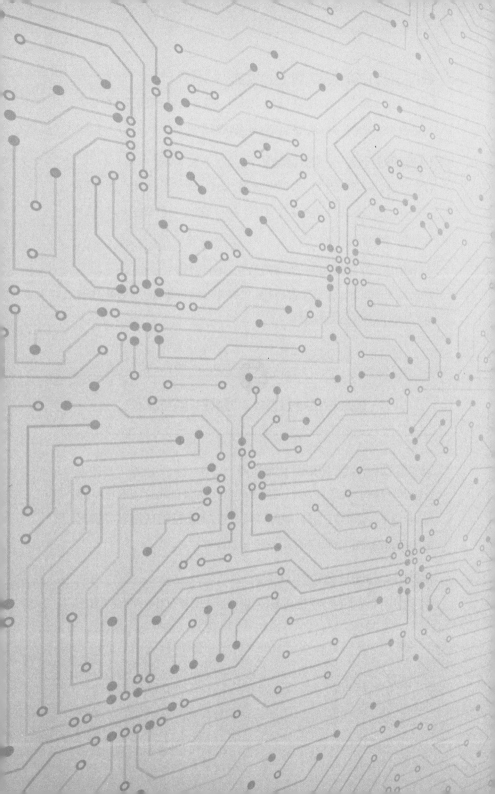

1장

AI · 모바일 칩 위, 애플과 엔비디아의 참전

AI 반도체 시대가 온다

"무어의 법칙은 죽었다."

젠슨 황(엔비디아 CEO, 2022. 9. 21)

트랜지스터에서 AI 칩까지 반도체의 역사

뉴욕 특파원으로 근무할 때 주말이면 뉴저지주의 해변을 종종 방문하곤 했다. 저지 쇼어Jersey shore는 코로나19로 지친 몸과 마음을 달래주는 장소였다. 그 날도 역시 해변에서 아이와 함께 게를 잡은 뒤 운전을 해서 돌아오는데 어쩐 일인지 평소와는 다른 도로를 타고 싶었다. 그랬는데 뜻밖에도 울창한 숲과 호수가 보이는 듯하더니 범상치 않은 아우라를 가진 건물이 눈에 들어오는 게 아닌가.

'이런 곳에 사무실이 있을 리 없을 텐데….'

어떤 건물인지 호기심이 일었다. 노키아 벨 랩Nokia Bell Labs이라

최초의 반도체가 탄생한 노키아 벨 연구소 ⓒ 위키피디아

는 간판이 눈에 띄었다. 반도체와 통신 담당 기자라면 자주 들었던 이름이라 단박에 알아볼 수 있었다. "여기가 반도체의 역사가 시작된 곳이구나!" 하는 감탄이 절로 나왔다. 그동안 인텔, AMD, IBM 등 컴퓨터 시대 빅테크 기업들의 공장이나 각종 행사장을 방문하며 다양한 반도체를 접했지만, 정작 반도체가 탄생한 곳을 뉴저지의 해변에서 우연히 마주칠 것이라고는 생각조차 못 했다.

제2차 세계대전의 포성이 멎은 지 고작 2년 후인 1947년, 미국 뉴욕시에서 멀지 않은 뉴저지의 한적한 해변가 마을 머레이 힐에서는 산업의 역사를 바꿀 위대한 성과가 탄생했다. 이곳에 자리 잡은 벨 연구소(지금은 한때 휴대폰 시장을 장악했던 노키아에 인수돼 '노키아 벨 연구소'라는 간판을 달고 있다) 소속인 윌리엄 쇼클리William Shockley

벨 연구소에서 윌리엄 쇼클리(중앙)가 존 바딘(왼쪽), 월터 브래튼(오른쪽)과 함께 있는 모습 (1948) © 노키아 벨 연구소 홈페이지

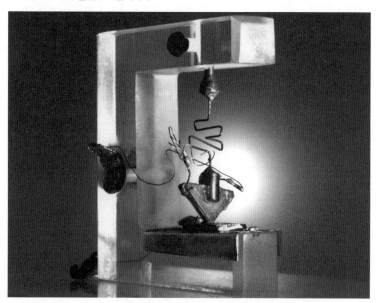

윌리엄 쇼클리가 만든 트랜지스터 © 노키아 벨 연구소 홈페이지

의 주도로 '트랜지스터(세 개 이상의 전극을 가진 반도체 소자로, 증폭과 연산 등의 작업을 수행한다)'라는 새로운 발명품이 탄생했던 것이다. 커다란 진공관을 대신해 전기 신호를 증폭해주는 트랜지스터의 등장은 이후 '산업의 쌀'이라고도 불렸던 반도체 산업의 시발점으로 평가받는다.

대개 '반도체' 하면 계산을 처리하는 집적회로나 정보를 저장하는 메모리를 생각하기 쉽다. 하지만 반도체의 출발점이 트랜지스터라는 사실은 변하지 않는다. 지금도 CPU(Central Processing Unit, 컴퓨터 중앙처리장치)나 스마트폰 속에 자리 잡은 애플리케이션 프로세서(Application Processor, 이하 AP) 신제품이 등장할 때면 몇 개의 트랜지스터를 '집적'했다는 표현을 쓴다. 트랜지스터로 시작된 반도체는 이후 집적회로IC, CPU, AP로 진화하며 계산기, 컴퓨터, 스마트폰을 만들기 위한 핵심 부품이 됐다.

무어의 법칙은 아직도 유효한가?

반도체 기업들은 더 많은 트랜지스터를 집적해 성능을 끌어올리는 데 주력해왔다. 이를 대변하는 단어가 '무어의 법칙Moore's Law'이다. 고든 무어Gordon Moore 인텔 창업자는 "반도체는 2년마다 집적도가 배로 늘어난다"고 말했다. CPU의 '종가' 인텔은 무어의 법칙을 이어가야 한다는 숙명을 안고 반도체 시장을 장악했다. 무어의 예언을 지키기 위해 인텔은 물론 삼성전자 등 반도체 업체들은 혁신의 혁신을 거듭해왔다. 지금도 인텔을 필두로 여러 반도체 기업이 무어의 법칙을 이어가기 위해 경쟁하고 있다. 무어가 남긴 이 한마디는 후학들에게는 '주홍글씨'다. 무어의 법칙을 지키기는 어렵고 포기하기에는 아쉽다.

무어는 앞에서도 언급한 최초의 반도체 트랜지스터를 만든 윌리엄 쇼클리 밑에서 일하던 '8인의 배신자(대표인 윌리엄 쇼클리와 일하는 방식이 맞지 않아 퇴사한 8인의 연구원들로, 실리콘밸리의 신화를 열었다)'와 함께 회사를 나와 페어차일드 반도체를 설립했고, 이후에는 로버트 노이스Robert Noyce와 독립해 인텔을 세웠다. 노이스가 1대, 무어가 2대 인텔 CEO였다. 두 사람은 훗날 인텔 3대 CEO가 되는 앤디 그로브Andy Grove를 채용해 진정한 반도체 집적회로 시대를 열었다. 집적회로는 텍사스인스트루먼트(Texas Instrument, 이하 TI) 출신의 잭 킬비Jack Killby가 개발했지만, 꽃은 인텔이 피웠다. 일본에 밀린 D램(Dynamic Random Access Memory, 시간이 경과하면 기억된 정보가 지워지는 기억 장치) 사업을 과감히 포기한 것도 무어와 그로브다.

1980년대 개인용 컴퓨터Personal Computer 시대가 시작된 후 2000년대 후반까지 반도체 시장의 중심은 단연 CPU였다. D램을 포기하고 CPU로 돌아선 인텔은 반도체 업계의 '원톱'으로 부상했다. 누구도 인텔의 위상을 꺾을 수 없을 것 같았다. 첨단 반도체 생산을 위한 미세화 공정은 물론 CPU 설계에서도 인텔을 꺾을 수 있는 경쟁자는 나타나지 않았다.

그런 상황을 송두리째 바꾼 장본인이 애플이다. 애플은 2007년 아이폰을 선보이며 스마트폰용 AP 반도체 시대를 열었다. 애플은 이미 AP 시장을 장악한 기업 대신 삼성전자와 ARM(한국에서는 '암'으로 읽는다)의 도움을 받아 반도체 시대의 새 장을 열었다. 심지어 애플은 AP를 직접 설계하며 팹리스[●] 반도체 업체로의 변신까지 시도했다. 애플이 시도한 변화를 따라 퀄컴, 미디어텍, 삼성전자 등이 본격적으로 AP 개발에 나섰다. 인텔만이 과거의 성공을 견인했던 CPU에 대한 집착을 버리지 못했다. 결국 철옹성 같던 인텔의 '반도체 제왕'이라는 왕좌도 무너지기 시작했다. 시장의 흐름은 AP와 GPU로 넘어갔다.

이 과정에서 반도체 기업들의 숙명인 '무어의 법칙'도 힘을 잃어갔다. 반도체 집적을 통한 처리 속도 경쟁이 아니라 더 작으면서도 전력 소모가 적고 강력한 칩이 필요해졌다. 무어의 법칙이 힘을 잃는 상황에서 애플, 엔비디아, TSMC가 급성장하기 시작한 것은 우연이 아니다.

무어의 법칙은 전보다 힘을 잃었지만 여전히 반도체 산업에서 중요한 영향력을 끼친다. 이러한 무어의 법칙에 대해 반도체 기업들의 입장도 갈린다. 애플과 인텔은 무어의 법칙을 지키기 위해 무던히 노력 중이다. 반면 엔비디아는 무어의 법칙에 종말을 선언했다. 인텔과 애플, 엔비디아의 입장을 좀 더 구체적으로 살펴보도록 하자.

● 팹리스: Fabrication +less의 합성어로, 반도체 제품을 직접 생산fabrication하지 않고 반도체 설계를 전문적으로 하는 반도체 회사를 의미한다.

인텔, "무어의 법칙이 잘 살아 있다"

2022년 9월 미국 반도체법●이 법제화된 직후, 한창 미국으로 반도체 시설을 옮겨오는 리쇼어링reshoring에 대한 기대감이 클 때였다. 리쇼어링의 선봉에 선 팻 겔싱어Pat Gelsinger 인텔 CEO는 "무어의 법칙이 아주 잘 살아 있다"라고 말했다. 그는 "우리는 단일 패키지에 약 1,000억 개의 트랜지스터를 집적시킬 것이고 10년이 지나면 1조 개의 트랜지스터를 집적시킬 것이다"라고 주장했다. 무어의 법칙이 끝났다는 주장이 이어졌지만 2021년 인텔의 구원투수로 투입된 팻 겔싱어 CEO는 2.5D나 3D 칩 패키징 기술●●을 이용한 '슈퍼 무어'의 법칙을 꺼내 들었다. 그는 향후 10년간 무어의 법칙이 유지될 거라고 자신했다. 겔싱어는 브라이언 크르자니크Brian Krzanich 전 인텔 CEO가 2015년 무어의 법칙이 둔화했다고 공언한 것도 부인했다. 자신이 무어의 법칙의 적자임을 내세운 것이다.

겔싱어가 무어의 죽음에 대해 X(옛 트위터)에 올린 글도 무어의 유산을 물려받겠다는 의지를 보여준다. 겔싱어는 무어가 "우리가

● Chips Act: 반도체, 인공지능 등을 포함하는 첨단기술 및 산업에 대한 보조금 지급, 세액 공제, 인력 양성 등을 보장한 법. 중국을 견제하고 자국의 기술을 강화하려는 노력의 일환으로 볼 수 있다.

●● 2.5D 칩 패키징 기술은 전자회로 구성에 쓰이는 로직 반도체와 저장용 메모리를 1개의 패키지 안에 집어넣는 기술이다. 3D 칩 패키징 기술은 칩을 3차원적으로 쌓아 올리는 기술로 칩 간 데이터 전송 시간이 짧아서 훨씬 빠른 속도와 낮은 전력 소비를 제공한다.

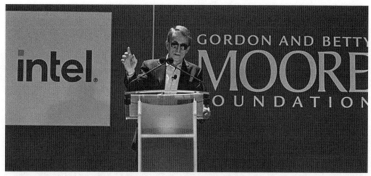

2023년 6월 팻 겔싱어 인텔 CEO가 고든 무어의 업적을 기리는 연설을 하고 있다. © 인텔

했던 것을 더 잘할 수 있다What can be done, can be outdone"라고 말했음을 강조했다. 그는 "무어와 로버트 노이스가 시작한 일을 더 잘해내기 위해 끊임없이 노력하겠다"고 굳게 다짐했다.

애플, "진정한 선지자를 따르겠다"

팀 쿡Tim Cook 애플 CEO는 고든 무어의 사망을 추모하면서 '진정한 선지자' 무어의 길을 따르겠다고 했다.

"무어는 실리콘밸리를 세운 아버지founding father 중 한 명이며, 기술 혁명의 길을 연 진정한 선지자true visionary였다. 그가 닦아놓은 길을 뒤따르는 우리들은 그에게 감사해야 한다."

많은 실리콘밸리 스타들이 무어를 기억했지만, 쿡의 발언은 남다르다. 지금의 애플은 과거의 애플이 아니다. 이미 애플은 인텔과 AMD(PC와 서버), 퀄컴(스마트폰)으로 형성된 반도체 시장을 뒤흔들었다. 애플이 직접 설계한 반도체인 애플 실리콘Apple Silicon에 밀려난 인텔의 사례는 현대 반도체의 중심이 어디로 향하는지를 잘 보여준다. 팹리스 반도체 업체로서의 애플의 위상을 고려하면 쿡의 발언에서 애플이 무어의 법칙을 이어가겠다는 의지가 엿보인다. 아니, 반도체 업계 최고를 노리겠다는 목표를 제시한 것일 수도 있다.

쿡의 자신감은 이미 무어의 사망 1년 전에 등장한 'M1 울트라' 칩에서 엿볼 수 있다. M1 울트라 칩은 애플의 최고가 PC인 '맥스튜디오'에 들어간다. 애플은 두 개의 M1 맥스 칩을 정교하게 붙여서 하나의 M1 울트라 칩으로 새로 탄생시켰다. 반도체 업계에서는 '칩렛chiplet'이라고도 불리는 이 기술은 미세화 공정의 어려움을 우회해 무어의 법칙을 이어갈 수 있는 희망으로 떠오르고 있다.

M1 울트라 칩 출시 행사에서 애플의 앤디 밀러Andy Miller 부사장도 "어떤 의미에서 이 기술은 무어의 법칙에 대한 것일 수 있다"고 말했다. 애플도 무어의 법칙이 반도체는 물론 IT 기기 시장에 미치는 영향력을 잘 알고 있음을 설명한 것이다.

애플에게는 파트너도 있다. M1 울트라를 만들기 위해 M1 맥스 칩 두 개를 잇는 기술은 TSMC의 몫이었다. 인텔이 쿼드코어 CPU인 '코어2 쿼드'를 처음 선보일 때도 이런 방식을 택했다.

헤수스 델 알라모Jejus del Alamo MIT 교수는 〈와이어드Wired〉와의 인터뷰에서 애플과 TSMC의 시도에 대해 "반도체 산업의 기술에 대한 발언은 무어의 법칙뿐 아니라 아직 결합되지 않은 다른 기술에 의해서도 이뤄질 수 있음을 시사한다"고 말했다.*

애플은 생산 공정의 개선과 새로운 칩 설계 방식으로 아이폰, 맥 PC의 성능을 높이려 한다. 덕분에 반도체 생태계는 더 높은 성능과 낮은 전력 소비라는 목표를 향해 나아가고 있다.

엔비디아, "무어의 법칙은 끝났다"

'검은색 가죽점퍼의 사나이'가 운영하는 기업, 현재 세계 반도체 업계 시가총액 1위. 가상화폐에 이어 AI라는 날개를 단 엔비디아는 무어의 법칙을 인텔, 애플과 같은 반도체 기업들과는 완전히 다른 관점에서 바라본다.

젠슨 황 엔비디아 CEO는 무어의 법칙 사망론자다. 그는 2022년 9월 21일 'GTCGPU Technology Conference 2022' 행사에서 엔비디아의 신제품 GPU가 왜 이렇게 비싸냐는 질문에 이렇게 말했다.

"일단 12인치 웨이퍼가 과거에 비해 많이 비싸졌다. 조금 비싸진 게 아니라 엄청나게 비싸졌다. 무어의 법칙은 죽었다. (무어의 법칙은) 완전히 끝났다. 이제 시간이 지나면 칩 가격이 내려가는 일은 없을 것이다."

이렇게 말한 젠슨 황은 앞으로 엔비디아가 '무어의 법칙'의 변화를 주도할 것이라고 선언했다. 젠슨 황의 발언은 무어의 법칙이 끝난 만큼 기술개발을 통해 반도체 가격이 하락하는 것이 불가능해졌고, 이 때문에 엔비디아의 GPU 가격이 오를 것임을 선언한 것이

● https://www.wired.com/story/apple-m1-ultra-chip-moores-law

다. 한때 자신을 존폐 위기로 몰아세웠던 인텔의 시가총액을 크게 추월한 엔비디아는 자신감이 넘친다.

공교롭게도 고든 무어가 세상을 뜨기 며칠 전인 2023년 3월 대만에서 열린 엔비디아의 'GTC 2023' 행사에서 젠슨 황은 월가 애널리스트들과 전화 회의를 하며 이렇게 말했다.

"범용 CPU를 통한 무어의 법칙은 끝났다."

또한 젠슨 황은 〈와이어드〉 인터뷰에서 컴퓨터 성능의 향상을 칩이 아니라 컴퓨터나 서버 차원에서 달성해야 한다고 강조했다. "칩 차원에서 달성해야 할 무어의 법칙은 끝났다. 앞으로 컴퓨터 성능을 끌어올리기 위해서는 다양한 칩 간의 연결성에 중심을 둬야 한다. 우리는 이미 10~15년 전부터 여러 개의 칩을 연결할 수 있도록 컴퓨터를 쪼개는 여정을 시작했다."

AI 데이터센터는 기존의 데이터센터와 달리 슈퍼컴퓨터들을 세심하게 조작해야 한다. 대용량의 데이터를 처리해야 하는 만큼 컴퓨터와 컴퓨터 간의 데이터 이동, 즉 네트워크가 굉장히 중요해졌다. 결국 AI의 성능을 높이려면 AI 반도체만 발전하면 되는 것이 아니라 메모리부터 네트워킹, 전력까지 모든 것이 발전해야 한다는 의미다. 이를 데이터센터 차원의 '무어의 법칙'이라고 할 수 있다.•

이처럼 젠슨 황은 엔비디아가 설계한 GPU가 생성형 AI와 클라우드 시대의 미래를 책임질 것이라고 자신한다. 빛과 같은 속도로

• 〈Wired〉 Big Interview, "The nerd king vibes of Jensen Huang."

빠르게 발전하는 컴퓨터 시대를 AI 반도체가 바꿔놓을 것이라는 과감한 선언이다. 엔비디아의 AI 칩을 사용한 챗GPT가 AI 혁명을 쏘아 올린 것처럼, 향후 반도체 발전도 자신들이 주도할 것이라는 자신감을 보여준다. 이는 생성형 AI를 위한 거대언어모델(Large Language Model, 이하 LLM) 학습에 필요한 컴퓨팅 파워가 인텔이나 AMD가 아닌 엔비디아 칩에 의해 계속될 것임을 예고한 셈이다.

심지어 엔비디아는 자사의 GPU를 생산하는 대만 TSMC, 극자외선(Extreme Ultra Violet, 이하 EUV) 노광기 독점 업체인 네덜란드의 ASML를 비롯해 전자설계 자동화EDA 선두 업체인 시놉시스와 협업해 반도체 노광 공정에 가속 컴퓨팅 기술을 도입한다고 밝혔다. 엔비디아가 선보인 소프트웨어 '쿠리소cuLitho'는 반도체 노광 속도를 높여주는 소프트웨어다. 엔비디아 GPU에서 쿠리소를 실행하면 기존보다 성능을 최대 40배까지 향상시킬 수 있다. 엔비디아는 CPU 시스템을 대신해 GPU로 집적회로를 그려 2나노 공정에서 앞서 나가겠다는 선언이다. 반도체의 미래는 엔비디아라는 의지가 엿보인다.

직접 반도체를 생산하는 인텔은 무어의 법칙이 유효하다고 주장하고 외부에 생산을 위탁하는 팹리스 엔비디아는 무어의 법칙이 끝났다고 말한다. 누구 말이 맞는 걸까?

인텔의 노력이 주로 하드웨어적인 면에 치중했다면 엔비디아는 다르다. 엔비디아는 이미 사망한 무어의 법칙을 자신들이 소프트웨어적으로 보완하면 살려낼 수 있다고 말한다. 엔비디아는 반

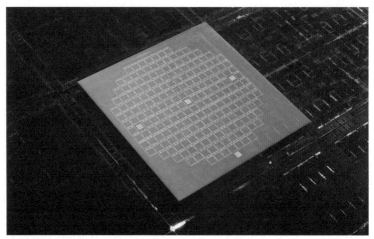

엔비디아가 소개한 쿠리소의 활용 장면 © 엔비디아

도체 업체임에도 직접 '쿠다CUDA'●라는 개발 툴을 만들어 새로운
생태계를 형성했다. 그러한 경험은 반도체 생산 업체나 반도체 장
비 업체가 고민해야 할 일을 엔비디아가 해낼 수 있다는 자신감의
원천이다.

　엔비디아의 주장을 이해하려면 이러한 입장이 나온 배경을 먼저
알아야 한다. 인텔은 PC에 사용되는 CPU로 반도체 제왕의 지위에

●　쿠다CUDA는 엔비디아의 GPU에서 작동하는 프로그래밍 언어다. GPU의 코어를 활용해
　　병렬 작업을 수행하며, CPU에 비해 단순한 대규모 데이터를 신속하게 처리하도록 지원
　　한다. 과학, 엔지니어링, 딥러닝 및 인공지능, 의료 영상 처리, 금융 모델링 등 다양한 분
　　야에서 활용된다. 2006년 등장한 이후 엔비디아의 지속적인 지원과 개발자들의 참여가
　　확대되며 발전해왔다. 엔비디아 생태계의 핵심으로도 불린다.

올랐지만, 스마트폰이 개발되고 챗GPT가 활성화되면서 CPU보다는 GPU와 AI용 반도체의 중요성이 커졌다. CPU는 광범위한 작업을 직렬 처리를 통해 순차적으로 처리하도록 설계되었다. 이는 단순 기억과 연산 기능에 머물렀던 PC에는 적합했지만, 대량의 데이터를 동시에 병렬 분산 처리하며 인식, 학습, 추론이 가능해야 하는 AI 반도체에는 적합하지 않았다.

엔비디아가 주력하는 GPU는 이미지, 렌더링 같은 그래픽 작업과 병렬 계산을 처리하도록 설계되어 간단한 산술과 논리 연산을 빠르게 수행할 수 있다. 무엇보다 GPU는 심층 신경망 훈련 등에서 CPU를 압도하는 성능을 보인다. 이제 GPU는 AI 시장에서 주류 칩으로 자리 잡았다. 오픈AI의 챗GPT 3.5의 학습에 엔비디아의 GPU A100이 1만 개 사용되었다는 사실이 알려진 후 주가가 급등한 엔비디아의 질주는 언제 끝날지 예측하기 힘들 정도다.

특히 애플과 엔비디아는 하드웨어와 생태계를 결합하면서 소프트웨어와 하드웨어의 생태계를 연동시키고 있다. 애플은 하드웨어, 소프트웨어, AI를 모두 개발하고 적용하고 있으며 엔비디아 역시 쿠다를 만들고 있어 이제는 하드웨어 기업과 소프트웨어 기업의 구분이 무의미해졌다. 그렇기에 인텔의 CPU가 주류였던 시대에 큰 영향력을 발휘한 무어의 법칙이 GPU를 활용하는 AI 반도체 시대에는 더 이상 유효하지 않다고 보는 것이다.

오픈AI 혁명과 반도체 시장의 대전환

무어의 법칙과 다른 길을 가는 분야가 있다. 바로 AI 반도체다. 2024년의 화두는 단연 PC나 스마트폰 차원에서 인터넷 연결 없이 인공지능을 지원하는 온디바이스On Device AI 경쟁이다. 인텔, 퀄컴에서도 연이어 인터넷 연결 없이도 AI 기능을 지원하는 칩을 선보이면서 2024년은 온디바이스 AI 경쟁의 장으로 변화하고 있다. 그동안 무어의 법칙이라는 물리적 한계를 극복하기 위해 벌여왔던 반도체 업계의 경쟁은 AI와 신경망이라는 역사적인 새로운 장을 열고 있다. 따라서 반도체 산업을 파악하고 미래를 전망하려면 최근의 오픈AI 혁명, 그리고 AI와 반도체의 관계를 올바로 이해해야 할 것이다.

코로나19 바이러스의 공포가 사라진 2023년 마침내 인류는 챗GPT를 통해 상상에서만 머무를 것 같던 AI 시대를 맞았다. 챗GPT는 혼자 질주할 수 없다. 파트너가 필요하다. 생성형 AI*는 엔비디아라는 반도체 시장의 새로운 제왕을 만들어냈다. 영화 〈아이언맨〉에서 활약하는 주인공의 AI 비서 '자비스'를 연상시키는 챗GPT가 엔비디아의 칩을 기반으로 만들어졌다는 사실은 엔비디아의 몸값을 끌어올리기에 충분했다.

---

* 텍스트, 오디오, 이미지 등 기존 콘텐츠를 활용해 유사한 콘텐츠를 새롭게 만들어내는 AI 기술.

AI가 학습하는 데 꼭 필요한 것이 반도체다. AI의 연산을 책임질 반도체가 없다면 챗GPT의 등장도 불가능했다. 반도체 시장의 주도권은 AI를 지원하는 반도체에 넘어갔다. 챗GPT가 불러온 AI 열기는 단순히 스쳐 지나갈 미풍이 아니다. 거대한 변화의 시작점이다. AI 반도체는 최초의 반도체가 등장한 이후 지속돼온 더 많은 트랜지스터의 집적화에 주력하지 않는다.

챗GPT는 인터넷 시대가 열린 1999~2000년 사이의 닷컴 버블 이상의 변화를 예고한다. 닷컴 버블 당시 전화기 없이 인터넷만으로 통화할 수 있다는 말에 한국 주식시장은 인터넷 열기에 휩싸였다. 인터넷 붐과 AI 붐은 공통점이 있다. 바로 반도체 수요를 견인했다는 점이다. 수요가 있으니 반도체 시장의 성장은 필연적이다. 마침 코로나19 엔데믹 이후 수요 감소에 직면했던 반도체로서는 이보다 더 좋을 수 없는 상황이다.

반도체 업계도 엔비디아의 급부상에 이어 챗GPT와 협력하는 마이크로소프트(이하 MS)의 시가총액이 애플을 제치고 미국 증시 1위로 치솟은 것을 지켜봤다. 2024년 새해 벽두 미국 증시를 강타한 가장 두드러진 변화였다. 반도체 업계도 더는 변화의 파도에 올라타는 것을 늦출 수 없다. 이제 너도나도 챗GPT와 같은 기능을 스마트폰과 PC에 담으려 한다. 반도체 업계의 숙명으로 여겨지던 더 작은 트랜지스터와 현미경으로 봐야 알 수 있는 회로 선폭만이 중요하지 않게 됐다. 더 많은 반도체 층을 쌓는 것Stack만으로도 부족하다. AI와 반도체가 한 몸인 시대가 되었다. 반도체도 AI라는 '로

켓'에 올라타야 하는 상황인 셈이다.

반도체와 소프트웨어도 서로 떼어놓고 생각하기 어렵다. 아무리 좋은 소프트웨어도 훌륭한 CPU나 AP가 있어야 빛을 볼 수 있다. 대표적인 예가 최신 윈도Window나 게임이 등장할 때다. 이런 경우 대부분의 PC 업체가 대대적인 판촉 행사를 벌이기 마련이고 CPU와 D램의 판매가 수직 상승하곤 한다.

고가의 애플 맥 PC가 아니어도 마우스로 PC를 제어할 수 있는 그래픽 유저 인터페이스(Graphical User Interface, 이하 GUI)를 가능케 한 MS의 운영체제 '윈도95'가 등장한 게 1995년이다. PC 시대는 윈도95 이전과 이후로 나누어도 크게 무리가 없다. 지금과 같은 PC 환경을 제공하는 윈도95를 계기로 고성능 CPU의 보급이 확대됐고 더 많은 D램을 메모리로 사용하게 됐다. 윈도95 출시 1년 전인 1994년 방한한 빌게이츠Bill Gates 당시 MS 회장에게 삼성 이건희 회장이 "윈도우95를 개발해주어 감사하다"고 말했다는 일화는 무엇이 반도체 산업을 견인하는지를 보여주는 예다. *

이 회장은 PC에 사용하는 메모리의 양이 윈도95의 등장으로 약두 배 늘어나는 것을 반긴 것이다. 당시 윈도95 국내 출시를 보도한 MBC 뉴스는 삼성전자 개발팀 직원의 입을 빌려 "아직까지 PC를 사지 않던 사람들이 새로 PC를 살 것"이라고 보도했다.

MS도 큰 이익을 봤지만 윈도95의 진정한 수혜자는 인텔이었

---

* https://www.yna.co.kr/view/AKR19950822000400006

다. 인텔은 286, 386, 486으로 이어져 온 CPU의 이름을 폐기하고 1993년 '펜티엄'이라는 새로운 브랜드를 들고나왔다. 이는 반도체 업계 브랜드 전략의 출발점이다. 인텔은 x86 CPU의 라이선스를 받아 호환 제품을 생산하던 AMD가 성장세를 이어가자 486 CPU의 이름을 사용하지 말라는 소송을 제기했지만 패했다. 이 판결 후 인텔의 주가가 급락하고 AMD 주가는 급등하는 일까지 있었지만 결국 승자는 인텔이었다. 인텔은 586이 아닌, 아예 새로운 브랜드를 만들어 대대적인 광고 홍보에 나섰고 작전은 성공했다.

인텔의 펜티엄 CPU는 윈도95라는 새로운 혁신에 걸맞은 파트너였다. 윈도95는 기존 도스(DOS, 자기 디스크 장치를 외부 기억 장치로 갖춘 컴퓨터 운영 체제) 환경과는 차원이 다른 CPU의 성능을 요구했다. 자연스럽게 이왕이면 최신 성능의 CPU를 장착한 PC를 구매하는 현상이 벌어졌고, 인텔의 펜티엄 CPU를 사용한 PC가 소비자들의 선택을 받았다. 인텔 매출은 1994년 115억 달러였지만 윈도95가 출시된 1995년에는 162억 달러로 껑충 뛰었다. 인텔은 1996년에는 200억 달러 매출 클럽에 가입했다. 닷컴 버블의 꼭짓점이었던 2000년 인텔 매출은 337억 달러였다. 반면 AMD의 매출은 기대를 현실로 만들지 못했다. 1994년 매출은 21억 달러에서 1995년에는 24억 달러로 소폭 증가했지만 1996년에는 19억 5,000만 달러로 오히려 추락했다.

스마트폰의 등장 이후 추락하던 반도체 시장은 코로나19를 계기로 반등했다. 코로나 팬데믹 기간에 우리는 반도체가 없어 자동차를 살 수 없는 현실을 접했다. 직장과 학교가 아닌 집에서 생활해야 하는 현실은 스마트폰, 태블릿 PC, PC의 수요를 견인했다. 무서울 정도의 수요였다. 반도체 업체들은 생산을 줄였던 차량용 반도체를 계속 외면했다. 스마트폰과 PC용 반도체 생산에 밀린 차량용 반도체가 부족해 자동차 생산이 중단되는 상황은 각국에 반도체 공급망을 확보해야 한다는 새로운 과제를 남겼다.

특히 이 기간에 주목받은 게 만년 2등이라는 설움을 털어낸 AMD다. 인텔은 1980년대 CPU 시장 독점 규제를 피하고자 자사 제품의 복제품을 제조할 수 있는 권리를 AMD에 부여했다. 이후 AMD는 저렴하지만 성능이 떨어진다는 비판에서 자유로울 수 없었다. AMD가 인텔을 조금이라도 추격한 후에는 더 큰 수준의 격차가 벌어지곤 했다.

그래도 영원한 승자와 패자는 없는 법. 인텔이 주춤하는 사이 AMD가 반격에 성공했다. 팹리스로 변신해 절치부심하던 AMD가 젠ZEN CPU 시리즈를 선보인 후 50~60억 달러를 오가던 매출이 2020년 100억 달러에 근접했고, 2021년 165억 달러, 2022년 236억 달러로 폭주했다. 비슷한 기간 인텔의 매출은 팬데믹 기간에도 정체된 데 이어 2022년 20%나 줄어들었다. 기업 가치의 변화는 더욱 드라마틱하다. 2024년 3월 말 기준 AMD의 시가총액은 약 3,000억 달러에 육박한다. 인텔은 1,900억 달러에 그쳤다. 로켓에 올라탄 기업과 그렇지 못한 기업의 차이다.

이처럼 컴퓨터 산업의 성장과 함께 발전한 반도체 산업은 스마트폰의 개발로 전환점을 맞이했으며, 이제는 AI가 그 역할을 이어받았다. 컴퓨터 시대, 인터넷 시대를 지나 오픈AI가 연 '챗GPT' 혁명으로 빅테크 기업 간의 경쟁이 가속화되고 있다. 초연결과 지능화를 지향하는 AI 혁명은 하드웨어와 소프트웨어 산업 간 장벽을 허물고 융합시킬 것이다. 이를 주도하는 것이 바로 AI다. 하드웨어인 반도체와 소프트웨어인 알고리듬을 통해 데이터를 끊임없이 생성, 수집, 학습, 추론하는 AI가 반도체 산업의 미래를 좌우할 것이다.

자체 설계 칩이라는 미래 승부처

인텔 CPU로부터의 독립선언

2030년대 AI 반도체 시장이 전체 반도체 시장의 30%에 육박할 것이라는 예측이 나오면서 모든 산업이 AI의 발전 향방에 촉각을 곤두세우고 있다. 컴퓨터의 연산, 기억, 제어를 통해 대량의 데이터를 학습, 추론하는 AI의 핵심 부품이 반도체이고, 반도체가 없다면 AI의 기능을 구현할 수 없다. 따라서 누가 AI 반도체를 먼저 선점하느냐에 따라 반도체 시장에도 대전환이 일어날 것이다.

AI 반도체의 부상을 목격한 빅테크 기업들은 AI 학습에 사용할 반도체 칩을 직접 설계하는 데 열을 올리고 있다. 칩을 자체 제작하면 타사 설계에 의존하는 데 따른 비용을 절감하고 불확실성을 낮출 수 있기 때문이다. 무엇보다 맞춤형 소프트웨어와 하드웨어로 경쟁사보다 우위를 선점할 수 있다. 이러한 빅테크 기업들의 자체 칩 설계를 살펴보기에 앞서 먼저 시스템 반도체 기업들에 대해 살펴보는 것이 이해하기가 더욱 쉬울 것이다.

시스템 반도체 기업들은 크게 세 종류로 나뉜다. 설계와 생산을 모두 하는 종합반도체Integrated Device Manufacturer, 설계만 하는 팹리스Fabless, 생산만 하는 파운드리Foundry다. 각각의 분야를 대표하는 기업은 종합반도체 회사로 삼성전자와 인텔, 팹리스 기업으로 엔비디아와 퀄컴, 파운드리 기업으로 TSMC를 들 수 있다.

과거에는 반도체 전문 기업들의 영역 구분이 확실했다. 반도체 기업과 소프트웨어 빅테크 기업의 영역도 명확히 구분됐다. PC나 스마트폰 회사가 반도체를 생산하는 경우도 흔치 않았다. 삼성전자가 스마트폰의 핵심 칩인 AP를 생산하면서 갤럭시 S2로 아이폰을 위협할 수 있었던 것도 반도체와 하드웨어의 결합이 만든 시너지 효과였다.

중국 통신 장비 업체 화웨이는 복병이다. 화웨이는 자회사를 통해 반도체를 설계했다. 비록 자체 생산을 하지는 않았지만, 자회사인 하이실리콘을 통해 '기린Kirin'이라는 AP를 만들어내는 데 성공했다. 그리고 그 칩을 자체 개발한 스마트폰에 탑재해 중국 시장을 장악했다. 미국 정부는 전 세계 통신시장을 장악해가던 화웨이가 자체 반도체 설계 능력을 키워나가는 것을 경계했다. 뒤에 다시 설명하겠지만 기린 칩도 미국이 중국에 대한 반도체 규제에 나서는 이유를 제공하기도 했다.

화웨이도 한 일을 미국의 빅테크 기업이 외면할 리 없다. 자체 칩 개발을 통해 인텔이 만든 CPU 세상에서 벗어나려는 시도는 이제 흔한 일이 되었다. TSMC가 만든 파운드리 산업과 ARM과의 협업은 의지만 있다면 반도체 시장에 뛰어들 수 있는 기반이다. 마침 클라우드Cloud 시대가 열리면서 자금력이 충분한 빅테크 기업들은 직접 필요한 반도체를 설계해 TSMC에 맡겨 생산할 필요가 생겼다. 이렇게 생산한 칩으로 자체 서비스에 최적화한 초대형 데이터센터를 만들기 위한 움직임이 본격화했다. 바꿔 말하면 인텔 CPU에서의 독립선언이다.

AI 칩을 선보이는 빅테크 기업들

빅테크 기업들은 저마다 필요한 고성능 서버에 사용할 칩이나 AI용 칩을 선보이고 있다. 대표적인 예가 아마존이다. 아마존은 전자상거래 기업이지만 수입의 근간은 AWSAmazon Web Services라 불리는 클라우드 서비스다. AWS 클라우드 서비스를 사용하는 고객이 늘어날수록 서버 증설과 데이터센터 확장이 필수다. 생성형 AI가 급부상하는 상황에서 AI 관련 기능을 지원할 칩도 필요하다. 구글은 딥러닝Deep Learning에 특화한 TPUTensor Processing Unit에 이어

2024년 4월 서버용 CPU 악시온을 전격 공개했다. 아마존은 CPU 그래비톤Graviton을 선보였다.

MS는 한발 더 나아가 AI용 반도체를 직접 설계하기까지 했다. MS는 2023년 11월 애저 마이아Azure Maia AI 칩과 애저 코발트 Azure Cobalt CPU를 전격 공개했다. MS의 반도체 설계 역시 놀랄 일이 아니다. MS가 오픈AI와 협력해 AI 시장을 강타하고 있는 상황에서 AI 학습과 클라우드 서비스인 '애저'를 위해 자체 설계 반도체를 확보하는 것은 시간문제였다. MS 역시 애플처럼 오랜 시간 반도체에 대한 경험을 쌓아왔다. MS는 이미 콘솔 게임기인 'X박스'용 칩을 공동 설계한 경험이 있다. 오픈AI와 협력하며 AI 시장의 강자로 급부상한 MS도 엔비디아에 대한 의존도를 낮추는 것은

MS가 공개한 AI 칩 마이아 © MS

숙명과도 같다.

메타도 AI와 동영상 처리를 담당할 자체 설계 칩을 내놓았다. 서비스 규모가 늘며 대량의 서버와 AI 처리가 필요한 빅테크 기업들은 엔비디아, 인텔, AMD를 견제하기 위해서도 자체 설계 칩이 필요하다. 국내에서도 네이버와 삼성전자가 협력한 AI 반도체가 정부의 지원사격 속에 모습을 갖춰가고 있다. 가격 협상력을 높이기 위함은 물론 각자의 서비스에 특화한 전용 칩은 분명 필요하다.

ARM이 공급하는 반도체 설계도는 빅테크들이 자체적으로 칩을 만드는 데 필요하다. 과거 IBM, 후지쓰 등의 초대형 메인프레임이 차지했던 자리를 인텔과 AMD의 CPU를 사용한 서버가 대체했고 이제는 ARM에 기반한 저전력 서버용 칩이 부상하는 중이다.

반도체 기업으로부터의 '독립선언'을 부추긴 것이 애플이라는 데는 이견이 없다. 애플이 '애플 실리콘'을 자체 설계하지 않았다면, 큰 성공을 이루는 대신 실패했다면 다른 빅테크 기업들도 무모한 도전을 하지 않았을 것이다. 빅테크 기업들이 직접 칩을 설계하면 혜택은 반도체 설계를 제공하는 ARM에게도 돌아간다. 당연히 칩을 제조해줄 파운드리 업체의 몫도 늘어난다.

빅테크 기업들이 자체 반도체 설계에 나섰다고 해도 완전한 반도체 독립을 이루기는 어렵다. 범용성을 확보하기 위해 인텔이나 AMD CPU를 활용한 서버 사용을 중단할 수는 없다. 자체 기술력을 과시하고 각자의 서비스에 필요한 기능을 채우더라도 엔비디아의 칩 없이 AI를 지원하기는 사실상 불가능하다. 인텔의 CPU를 완전히 배제할 수도 없다. 상생과 협력이 중요한 시대이기에 빅테크 기업들도 현실이 어떤지는 정확히 파악하고 있다.

그럼에도 반도체 기업들의 자체 칩 설계는 타사에 대한 의존도를 줄이고 자체 경쟁력을 높여 경쟁사보다 우위를 점할 수 있는 장점이 있다. 애플, 테슬라, 중국의 대형 스마트폰 업체인 오포OPPO, 구글, 메타, 아마존, MS 등 빅테크 기업들의 자체 칩 개발 역시 앞으로도 더욱 늘어날 전망이다.

이러한 빅테크 기업 중에서 급속도로 성장 중인 애플과 엔비디아가 어떻게 반도체 산업에 뛰어들었고 세계 반도체 시장을 뒤흔들었는지를 살펴보는 것은 반도체 산업의 향방을 예측하는 열쇠가 될 것이다.

애플 팀 쿡이 준비한
결정적인 한 방 반도체

반도체를 장악하기 위한 초석을 다져온 애플

2017년 9월 스티브 잡스 애플 창업자의 유산인 신사옥 '애플 파크Apple Park.' 창업자 잡스의 이름을 딴 '스티브 잡스 극장'에서 신사옥 이전 후 첫 애플 신제품 발표 행사가 막을 올렸다. 흔한 행사가 아니라, 아이폰 출시 10년을 기념하는 행사였다. 전 세계의 이목이 쏠렸다.

팀 쿡 애플 CEO는 자신만만한 모습으로 연단에 섰다. 쿡이 잡스의 자리를 물려받은 후 이 정도로 자신감을 보인 적은 많지 않았다. 쿡이 서 있는 연단 뒤 스크린에 잡스의 얼굴이 비췄다. 잡스에 대한 경의를 표한 쿡은 이어 아이폰 발표 10주년을 기념하는 '작품들'을 소개했다. 아이폰8에 이어 쿡이 "한 가지 더One more thing"라고 말했다. 신제품 소개 행사의 마지막을 장식한 이 말의 무게는 이전과 달랐다. '한 가지 더'의 주인공은 '아이폰X'였다. 아이폰X가 화면에 등장하자 참석자들은 일제히 환호했다.

쿡에 이어 마케팅 임원인 필립 실러Philip Schiller 당시 수석 부사장이 아이폰8과 아이폰X에 사용된 A11 바이오닉 칩을 연이어 강조했다. 이어 A11 칩의 성능을 자랑하는 결과물들이 화면에 등장했다. 예상을 뛰어넘은 성능 수치에 객석이 술렁였다.

이어 아이폰X의 디자인을 설명하는 비디오가 상영되었다. 영상의 나레이션을 맡은 최고 디자인 책임자 조너선 아이브Jonathan Ive의 목소리가 울려 퍼졌다.

아이브는 손으로 누르는 홈버튼이 없는 첫 아이폰의 디자인을 강조했다. 그는 이어 카메라와 A11 칩의 우수성을 설명했다. 디자이너가 성능을 말하다니 어딘지 어색하다. 아이폰X는 아이브와 잡스가 함께 만든 아이폰 출시 10주년을 기념하는 제품이다. 아이브가 디자인에 얼마나 큰 공을 들였을지 상상하는 것이 어렵지 않다. 애플 제품의 아름다움이 아닌 성능을 강조하는 아이브의 목소리는 이전 아이폰 발표 때와는 달랐다. 힘찬 쿡의 목소리와 달리 힘이 빠져 보였다. 잡스의 미망인 로렌 파월 잡스 옆에 앉아 발표를 바라보던 아이브의 얼굴도 어두웠다.

아이폰X는 아이폰 등장 후 가장 획기적인 디자인 변화를 담았

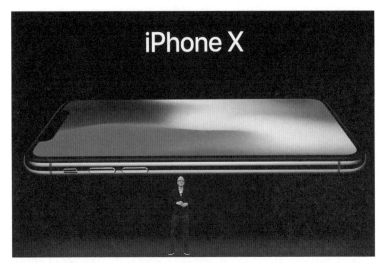

팀 쿡 애플 CEO가 아이폰X를 소개하고 있다. © 게티이미지

팀 쿡 애플 CEO(오른쪽)와 조너선 아이브(왼쪽) 최고 디자인 책임자가 함께 아이폰X를 들여다보고 있다. © 애플

다. 아이폰의 상징이던 홈버튼이 사라지면서 전화기 전체를 꽉 채운 화면이 두드러졌다. 부드러운 곡선과 스테인리스 스틸 마감은 지금 봐도 흠잡기 어렵다. 여전히 많은 이들이 지금도 아이폰X를 사용하고 디자인을 높게 평가한다(애플은 2023년에서야 아이폰X의 OS 업그레이드를 중단했다). 이후 아이폰의 디자인은 어떨까. 아이폰X에서 큰 진보가 있었다고 보기 어렵다. 아이폰X의 디자인은 XR과 XS를 거쳐 아이폰11에까지 사용됐다. 아이폰11에서도 달라진 것은 인덕션이라는 평을 받은 카메라 정도였다. 아이폰12 이후 15까지는 아이폰5의 디자인을 재활용하고 재해석했다. 이런 디자인은 '디자인의 애플'이라는 오랜 평판과는 어울리지 않는다. '아이브 아이폰'의 핵심은 디자인 변화였지만 애플의 방침은 다른 곳을 목표로 했다. 쿡이 선택한 아이폰 변화의 핵심은 바로 반도체였다.

〈뉴욕타임스NYT〉 기자인 트립 미클Tripp Mickle은 저서 《스티브 이후After Steve》에서 당시 아이브의 기분을 이렇게 표현했다.

"아이브는 잡스가 애플에 복귀하기 직전 경영진들이 컴퓨터가 얼마나 아름다운지보다는 얼마나 강력한 칩을 사용했는지에만 주력했던 시절을 떠올렸다."

당시는 아이브가 디자인이 아니라 성능만 강조하다 위기에 빠진 애플을 떠나려고 하던 때였다. 아이브는 잡스가 애플에 복귀한 후 디자인을 중시하던 그와 뜻을 함께하며 아이맥, 아이팟, 맥북 에어, 아이폰을 연이어 선보였다. 모두가 새로운 애플 제품의 디자인에 감탄했다. 그런데 불과 20여 년 만에 애플은 디자인을 강조하던 회사에서 반도체 칩의 성능을 강조하는 회사로 바뀌고 있었다. 디자이너가 반도체 공학을 강조한 것이다.

결국 아이브는 애플을 떠났다. 잡스의 후계자가 될 수도 있었던 아이브의 사직을 공개하던 날 애플 주가는 1% 하락했다. 그뿐이었다. 이후 애플 주가는 파죽지세로 상승했으니 디자인보다 성능이라는 쿡의 선택은 '신의 한 수'가 됐다.

아이폰X용인 A11 칩의 등장은 쿡이 숨겨온 결정적인 한 방이었다. 애플이 공개한 A11 칩의 성능은 예상을 뛰어넘었다. 삼성은 물론 퀄컴, 인텔 등 전문 반도체 회사들을 깜짝 놀라게 할 만한 수준이었다. 비슷한 시기 판매되던 삼성 갤럭시 S8은 물론 애플 맥북 노트북 PC에 사용된 인텔 '코어i5' 칩도 추월하는 성능이었다. 반도체 업계의 거함 인텔의 간담을 서늘하게 한 장면이었다. 불과 1년 만의 변화라고는 믿기지 않는 성과는 경쟁사가 단기간 내 추격하기 어려울 정도였다. 그야말로 '립 어헤드(Leap ahead, 더 멀리 도약하라)'였다. 립 어헤드는 2006년 CPU 시장을 쥐락펴락하던 인텔이 기술 주도권을 내놓지 않겠다며 선보인 홍보 문구다.

아이폰 출시 초기, 디자인은 아름답지만 후발주자인 삼성 갤럭시 S보다 하드웨어 성능이 떨어진다는 평가는 180도 달라졌다. 이제 누구도 아이폰의 성능에 '딴지'를 걸 수 없었다. 디자인 대신 반도체를 선택한 쿡의 결정은 옳았다. 그만큼 아이폰8과 아이폰X, A11 칩은 애플 실리콘 역사에서 손꼽을 수 있는 중요한 포인트였다.

"아이폰은 어떤 기기보다도 우리 삶에 큰 영향을 미쳤다. 이제

다음 10년의 길을 만들 제품을 소개한다."

아이폰 10주년 행사에서 쿡은 이렇게 말했다. 이제 아이폰X 발표 후 7년이 지났다. 7년간 쿡은 약속을 지켜왔다. 반도체를 앞세워 10년간 경쟁사를 압도하는 성과를 낼 것이라는 쿡이 제시한 시간표의 마침표도 이제 머지않았다.

반도체 '괴물' 애플을 깨운 한마디

"소프트웨어에 '진심'인 사람은 하드웨어도 직접 만들어야 한다
People who are really serious about software should make their own hardware."

스티브 잡스 애플 창업자는 2007년 첫 아이폰을 소개하던 중 이렇게 말했다. 운영체제(Operating System, 이하 OS)와 하드웨어를 직접 만드는 애플을 표현하기에 이보다 더 극적인 표현이 있을까? 잡스는 이것이 30년 전 앨런 케이Allan Kay가 한 말이라고 소개했다. 케이는 잡스에게 매킨토시(이하 맥) PC를 개발할 영감을 준 제록스 PARC(지금 독자가 사용 중일 수도 있는 복사기를 만드는 그 회사다) 소속의 컴퓨터 과학자였다. 잡스는 1979년 PARC를 방문한 후 자신이 만든 PC와는 전혀 다른 '맥 PC'를 만들 결심을 한다. 잡스는 PARC에서 본 GUI와 마우스 아이디어에 큰 충격을 받았다. 잡스는 이후 리사와 맥이라는 GUI 컴퓨터를 만든다. 여기까지는 잘 알려진 내용이다.

소프트웨어 전문가인 케이는 객체 지향적 프로그래밍과 'C++' 언어의 시초인 '스몰토크Smalltalk'를 만들었다. 케이는 소프트웨어에 멈추지 않고 '다이나북'이라는 태블릿 PC의 원형을 선보이기도 했다. 그는 하드웨어와 소프트웨어의 결합을 강조했다. 잡스는 그런 케이를 애플로 끌어들였다. 케이는 컴퓨터 애니메이션 제작사 픽사Pixar와 잡스를 연결해주기도 했다. 잡스가 애플에서 쫓겨난 후 투자한 픽사는 애니메이션 〈토이 스토리〉로 대성공을 거뒀다. 픽사는 잡스가 재기하는 발판이 되었다. 이쯤 되면 케이가 잡스에게 미친 영향이 어느 정도일지 짐작할 만하다.

잡스는 GUI를 사용한 맥 PC를 개발했지만 그가 개발한 맥 PC에는 허점이 있었다. PC를 작동시킬 CPU에는 여전히 애플이 아닌 다른 회사의 상표가 찍혀 있었다. 케이의 주장은 완전히 실현될 수 없었다. 1980년대 PC 회사가 반도체를 생산하는 것은 상상 밖의 일이었다. 그 역할은 인텔, 모토로라, IBM의 몫이었다.

잡스의 아이폰 발표 프레젠테이션이 끝날 무렵 전설적인 아이스하키 선수 웨인 그레츠키Wayne Gretzky의 말이 스크린에 투영됐다. 잡스는 평소 좋아하는 말이라면서 운을 뗐다.

"나는 '퍽(아이스하키 공)'이 있던 곳이 아니라 '퍽'이 갈 곳으로 스케이트를 탄다I skate to where the puck is going to be, not where it has been."

이는 늘 새로운 것에 도전하고, 미래를 향해 달려가는 애플의 정신을 의미한다. 케이는 아이폰 발표회장에서 자신이 30년 전에 한 말이 화면에 뜨는 것과 아이폰의 등장을 지켜봤다. 케이는 미국판 네이버 지식인 '쿼라Quora'에 직접 글을 올려 당시 잡스와 나눈 이야기를 소개했다. 케이는 잡스가 아이폰을 쥐여주면서 "이 정도면 비평할 만하지 않냐"고 물었다고 했다. 케이의 대답도 예사롭지 않았다. 케이는 손으로 아이패드만 한 크기를 그려 보이며 "스티브, 이 정도 크기로 (아이폰을) 만들면 당신이 세계를 지배하게 될 것"이라고 말했다.•

케이는 아이폰 발표를 보며 애플이 다이나북·아이패드와 비슷한 제품을 이미 만들었을 것으로 생각했다고 설명했다. 그는 잡스가 아이폰을 먼저 발표한 것은 마케팅적인 결정이었을 뿐이라고 판단했다.

잡스는 왜 하필 아이폰을 발표하는 역사적인 날 케이와 그레츠키를 '소환'했을까. 케이와 그레츠키의 발언은 묘하게 겹친다. 발언의 배경을 살펴보자. 잡스는 이날 하드웨어와 소프트웨어를 모두 만드는 애플이 맥 PC의 운영체제이던 'OS X'를 아이폰에 도입해야 하는 이유를 설명하면서 케이의 발언을 소개했다. 그레츠키의 발언을 소개하는 대목에서는 아이폰을 통해 새로운 역사를 만들고 하드웨어와 소프트웨어를 결합해 경쟁자들이 가지 못하는 길을 가겠다는 결연한 의지를 담았다. 애플이 사용하는 모든 하드웨어와 소프트웨어를 직접 통제하겠다는 의미로 볼 수 있다. 당시에

• https://www.quora.com/What-was-Alan-Kays-experience-like-working-at-Apple

는 이 말의 의미를 정확히 파악하기 힘들었다. 잡스가 케이를 소환한 지 13년이 지난 2020년, 케이가 길을 제시한 잡스의 예언은 현실이 됐다. 애플 전용 PC용 반도체가 등장한 것이다. 인텔과 같은 전문 반도체 회사에 의해 주도되던 세계 반도체 역사가 다시 쓰인 결정적 장면이다.

2020년 6월 26일은 애플이 반도체 회사로부터의 독립을 선언하는 날이었다. 전 세계를 휩쓴 전대미문의 코로나19 공포 속에서 애플은 '비밀 병기'를 소개했다. 애플 PC에 사용하던 인텔의 CPU를 대신할 시스템온칩(이하 SoC)●이었다. 비록 잡스는 없었지만 그가 남긴 애플 실리콘의 유산은 태산처럼 커지고 있었고 쿡의 손을 통해 세상에 나올 차례였다.

팀 쿡 CEO는 텅 빈 객석을 마주하고 홀로 연단에 섰다. 아무도 없는 객석이 유달리 두드러져 보였다. 객석의 침묵 속에 쿡의 목소리만이 극장에 퍼져나갔다. 코로나19는 이렇게 반도체 역사에 길이 남을 순간을 훼방 놓았다. 평상시라면 스티브 잡스 극장을 가득 메운 청중들의 우레와 같은 박수 속에 쿡이 "한 가지 더"를 외쳤겠지만, 이번에는 달랐다. 애플 실리콘은 인터넷을 통해 영상으로 소개됐다. 관중이 있고 없고는 중요하지 않았다. 무엇이 발표되는가가 핵심이었다.

"오늘은 맥의 역사에서 진정 역사적인 순간이다."

● System on Chip: 한 개의 칩에 완전 구동이 가능한 제품과 시스템이 들어 있는 것을 말함.

쿡은 애플 실리콘을 소개하며 이같이 말했다. 이날 행사에서 그는 맥 PC의 역사적인 장면으로 세 가지를 지목했다. 모토로라 CPU에서 애플·IBM·모토로라가 함께한 파워Power PC로의 전환, 맥OS의 도입, 그리고 파워 PC에서 인텔 CPU로의 전환이었다. 쿡은 이러한 역사적인 순간보다 더 중요한 날이 애플 실리콘의 발표라고 자신했다. 애플 역사상 가장 중요한 혁신이 반도체임을 강조한 셈이다.

쿡은 애플 실리콘에 대해 이렇게 말했다. "애플에서 하드웨어와 소프트웨어의 통합은 모든 일의 기본이다. 그것이 우리 제품이 훌륭한 이유이다. 실리콘은 우리 하드웨어의 핵심이고 세계적 수준의 실리콘 설계팀을 보유하는 것이 바로 '게임 체인저'●이다."

애플 실리콘을 발표하는 쿡의 목소리에서 13년 전 잡스가 한 발언의 흔적이 보인다. 쿡은 2007년 잡스가 언급했던 '역사적인 historic 발전'이라는 표현을 사용했다. 애플 실리콘의 책임자 조니 스루지Johny Srouji는 이렇게 설명한다. 스루지는 아이폰에서 시작된 애플 실리콘이 아이패드, 애플워치를 발전시키는 데 결정적 역할을 했다고 설명한다. 그는 "SoC를 맥에 도입하면 훨씬 더 나은 제품을 만들 수 있다. 이것이 실리콘과 소프트웨어가 긴밀하게 통합한 결과다"라고 설명했다. 맥, 아이팟, 아이폰의 뒤를 이을 더 큰

● Game Changer: 기존 시장에 엄청난 변화를 야기할 정도의 혁신적 아이디어를 가진 사람이나 기업을 가리키는 용어.

혁신을 위한 기반이 애플 실리콘이라는 의미다.

5개월 후 애플의 첫 PC용 반도체 M1 칩이 정식으로 등장했다. 쿡의 공언대로 애플 실리콘 설계팀의 성과는 놀라웠다. 연산 코어 Core(CPU 속 처리회로의 핵심 부분)와 그래픽 코어, AI 연산을 모두 통합한 M1 칩은 CPU와 그래픽 칩을 별도로 사용해온 기존 PC의 문법을 무너뜨렸다. 성능과 전력 소모도 경쟁사를 압도했다. 단번에 반도체 업계의 흐름을 바꿀 상황이 펼쳐졌다.

애플은 반도체를 통한 변화를 예감하고 이미 실행에 옮겼다. 애플의 고급 모니터 '스튜디오 디스플레이어'에는 아이폰에 사용하던 A13 칩이 들어갔다. 최신 칩을 컴퓨터가 아닌 모니터에 사용해 더욱 강력하고 혁신적 기능을 선보이겠다는 의미다. 모니터는 시작일 뿐으로, 애플의 목표가 여기서 끝날 것이라고 보기는 어렵다. 더 큰 목표가 있을 것임은 분명하다. 그 목표는 애플의 '비전 프로 Vision Pro'였음이 3년 후 드러났다.

이스라엘을 보면 애플의 현재가 보인다

애플 실리콘의 출발점, PA세미

"나는 항상 우리가 하는 모든 일의 기본이 되는 기술을 소유하고 컨트롤하고 싶었다."

스티브 잡스가 2004년 10월 〈비즈니스위크Businessweek〉와의 인터뷰에서 한 말이다. 잡스가 이 말을 했을 때 애플은 아이팟에 사용할 칩을 전량 '포털플레이어'에 의존하고 있었다. 맥 PC에 사용하던 '파워 PC' CPU는 좀처럼 잡스의 기대에 부응하지 못했다. 잡스는 맥 PC가 인텔 칩을 사용한 PC에 대항할 강력한 '파워'를 가지기를 갈구했다. 그런데 잡스는 〈비즈니스위크〉와 인터뷰한 1년 뒤인 2005년, 공들여 진행하던 파워 PC를 포기하고 MS의 협력자였던 인텔의 손을 잡았다. 충격적인 '적과의 동침'이었다.

1년 뒤인 2006년, 폴 오텔리니Paul Otellini 당시 인텔 CEO가 방진복을 입고 애플의 행사장에 반도체 웨이퍼를 들고 나타난 장면만 보면 애플은 반도체를 포기한 것처럼 보였다. 보통의 경영자였다면 그랬을 것이다. 잡스는 달랐다. 조용히 반도체 확보를 위한 물밑 작전에 돌입했다.

잡스는 일단 PC는 인텔에게 맡기고 모바일 기기용 칩에 전력을 쏟는 '투 트랙' 전략을 시도했다. 강력한 성능의 칩은 인텔에 맡기고 이제 개화하기 시작한 모바일 기기용 칩은 자체적으로 추진했다. 전력을 많이 소비하는 칩과 휴대용 기기를 위한 저전력 칩을 구분한 것이다. 자체 개발을 통해 저전력 칩에 회사의 운명을 건 셈이다.

잡스에게도 시간이 필요했다. 2007년 등장한 첫 아이폰은 애플의 반도체 기술을 담지 못했다. 삼성전자가 DVD 플레이어 등에 사용하기 위해 만든 칩이 첫 아이폰에 사용됐다. 삼성의 칩도 잡스가 원하는 수준의 성능에 미치지 못했다.

잡스는 큰 고민 끝에 결단을 내렸다. 방법은 인수합병이었다. 잡스는 애플에 없는 기술을 가진 기업을 사들여 그동안의 성과와 인력을 고스란히 확보할 수 있는 장점을 활용했다. 2008년, 애플은 반도체 설계회사 PA세미PA Semi를 인수했다. 1970~1980년대 중반까지 마이크로프로세서 분야의 강자였던 디지털이큅먼트(Digital Equipment Corporation, 이하 DEC) 출신의 다니엘 W. 도버풀Daniel W. Dobberpuhl 창업자가 만든 회사다. 도버풀은 PA세미를 세우기 전 설립했던 반도체 회사 '시바이트'를 대형 반도체 업체인 브로드컴에 인수시킬 만큼 성과를 낸 인물이었다. 그는 60세를 앞둔 2004년 돌연 브로드컴을 떠나 독립을 선언하고 PA세미를 출범시켰다. 목표는 인텔과 IBM이 장악한 서버, 스토리지, 각종 임베디드용 마이크로프로세서였다. DEC의 역작이었던 '알파alpha 칩'을 개발한 창업자에게는 당연한 선택이었다.

애플에 인수되기 전 PA세미는 애플에 큰 기대를 걸었다. 애플이 PA세미의 CPU를 맥 PC에 사용할 수 있는지 테스트를 진행했기 때문이다. 신생기업 PA세미는 흥분했다. 애플과의 대형 거래가 임박한 듯했다. PA세미는 애플에 아이팟용 칩을 공급해 스타트업에서 나스닥 상장사로 거듭난 포틸플레이어처럼 대박을 꿈꿨다. 이때 잡스가 돌연 2005년 WWDC(애플 세계 개발자 회의)에서 인텔 CPU로의 전환을 발표했다. PA세미의 자리는 없었다. PA세미는 잡스에게 제대로 뒤통수를 맞았다. 닭 쫓던 개 지붕 쳐다보는 꼴이었다. 그런데 잡스는 PA세미의 제품을 사는 대신 아예 회사를 사들이는 선택을 했다.

애플의 PA세미 인수는 성공적이었다. 미국 IT매체 〈IT월드IT World〉는 애플의 10대 인수합병 성과 중 하나로 PA세미 인수를 거론했다. PA세미 인수는 최고급 반도체 인재를 확보하는 계기가 됐다. 150명의 반도체 전문가가 애플 직원이 됐다. 대표적인 예가 짐 켈러Jim Keller다. 켈러는 PA세미 창업자 도버풀과 함께 시바이트, 브로드컴에서 일하다 PA세미를 거쳐 애플에서 반도체를 설계한다. 켈러는 애플이 자체적으로 설계한 첫 AP인 'A4' 탄생을 주도했다. 애플 반도체 독립의 출발점이었다.

당시 상황에 대한 켈러의 언급을 통해 애플 실리콘이 탄생하게 된 배경을 알 수 있다. 켈러는 〈벤처비트Venture Beat〉와의 인터뷰에서 "당시 나는 애플에서 무엇을 해야 하는지 몰랐다. 그들은 비밀이라고만 했다. 반도체 업체로부터의 독립은 잡스의 생각이었다"고 했다. 잡스는 반도체 설계 직원들에게조차 특유의 정보 차단 조치를 취한 셈이다. 애플 실리콘을 정점으로 소프트웨어와 하드웨어 수직계열화 즉, 칩 설계, 하드웨어 설계, 소프트웨어 개발을 애플이 직접 하는 청사진을 잡스가 그린 셈이다.

애플은 삼성전자와 함께 첫 아이폰에 사용된 칩을 설계한 기업 인트린시티Intrincity도 손에 넣었다. 애플이 PA세미와 인트린시티 인수에 사용한 투자금은 각각 2억 7,800만 달러와 1억 2,000만 달러다. 약 4억 달러, 우리 돈으로 약 5,200억 원의 투자는 엄청난 이익으로 돌아왔다. 자체 설계 칩을 통해 애플은 기존 반도체 산업의 공식을 깨뜨리며 경쟁자가 따라오기 어려운 제품을 선보였다. 외부에서 사오던 칩을 내부에서 만들면서 수익도 치솟았다. 애플이 세계 최초 3조 달러 기업으로 부상하는 데는 애플 실리콘이 결정적 영향을 미쳤다는 평가가 나온다.

이스라엘, 애플 실리콘에 날개를 달다

PA세미가 애플 실리콘의 출발점이라면 이스라엘은 애플 실리콘의 현재다. 애플과 이스라엘의 만남은 현재 애플 실리콘의 책임자인 조니 스루지가 애플에 합류하면서 급물살을 탔다. 이스라엘 출신인 스루지는 짐 켈러를 도와 A4 칩 설계에 힘을 보탰으며, 켈러가 떠난 이후에는 애플 실리콘을 책임지고 있다. 인텔과 IBM에서 칩 설계를 했던 스루지는 여전히 베일에 싸인 인물이다. 그는 언론에 모습을 자주 드러내지 않는다. 아이폰15 출시 후 논란이 확산하자 스루지가 직접 방송 인터뷰를 통해 애플 반도체의 철학을 소개하고 개발 현장을 공개한 것은 극히 이례적인 예다. 스루지는 잡스 시대를 거쳐 팀 쿡의 휘하에서 A, S, W, U를 거쳐 M과 R로 이어지는 애플 실리콘의 로드맵을 완성했다.

최근에는 스루지가 애플 내에서 가장 중요한 경영진이라는 평가까지 나온다. 애플의 하드웨어(토니 파델), 소프트웨어(스콧 포스톨), 디자인(조너선 아이브)을 상징하던 이들이 회사를 떠났지만, 스루지는 수석 부사장으로 반도체와 배터리 등을 책임지며 애플 실리콘의 혁신을 이끌었다.

스루지는 애플의 이스라엘행도 주도했다. 스루지는 애플이 캘리포니아 본사 외부에 처음 만든 연구 조직인 이스라엘 헤르츨리아 R&D 센터 설립에 깊이 관여했다. 애플은 스루지의 고향인 팔레스타인 하이파에도 R&D 센터를 만들었다. '디자인드 인 캘리포니아Designed by Apple in California'를 강조한 애플이 스마트폰의 두뇌인 반도체 칩은 이스라엘에서 개발하고 있었던 것이다. 이스라엘에 R&D 센터를 만든 직후인 2013년, 애플은 업계 최초로 첫 64비트 모바일 칩 A7을 선보여 경쟁자들을 놀라게 했다. 반도체 전문 매체 〈아난드테크Anand Tech〉의 편집장인 라이언 스미스는 "A7이 정말 세상을 뒤집어 놓았다"고 평가했다.

스루지는 팀 쿡 CEO의 이스라엘 방문에도 동행했다. 쿡은 레우벤 리블린Reuven Rivlin 당시 이스라엘 대통령을 방문할 때 스루지 부사장과 동행했다. 리블린 대통령은 "조니 스루지가 5명 더 있다면 세상이 어떻게 될지 상상해보라"며 농담했고, 쿡은 "스루지 5명을 찾으면 어디에 있는지 알려달라"고 화답했다. 리블린 대통령은 스루지가 이스라엘계 아랍인이라는 것을 상기시키며 다양성을 강조하기도 했다.

반도체 업계를 큰 충격에 빠뜨린 M1 칩 역시 상당 부분 이스라엘에서 설계됐다고 알려졌다. 어느덧 이스라엘 내 애플 실리콘 연구 인력은 2,000명을 넘어섰다. 지금도 애플 홈페이지에는 헤르츨리아와 하이파 R&D 센터에서 근무할 반도체 인력 채용 공고가 수십 건 올라와 있다. 애플은 2022년에도 예루살렘에 별도의 반도체 연구 조직을 신설했다.

스루지의 발언은 이스라엘이 애플 실리콘에서 차지하는 비중을 잘 보여준다. 스루지는 이스라엘 언론과의 인터뷰에서 "이스라엘이 쿠퍼티노 본사와 함께 M1, M1 프로, M1 맥스 등 칩을 포함한 M1 프로세서의 프리미엄 버전을 개발하는 데 중심적인 역할을 하고 있다"고 설명했다.

스루지도 현재 애플 실리콘의 성과가 잡스에서 비롯됐다는 점을 밝히고 있다. 스루지는 〈블룸버그Bloomberg〉와의 인터뷰에서 "스티브는 애플이 진정으로 독특하고 훌륭한 제품으로 경쟁자와 차별화하는 유일한 방법은 자체 반도체를 소유해 스스로 통제하는 것이라고 결론내렸다"고 말했다.

스루지는 한때 인텔 CEO가 될 기회도 있었다. 2019년 인텔이 스루지를 CEO 후보로 선정했다는 보도가 나왔지만 그는 애플에 남았다. 그 자리는 인텔에서 반강제적으로 축출됐던 팻 겔싱어에게 돌아갔다. 스루지가 인텔행을 포기한 얼마 후 애플은 M1 칩을 선보였다. 팀 쿡은 M1 칩을 기반으로 애플 PC에서 인텔을 지워버렸다. M1 칩의 놀라운 성능과 애플의 탈인텔 전략을 알고 있던 스루지가 인텔의 CEO직을 맡는다는 것은 있을 수 없는 일이었다.

이처럼 현재 애플의 성과는 스티브 잡스 때부터 치밀한 계획하에 준비된 산물이었음을 알 수 있다. 이미 반도체 생태계에서 애플은 최강자로 우뚝 서 있으며, 2024년 AI 기능을 담은 아이폰 출시로 미래 모바일 칩 위를 예고하고 있다.

새롭게 부상한 반도체 강국,
엔비디아

반도체 시장에 영원한 승자는 없다

세계 반도체 시장의 대표 주자는 시대에 따라 달라져 왔다. 페어
차일드·TI·모토로라·내셔널 세미컨덕터·인텔·AMD·퀄컴은
미국에서, 인피니언(전신은 지멘스)과 ST마이크로 NXP(전신은 필립
스)는 유럽에서, 도시바·르네사스·후지쓰·히타치 등은 일본에서
각자의 영역을 개척하며 전성기를 보냈지만 영원히 시장을 지배하
지는 못했다. 이 기업들은 과거에는 반도체 시장을 장악하며 전성
기를 보냈지만 지금 승자는 이들 중에 없다. 20년간이나 난공불락
으로 여겨졌던 인텔도 2류 기업으로 관심 밖이었던 AMD에 추월

당한 현실은 반도체 시장에 영원한 승자는 없다는 사실을 확인해 준다. 1990년대 초 인텔이 업계 1위에 오른 후 장기 독주가 이어졌지만, 타도 인텔을 외치던 삼성이 2017년이 되어서야 매출액 기준으로 인텔을 추월하고 시장 1위에 오를 수 있었다. 이는 인텔 제국의 뿌리가 얼마나 깊게 박혀 있었는지를 대변한다.

현재 반도체 시장을 뒤흔든 기업은 단연 애플과 엔비디아다. 애플이 1976년 창업한 지 50년이 되어가고 있지만, 정작 반도체 업계에서 활약한 것은 겨우 15년밖에 되지 않았다. 애플은 초기에 화려하게 타올랐다가 장기간의 침체를 거쳐 아이폰과 반도체를 바탕으로 부활했다. 애플 안팎에서 실리콘의 중요성은 큰 평가를 받는다. 존 테르누스John Ternus 애플 엔지니어링 수석 부사장은 CNBC 방송과의 인터뷰에서 "지난 20년 동안 애플 제품 변화에서 가장 중요한 것은 단연 반도체이다"라고 설명했다. 외부의 의견도 같다. 번스타인 리서치Bernstein Research의 선임 분석가인 스테이시 라스곤 Stacy Rasgon은 "애플은 어떻게 하면 제품을 차별화할 수 있는지를 보여준 선구자였다"고 말했다.

엔비디아는 '대기만성형'이다. 게임용 GPU로 출발한 엔비디아는 초창기 야심 차게 내놓은 제품NV1, NV2마다 크게 실패해 절치부심하기도 했다. 1999년 세계 최초의 GPU인 지포스GeForce를 출시하면서 이름을 널리 알렸지만, 2008년만 해도 하루에만 주가가 30% 폭락하는 등 불안정한 기조를 유지하고 있었다. 그런데 2012년 일리야 수츠케버Ilya Sutskever가 엔비디아 GPU로 학습시킨 AI가 이미지 인식 경진대회에서 압도적인 성능으로 우승하자, 젠슨 황은 AI 회사로의 변신을 선언하고 당시에는 황무지였던 AI의 가능성에 배팅했다. 무모하기까지 한 엔비디아의 도전은 최근 생성형 AI의 등장으로 급속도로 성장해 드디어 오랜 노력의 결실을 보았다. 그야말로 막판 뒤집기라 해도 무방할 정도다. 엔비디아는 어떻게 완전한 변신에 성공할 수 있었을까? 아직 시장이 존재하지도 않았지만, 미래에 커질 것으로 보이는 '0조 원의 시장'에 과감히 도전한 엔비디아의 저력을 살펴보도록 하자.

세계 반도체 시장을 뒤흔든 엔비디아의 저력

엔비디아는 1993년 실리콘밸리 반도체 회사에서 일하던 젠슨 황, 크리스 말라초스키Chris A. Malachowsky, 커티스 프리엠Curtis Priem 세 사람이 공동으로 세웠다. 설립된 지 30년이 넘었지만 최근 몇 년 새 스타트업이 성장하듯이 초고속으로 성장한 엔비디아는 애플과 함께 팹리스와 파운드리의 전성기를 열었다고 해도 과언이 아니다. 매출액이 현재 기업의 규모를 보여주는 거울이라면, 시가총액에는 미래가치에 대한 평가가 녹아 있다. 이 점에서 엔비디아는 반도체 업계 최초로 1조 달러의 시가총액을 돌파하는 기록을 세웠다. 거품론도 불거졌지만 엔비디아의 주가는 멈추지 않았다. 2024년 3월 기준 시가총액은 2조 2,600억 달러나 된다. TSMC의 시가총액은 7,050억 달러로 엔비디아의 절반에도 미치지 못한다. 챗GPT의 영향이 엔비디아 주식 투자심리를 자극한 후 멈추지 않는 기차처럼 질주가 이어졌다.

엔비디아의 위세는 애플과 비교해도 두드러진다. 엔비디아 시가총액은 어느덧 소비자 기기 시장의 절대 강자인 애플에 육박할 정도로 커졌다. 매년 2억 대 이상의 아이폰을 팔고 있는 애플을 엔비디아가 추월하는 것도 불가능한 일이 아니라는 예상도 나온다. 엔비디아가 애플을 추월한 부분도 있다. 영업이익률이다. 엔비디아는 2023년 AI 반도체 수요가 폭발하면서 믿기 어려울 정도의 성장세를 보였다. 덕분에 영업이익률은 이미 애플을 추월했다. 엔비디아는 2022년 영업이익률이 50%대에 진입했다. 애플 영업이익률이 30%라는 점과 비교하면 엔비디아의 성장세가 유달리 돋보인다.

투자 시장과 반도체 시장의 질서는 엄연히 다르다. 아무리 엔비디아라고 해도 생산 공정에서는 애플을 따라갈 수 없다. 애플과 엔비디아 제품을 동시에 생산하는 TSMC에 가장 중요한 고객이 단연 애플이기 때문이다. TSMC는 전체 매출의 30% 이상을 차지하는 애플 우선 정책을 바꾸기 어렵다. 소비자용 제품은 애플, 기업용 제품은 엔비디아가 나눠 가진 TSMC의 틈바구니를 퀄컴, 인텔 등이 비집고 들어갔지만, 결국 시스템 반도체 분야에서 애플-엔비디아-TSMC로 이어지는 삼각편대의 구도를 뒤집는 기업이 나오기는 당분간 어렵다. 최소한 몇 년 이상의 시간이 걸릴 수도 있다.

변화한 반도체 업계 순위도 이런 현실을 대변한다. 2000년대 이후 반도체 업계의 가장 큰 변화는 파운드리와 팹리스 비즈니스 모델의 부상이다. 1984년에는 모든 상위권 반도체 회사가 자체 팹Fab, 즉 생산시설을 갖춘 종합반도체 업체였다. 당시는 팹리스라는 단어조차 생소하던 때다. 약 20년 후인 2023년에는 상위 10개 기업 중 엔비디아, 브로드컴, 퀄컴, AMD 등 4개 기업이 팹리스다. TSMC까지 포함할 경우 팹리스와 파운드리 기업이 10개 기업 중 절반이나 된다. 심지어 AMD는 2008년에 팹을 매각해버렸다. 팹의 중요성을 강조한 제리 샌더스Jerry Sanders 창업자의 신조를 용도폐기하는 과감한 결정이 없었다면 AMD 역시 사라진 반도체 기업 명단에 포함됐을 가능성이 농후하다. 종합반도체 업체라고 외부 파운드리 업체를 사용하지 않는 게 아니다. 인텔, TI, 인피니언, ST 마이크로 등도 외부에 반도체를 위탁생산하기도 한다.

이런 지난한 가정을 거치며 살아남아 반도체 업계 시가총액 1위로 부상한 것은 엔비디아의 저력을 보여준다. 어떻게 보면 젠슨 황엔비디아 창업자나 직원들도 예상하지 못한 결과일 수도 있다. 엔비디아가 지금 MS와 함께 AI의 순풍에 힘입어 가장 높은 위치에까지 오를 것으로 생각한 이가 있었을까. 장기 근속자가 많은 엔비디아 직원들도 장기 투자는 하지 못했다는 현실은 기업 성장과 투자에 대한 성찰을 일깨운다.

엔비디아의 저력은 생존력에서도 확인할 수 있다. 엔비디아와 경쟁하던 그래픽 프로세서GPU 업체들 중 매트록스, S3, ATI, 크리에이티브, 3dfx 등이 사라졌고 ATI는 AMD와 합병해 살아남았다.

인텔도 엔비디아를 경계하며 GPU 사업을 지속했지만, AMD에 이어 엔비디아에도 추월당한 신세로 전락했다.

엔비디아의 야심은 GPU에 그치지 않는다. 엔비디아는 ARM 인수 추진, 애플 아이팟의 칩을 만들었던 포털플레이어를 인수하는 등 GPU의 한계를 벗어나기 위한 노력을 기울여 왔다. 그런 노력이 큰 빛을 발한 것은 아니지만 지속해서 변신하려는 노력을 통한 담금질은 엔비디아를 반도체 업계 최후의 승자로 만드는 자양분이 됐다.

사람의 중요성도 빼놓을 수 없다. 애플, 엔비디아, TSMC의 중심에는 최고 결정권자의 안정적인 리더십이 있다. 한때 도산 위기에 몰렸던 애플은 1990년대 말 스티브 잡스 창업자가 복귀한 후 기사회생했다. 잡스의 자리를 물려받은 팀 쿡 CEO는 10년 넘게 재임하며 잡스 시대와는 다른 모습으로 애플을 3조 달러 기업으로 변화시켰다.

젠슨 황은 어떤가. 황은 창업 이래 지금껏 경영권을 내려놓은 적이 없다. 실리콘밸리에서도 2030 나이대 창업자가 60대까지 자리를 지킨다는 것은 드문 경우다. 빌 게이츠 MS 창업자가 경영권을 놓은 것도 2007년이다. 게이츠가 MS를 이끈 시간도 30년이 채 되지 않는다. 이에 비해 황은 이미 31년 차 CEO다. 젠슨 황은 비록 대만에서 태어났지만, 어느 미국 출생 기업인보다도 실리콘밸리에 밀착해 있다. 방진복으로 상징되는 인텔, 청바지와 터틀넥으로 대표되는 애플과 비교했을 때, 젠슨 황은 검은색 가죽점퍼와 문신 등

방진복으로 상징되는 인텔(위 사진의 오른쪽)과 청바지와 터틀넥으로 대표되는 애플(위 사진의 왼쪽), 검은색 가죽점퍼를 즐겨 입고 다니는 젠슨 황(아래 사진의 오른쪽) © 인텔, 엔비디아

패션에서도 남다르다.

　기업 간의 치열한 경쟁과 함께 팀 쿡과 젠슨 황 두 사람의 경쟁이 실리콘밸리를 어떻게 변화시켜 나갈지, 누가 먼저 은퇴할지는 두 기업의 경쟁 결과에 달려 있다고 해도 과언이 아니다.

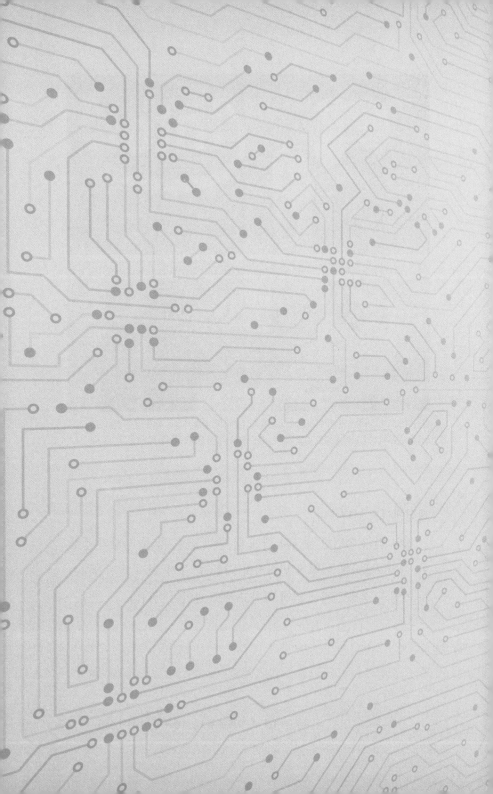

2장

애플의 반도체 기술이
비즈니스 판도를 바꾼다

애플은 어떻게 워런 버핏이
사랑하는 기업이 됐을까

"애플이 WWDC 2023에서 예고한 새로운 AI 관련 기능들은
메인 요리가 나오기 전에 맛보는 전채 요리일 것이다."

댄 아이브스(웨드부시증권 애널리스트)

워런 버핏이 남긴 비장의 카드, 애플

주식투자의 최고 고수로 알려진 워런 버핏Warren Buffett이 운영하는 '버크셔 해서웨이'는 쉽게 투자할 수 없다. 버크셔 해서웨이 주가는 엄청나게 비싸다. 2024년 2월 초 버크셔 해서웨이 A주 주가는 6만 달러를 넘어섰다.

이런 버핏도 코로나19 초기 대형 항공사에 투자하다 큰 손실을 봤다. 버핏은 코로나19 팬데믹이 시작되기 전까지 항공주에 대대적인 투자를 단행했다. 아메리칸·델타·사우스웨스트·유나이티드항공 등 미국의 항공사들이 투자 대상이었다. 버핏의 투자는 풀

서비스 항공FSC, Full-Services Carrier과 저가 항공LCC, Low Cost Carrier 을 망라했다. 미국인들이 평소 공항에서 즐겨 탑승하는 항공사가 버핏의 투자 명단에 올랐다.

항공여행객의 수가 많이 늘어나면서 항공주에 대한 투자가 유망해 보였다. 너도나도 저가 항공을 타고 여행에 나섰다. 항공여행의 시대였다. 세계 무역기구 WTO 통계에 따르면 2017년 국제관광객은 13억 2,600만 명이었다. 증가율은 전년 대비 7%에 달했다. 국제여행이 늘어난다는 것은 항공여행객의 증가를 뜻한다. 2016년에 비해 국제항공 여객 성장률은 7.9%에 달했다.•

승객으로 넘쳐나는 비행기들을 보면서 버핏은 과거의 항공사 투자 실패를 회복할 수 있다고 생각했을 것이다. 그러나 2016년 시작된 항공사 투자는 버핏에게 씻을 수 없는 오점을 남겼다. 미국에서 코로나19 팬데믹이 본격적으로 시작된 지 2개월 만에 버핏은 항공사 투자를 모두 회수했다. 버크셔 해서웨이는 델타·사우스웨스트·유나이티드항공 등 미국 4대 주요 항공사 주식을 전량 매도했다고 밝혔다.

버핏의 부진은 '돈나무 언니' 케시 우드Catherine D. Wood••와 대

한국항공협회, "항공통계 세계편", 2018, https://www.airportal.go.kr/e-book/catImage/55/worldstats.pdf

•• 미국의 금융 기업인으로 아크 인베스트먼트ARK의 CEO다. 본명은 캐서린 D. 우드이지만 캐시 우드로 더 널리 불리고 있다. Cathie의 발음이 cash와 같다는 데 착안해 '돈나무'라는 별명으로도 불린다. 로봇 공학, 핀테크, 우주 탐험 관련 혁신 기업들에 투자하고 있다.

비됐다. 자신이 운영하는 아크 인베스트먼트를 통해 테슬라에 집중 투자한 우드는 코로나19 시대의 투자를 대변했다. 테슬라는 2021년 10월 시가총액이 1조 달러를 넘어섰으며, 주가는 1,000달러를 돌파했다. 투자자들의 관심은 우드와 테슬라, 일론 머스크에 쏠렸다. 테슬라 주가는 연일 치솟았고 투자자들은 환호했다. 서학 개미들은 물론 미국의 개인 투자자들도 열광했다.

버핏에게도 비장의 카드가 있었다. 바로 애플이다. 버핏은 항공주에 투자한 2016년, 애플에도 투자했다. 애플은 이제 버핏의 가장 큰 투자처다.

버핏의 투자 원칙은 단순하다. 좋은 기업의 주식을 싸게 사서 장기 보유한다. 대표적인 예가 코카콜라다. 워런 버핏은 1988년 코카콜라 투자에 나선 후 지금껏 장기 보유 중이다. 또 하나의 중요한 원칙이 투자 기업이 어떤 영향력을 가졌는지다. 대중이 즐겨 사용하는 제품이나 서비스를 보유해야 버핏의 투자 기업 리스트에 오를 수 있다. 버핏이 1990년대 말 닷컴 버블 속에서도 정보기술IT 분야 기업에 투자하지 않은 이유다. 이해할 수 없는 기업에는 투자하지 않은 것은 신의 한 수였다. 닷컴 버블이 붕괴됐고 IT 기업 주가는 우하향세를 그렸다.

그럼 버핏은 왜 애플에 투자했을까. 버핏이 애플, 다시 말해 아이폰에 투자하기 시작한 시점은 2016년이다. 벌써 버핏과 애플의 인연은 10년을 눈앞에 두고 있다. 지금의 추세로는 버핏이 코카콜라 이상으로 애플 주식을 장기 보유할 가능성이 커 보인다. 2016년은 아이폰이 출시된 지 9년째 되는 해로, 아이폰6s가 스마트폰 시장에서 맹위를 떨치던 때다. 애플이 고가형 아이폰을 내놓지도 않았을 때다. 버핏은 당시만 해도 스마트폰을 쓰지 않았다고 한다.

버핏은 애플 투자에 대해 CNBC와의 인터뷰에서 이렇게 밝혔다. "다음 분기나 내년 실적을 주목하지 않는다. 나는 아이폰으로 삶을 살아가고 있는 수많은 이들에게 주목하고 있다."

전 세계 소비자들이 애용하는 코카콜라처럼 아이폰이 세상을 지배하기 시작했다는 판단이다. 버핏은 당시 인터뷰에서 "아이폰이 엄청나게 저평가되어 있다. 아이폰은 애플이 붙인 가격 1,000달러보다 훨씬 가치가 있다"고 말했다. 버핏의 발언은 1,200달러대인 아이폰 프로맥스 시리즈가 나온 후 "1,500달러 이상의 가치가 있다"로 바뀌었다.

애플에 대한 애정과 달리 버핏은 대만 TSMC에는 매정했다. 버핏은 반도체 공급망 위기가 심화하던 2022년 말 돌연 TSMC 주식을 사들였다. 버핏이 반도체 기업의 주식을 매수하는 것은 전례가 없는 일이었다. 그러나 역시 이번에도 소비자들과 직접 접촉하지 않는 TSMC는 버핏의 포트폴리오에서 신속하게 지워졌다. 버핏은 불과 3개월여 만에 TSMC에 대해 다른 목소리를 내며 주식을 모두 팔아치웠다. 버핏이 한 분기 만에 주식을 매수했다가 매도하는 경우는 찾아보기 힘들다. 버핏은 TSMC가 처한 지정학적 위기를 이유로 들며 중국의 침공 시 TSMC 사업의 영속성을 우려했다.

버핏의 애플 투자는 본인의 경험만을 토대로 독자적으로 결정한 게 아니었다. 〈뉴욕타임스〉의 테크 기자인 트립 미클Tripp Mickle이 쓴 책 《애프터 스티브After Steve》는 버크셔 해서웨이에서 실질적인 투자를 관리하는 테드 웨슐러Ted Weschler가 아이폰6 출시 이전 아이폰이 안드로이드폰에 밀려 부진하던 시점부터 애플을 주목했다고 전한다. 웨슐러도 아이폰을 코카콜라와 연관 지으며, 아이폰을 구매한 소비자들이 안드로이드폰으로 돌아가기 어려울 것이라고 판단했다. 아이폰 판매가 늘면 애플의 서비스 매출도 늘어난다. 아이클라우드, 애플 뮤직을 구독하기 마련이라는 것이다. 웨슐러는 최근 애플 매출에서 서비스가 차지하는 비중이 급상승하는 상황을 이미 8년 전에 파악한 셈이다.

웨슐러는 주당 27달러에 애플 주식을 10억 달러어치 사들인 후 판을 더 키우기로 했다. 버핏의 절친이자 버크셔 해서웨이의 이사인 데이비드 고츠먼David Gottesman은 웨슐러에게 "아이폰을 택시에 두고 내렸을 때 영혼이 털린 것 같았다"고 말했다고 전해진다. 웨슐러의 당시 나이는 90세였다. 웨슐러가 버핏에게 고츠먼의 이야기를 들려주자 버핏은 예사롭게 듣지 않았다. 버핏은 IT 업체에 투자하지 않는 것으로 유명하다. 2011년에는 모처럼 IBM에 투자했지만 아픔만 남았다. 버핏은 친구가 그렇게까지 관심을 가지는 IT 기업을 들여다보기로 했다.

웨슐러의 말에 솔깃해 있던 버핏은 손자들과 패스트푸드 체인인 '데이어리 퀸'에서 식사하다가 아이들의 모습에서 애플 투자를 확신했다. 손자들이 아이폰을 손에서 놓지 못하는 것을 본 버핏은 웨슐러에게 지시해 본격적으로 애플 주식을 사들였다.

사업구조를 이해하지 못하는 기업에 투자하지 않는다는 버핏의 원칙은 일상에서 확인됐다. 소비자들의 일상을 지배하는 애플이 미국의 식탁에서 빠질 수 없는 치즈와 케첩을 제조하는 크래프트(버핏의 투자 종목이다)와 같은 존재라는 것을 버핏은 햄버거를 먹으며 눈치 챘다. 미국의 유명한 투자 인플루언서이자 주식방송 진행자인 짐 크레이머Jim Cramer는 버핏이 애널리스트들이 놓치는 대목에 주목했다면서 역시 버핏이라고 치켜세웠다. *

버핏의 선택은 틀리지 않았다. 현재 버핏의 가장 큰 투자처는 시즈 캔디도, 코카콜라도, 웰스파고(은행)도 아니다. 버핏의 투자 포트폴리오의 얼굴은 단연 애플이다.

애플, 인텔보다 IBM을 선택한 뼈아픈 실수를 교훈으로 삼다

애플 실리콘은 반도체 역사에 전환점을 가져올 성공을 거뒀다. 아이폰은 자체 칩이 아니라 삼성이 만들어 준 칩으로 시작했지만, 현재는 가장 강력한 성능을 가진 반도체를 품고 경쟁에서 앞서가

---

* https://www.cnbc.com/2017/02/27/cramer-warren-buffett-gets-apple-in-a-way-analysts-dont.html

고 있다. 애플 PC도 자체 설계한 M 시리즈 칩을 통해 인텔이라는 거목에 거침없는 균열을 내고 있다. 그렇다면 애플이 반도체에서 성공만 거둔 것일까. 당연히 그렇지 않다. 애플의 과거 반도체 전략 실패 사례는 애플에 도전하는 기업이라면 되새겨봄 직하다.

인텔 대신 IBM과 한배를 탄 애플

창고에서 시작한 애플은 애초부터 반도체를 스스로 조달할 수 없었다. 여느 PC 업체처럼 기존 시장에서 사용하던 CPU를 사용할 뿐이었다. 스티브 잡스는 자신이 주도한 맥 PC의 OS 성능을 충분히 뽑아낼 수 있는 반도체를 원했다. 잡스는 뛰어난 성능의 반도체가 필요했지만 '무어의 법칙'은 이를 불허했다. 잡스가 원하는 수준까지 반도체의 성능이 발전하기에는 갈 길이 너무 멀었다.

IBM은 첫 PC를 선보이며 인텔의 8086 CPU와 MS의 OS인 MS-DOS를 선택했다. 잡스는 절치부심하며 선보인 첫 맥 PC에 모토로라의 68000을 CPU로 선택했다. 당시만 해도 모토로라의 칩이 인텔과 비교해 성능이 우수했다. 모토로라의 칩을 바탕으로 GUI PC인 맥이 작동했다.

애플은 모토로라의 칩에 의존했지만, 모토로라는 점차 인텔과의 경쟁에서 밀려나기 시작했다. IBM 계열 호환 PC들이 인텔 286, 386, 486을 거쳐 펜티엄으로 진화한 데다 MS도 윈도 운영체제를 선보이면서 잡스가 탄생시킨 맥 PC GUI의 위상도 흔들렸다. 뿌리와 기둥이 모두 흔들리는 상황이었다.

모토로라가 68000의 후속인 88000을 내놓았지만, 성큼성큼 앞서가는 인텔을 추격하기에 버거웠다. CPU의 성능 부진은 맥을 인텔 PC보다 비싸면서 성능이 떨어지는 처지로 내몰았다. 애플의 실적도 추락을 이어갔다. 전체 PC 시장의 80%를 장악한 인텔과 겨우 10% 수준인 애플에 칩을 공급하는 모토로라는 연구개발 투자의 규모부터 달랐다. 규모의 경제에서 모토로라는 인텔의 상대가 되지 못했다.

잡스를 밀어내고 애플 지휘봉을 잡은 존 스컬리John Scully는 인텔과 MS에 수모를 당하던 기업들의 연합군을 구상했다. IBM과 모토로라로, 이른바 AIM 동맹이었다. 모토로라는 애플에 CPU를 공급해온 업체였지만, IBM은 의외였다. 기업용 메인프레임과 유닉스 서버용 칩을 직접 만드는 IBM은 반도체 업계에서 무시할 수 없는 존재다. 당시 IBM 수준의 기술력을 가진 반도체 업체는 없었다고 해도 과언이 아니다. 하지만 IBM에게는 PC용 칩이 없었다. IBM은 자신이 개발한 '파워' 아키텍처 서버용 칩을 PC용으로 개발하려고 했다. 다만 자체적으로 프로젝트를 추진하기보다는 애플과의 연합을 원했다. 애플도 모토로라 의존도를 낮추기 위해 IBM이 필요했다. 애플은 기존 거래 관계를 고려해 모토로라에도 참여를 권했다.

스컬리는 철저히 애플만의 폐쇄적인 생태계를 원한 잡스와 달랐다. 펩시콜라 출신인 스컬리는 애플도 IBM PC와 함께해야 한다고 주장했다. 이를 통해 더 큰 매출을 올릴 수 있다고 생각했다. 그는 애플이 제조하지 않은 호환 맥 PC도 추진했다. IBM은 MS와 인텔에 받은 수모를 갚아줄 무기가 필요했다. 애플과 IBM의 연합은 각자의 필요로 이루어졌다.

1991년 10월 2일 애플과 IBM, 모토로라가 한배를 탔다. IBM이 개발한 파워 아키텍처를 모토로라가 반도체로 제작해 애플 맥 PC에 사용하려는 프로젝트였다. 지금 생각하면 마블 '어벤져스'급의 연합이었다. 막강한 기술력으로 무장한 반도체 기업 두 곳의 지원 속에 애플은 절대적 성능 우위를 지닌 CPU를 확보한 듯했다. 맥 OS를 흉내 낸 듯한 MS 윈도와 파워 PC에 비해 성능이 낮은 인텔 진영을 꺾기 위한 참호도 파였다. IBM은 OS/2라는 운영체제까지 준비했다.

애플은 1994년부터 시작해 1997년에는 모든 PC에 파워 PC 칩을 사용했다. 애플은 파워 맥, 파워 북이라는 제품명을 선보이며 '파워'를 강조해 소비자들의 눈길을 끌려고 했다.

돌아온 잡스가 던진 승부수

여기서 잠시 생각해볼 부분이 있다. 파워 PC는 잡스가 애플에서 축출됐을 때 탄생했다. 잡스의 의지가 아니었다는 뜻이다. 마침 애플이 모든 PC에 파워 PC 칩을 사용한 1년 후 잡스가 애플에 돌아왔다. 잡스는 복귀 직후 스컬리가 추진했던 맥 호환 기종 프로그램을 없앴다. 잡스는 그 정도로는 성이 차지 않았다. 잡스는 파워 PC 칩을 사용한 아이맥으로 도산 위기에 처한 애플을 기사회생시켰지만 파워 PC에 대해서는 불만이 많았다. PC용 파워 PC 칩은 예상과 달리 성능이 기대에 못 미쳤다.

문제의 핵심은 발열이었다. 파워 PC 칩을 사용한 맥 PC의 발열 문제는 좀처럼 해결되지 않았다. 발열이 많다 보니 애플은 파워 PC G5 CPU로 노트북 PC를 만들지 못했다. AIM 동맹의 딜레마였다.

이런 상황에서 인텔은 성능을 획기적으로 끌어올린 '코어2 듀오' CPU를 애플에 제안했다. 인텔의 제안에 끌린 잡스는 2005년 미련 없이 파워 PC를 포기했다.

15년 후 인텔은 IBM과 같은 실수를 한다. 인텔 CPU를 사용한 맥북은 열을 억제하지 못했다. 뜨겁게 달아오른 CPU를 식히기 위해 쿨링 팬이 맹렬하게 돌아 '공중부양'이라는 오명을 얻었다. 인텔이 첨단 미세화 공정을 늦춰서 CPU 발열이 심해지자 벌어진 일이다.

참지 못한 애플은 자체 개발한 M1 칩을 선보이며 인텔 CPU를 퇴출한다. 이때는 잡스의 후계자 팀 쿡이 인텔을 버렸다. 어찌 보면 발열 관리를 하지 못하는 CPU는 퇴출당한다는 역사가 되풀이된 것이다. 만약 스컬리가 파워 PC 대신 인텔 CPU를 선택했다면 어땠을까. 아마도 애플의 실적이 호전되어 잡스는 애플에 복귀하지 못했을 수도 있다. 잡스가 복귀하지 못했다면 지금의 애플은 존재하지 않았을 것이다. 파워 PC의 실패가 잡스와 애플이 재기하는 주춧돌을 놓았다.

스컬리도 여러 차례 실수를 인정했다. 그는 "나의 가장 큰 실수는 애플이 파워 PC를 도입하도록 결정한 것이다. 파워 PC 대신 인텔을 선택했어야 했다"고 뒤늦게 고백했다. 스컬리는 앤디 그로브 인텔 당시 CEO가 스컬리에게 직접 인텔 칩을 사용하라고 권유했다는 사실도 공개했다.●

파워 PC와 애플 실리콘은 닮았지만 다른 결과를 냈다. 두 칩 모두 RISCReduced Instruction Set Computer(간단한 명령만 하드웨어에 준비된 컴퓨터) 설계에 기반한다. 그런데 파워 PC는 실패했고 애플 실리콘은 대성공을 거뒀다.

애플 실리콘이 성공한 원인은 애플이 설계를 잘하기도 했지만, ARM과 TSMC의 손을 잡았기 때문이라는 분석이 지배적이다. 기초 설계는 ARM이 해주고 칩 제작은 TSMC가 해주는 생태계는 파워 PC 실패의 가장 큰 이유인 발열과 비용 문제를 해결했다. 어느 한쪽에 부담이 커지지 않는 구조였다. 마침 TSMC가 미세공정에서 인텔을 뛰어넘으면서 승부의 추는 애플 쪽으로 더 기울고 말았다.

AI를 숨긴 애플이 온디바이스 AI에 승부를 거는 이유는?

'A 워드A Word를 피해라'

미국에서는 대화 중 'F***', 즉 'F 워드(f로 시작하는 욕설을 다르게

● https://www.theregister.com/2003/10/10/sculley_explains_how_he_missed

82　애플 엔비디아 쇼크웨이브

표현한 말)'를 피하라는 암묵적 규율이 있다. 애플에도 비슷한 원칙이 있다. AI를 언급하지 말라는 'A 워드' 금지령이다. 팀 쿡이 2023년 9월 3분기 실적 발표를 하며 생성형 AI를 준비 중이라고 언급하기 전까지는 그랬다. 실제로 애플이 이런 지침을 내렸는지는 알수 없지만, 어째서 애플이 이런 행보를 보이는지를 살펴볼 필요가 있다.

생성형 AI '챗GPT'는 금리 인상과 함께 식어가던 빅테크와 반도체 기업에게는 희망의 단어다. 구글에 밀려났던 MS도 챗GPT를 만들어낸 '오픈AI'라는 특효약을 마시고 시가총액에서 애플을 추월했다. SK하이닉스와 삼성전자도 AI 테마에 동참했다.

AI 붐의 정점은 엔비디아다. 대량 학습을 하는 데 필요한 반도체 수요가 늘면서 AI 학습용 반도체를 생산하는 엔비디아는 실적이 치솟아 반도체 업체로는 최초로 시가총액이 2조 달러를 넘어서 애플까지도 사정권에 두고 있다. 엔비디아는 2024년 들어서도 쾌속 질주하면서 깜짝 실적을 연이어 발표해 AI 반도체 시장을 사실상 독점하고 있다.

이런 상황이 달갑지 않은 기업이 있다. 바로 애플이다. 애플은 애당초 AI를 앞세우지 않았다. 오히려 경계한다.

애플은 챗GPT 혁명 속에서도 2023년 7월 미국 기업 최초로 시가총액 3조 달러대에 진입했다. 애플이 2025년까지 시가총액 4조 달러에 도달할 것이라는 월가의 진단도 나왔지만 상황이 달라졌다. 애플은 2023년 4분기 실적 발표 후 중국 내 아이폰 수요 부진

여파로 목표주가가 하락하는 수모를 겪었다. 그사이 엔비디아 주가는 두둥실 날아올랐다.

2023년 애플의 주가 상승은 AI의 힘을 빌리지 않았다. 오히려 주가에 안 좋은 영향을 주는 악재들이 연이어 들려왔다. 그런데도 애플 주가는 질주를 이어갔다. 혼합현실MR 헤드셋 '비전 프로'의 등장이 주가 상승 동력이 됐지만 엔비디아의 성과에는 못 미친다.

쿡이 AI를 내놓겠다고 공언하기 이전만 해도 애플이 AI를 외면한다는 소문이 많았다. 애플의 AI 인력이 이탈하고 있다는 설도 이어졌다. 애플은 AI를 연구하지 않았던 걸까. 과연 그럴까.

이는 절반은 맞고 절반은 틀린 분석이라는 목소리에 주목할 필요가 있다. 애플은 여전히 AI를 연구하고 있지만 AI로 포장하지 않았다는 분석이다. 애플 AI는 경쟁사에 비해 사용처도 다르다. 애플은 OS, 기기, 반도체 등 토탈 솔루션을 가지고 있다. 기존 생성형 AI는 대규모 컴퓨팅 파워가 필요한 만큼 클라우드와 연결이 필수적이지만, 팀 쿡의 계획은 클라우드를 거치지 않고 기기 내에서 AI를 구동할 수 있게 하는 것이다. 소비자들이 자신이 소유한 애플 기기와 함께 사용할 수 있는 생활 속의 AI를 만들려는 것으로 추정된다.

대표적인 예가 반도체다. 아이폰에 쓰이는 A 칩, 맥 PC에 쓰이는 M 칩도 AI를 지원하는 기능이 있다. '뉴럴 엔진(Neural Engine, 애플에서 만든 NPU)'이다. 애플 아이폰15 프로에 들어가는 A17 프로는 16개의 NPU(Neural Processing Unit, 신경망 처리장치) 코어를 가지고 있다. M3 칩에도 16코어 NPU가 들어 있다. 애플은 M4 칩에 NPU를 대폭 강화해 AI 대응에 나설 것이라는 보도도 나왔다.

애플이 뉴럴 엔진을 A 칩에 넣은 후 SoC나 CPU에 AI 엔진을 넣으려는 시도가 확산하고 있다. 애플 A 칩과 경쟁하는 퀄컴의 스냅드래곤Snapdragon 칩에도 NPU가 탑재되어 있다. AI 스마트폰의 문을 연 삼성 갤럭시 S24에 사용된 '엑시노스' 칩에도 역시 NPU가 들어 있다. 인텔은 PC용 CPU에 NPU를 탑재해 선보였다.

애플은 단순 연산과 병렬 연산에 효과적인 NPU를 통해 머신러닝Machine Learning과 AI 알고리즘을 구현한다. 아이폰에서 사진 보정, 음성 인식 시 잡음 제거, 필기 인식, 이미지 속의 텍스트 추출, 단문 메시지를 작성할 때 오타 자동 수정 등이 애플의 AI가 반영되는 부분이다. 애플의 생체인식 보안 시스템인 페이스 아이디도 NPU를 통해 작동한다. 아이폰의 AI는 아이폰X 이후로 조금씩 발전해왔다.

애플은 왜 AI를 머신러닝으로 부를까

정보기술 매체 〈매셔블Mashable〉은 최근 실리콘밸리에는 두 가지 밸리가 있다고 진단한다. AI에 집중하는 구글이 속한 밸리(MS는 시애틀이 본사 소재지이며 실리콘밸리 기업으로 분류되지 않는다)와 그렇지 않은 밸리다. 쿠퍼티노에 자리 잡은 애플은 후자다.

애플과 구글의 행사도 확연히 차이 난다. 2023년 5월에 개최된 구글 IO행사 기조연설에서는 AI가 99회나 거론됐다. 순다르 피차이 Sundar Pichai 구글 CEO는 15분간 기조연설을 하며 AI를 27번이나 언급했다. 얼마 후 비전 프로를 발표한 WWDC 2023에서 AI라는 용어는 등장하지 않았다. 팀 쿡은 AI라는 단어를 쓰지 않았다.

쿡은 실적 발표회에서 AI에 대한 질문이 나왔어도 구체적인 답변을 하지 않았다. 쿡은 생성형 AI가 흥미롭지만 애플은 심사숙고해서 접근할 것이라고만 했다. 이후 애플이 데이터 유출 가능성이 있는 분야에 근무하는 직원에 대해 챗GPT 사용을 제한하고 있다는 보도가 나왔다.

IT 전문매체 〈매셔블〉에 따르면, 심지어 애플은 비전 프로가 AI에 의해 작동한다고 말할 수 있었지만 그러지 않았다. 대신 애플은

구글, 애플, 엔비디아 본사의 위치와 거리 © 구글 지도

개선된 인코딩 디코딩 뉴럴Neural Network에 의해 비전 프로가 작동한다고 설명했다. 이쯤 되면 AI라는 단어를 사용하지 않는 것이 고의적임을 알 수 있다. 대신 WWDC에서는 머신러닝이라는 말이 연이어 사용됐다. 애플이 AI를 머신러닝으로 간주하고 있음을 알 수 있는 대목이다.

애플 소프트웨어 책임자인 크레이그 페더리기Craig Federighi는 다양한 기능에서 머신러닝이 활용된다고 강조했다. 무선 이어폰 '에어팟 프로2airpod pro2'가 소음을 감지해 완화하는 것도 머신러닝의 결과라는 게 애플의 입장이다. 애플의 문자 보내기 기능인 아이메시지에서 사용되는 자동 교정 기능도 머신러닝이라고 페더리기는 설명했다. 페더리기는 "iOS 17의 자동 수정과 받아쓰기 기능이 온디바이스On Device 머신러닝으로 발전해왔으며 이것이 바로 애플 실리콘의 힘"이라고 표현했다.

페더리기의 발언을 통해 변화할 AI 기능을 상상해볼 수 있다. 대표적인 예가 에어팟이다. 애플은 에어팟 프로2의 현재 작동 모드인 주변 소음을 차단하는 '노이즈 캔슬링', '주변음 허용' 외에 주변 환경에 가장 적합한 소음제어 상태로 조정한 '적응형 오디오' 기능을 도입한다고 발표했다. 커피숍에서 커피를 주문하기 위해 직원과 대화하는 소리는 정확히 전달하고 그 외의 소음은 제한하는 식이다.

이런 기능은 AI의 지원 없이는 불가능하다. 그럼에도 애플은 AI라고 말하지 않고 머신러닝이라고 한다. 물론 애플도 생성형 AI 인력을 확보하고 자체 생성형 AI를 만들고 있다. 애플의 구인공고에도 AI 인력 충원이 확인된다.

애플은 왜 AI를 머신러닝으로 부를까? 애플은 왜 이런 선택을 한 것일까? 챗GPT의 성능이 급격히 발전하면서 AI에 대한 경계심도 커지고 있다. 영화 〈터미네이터〉에서 인류 문명 종말을 야기한 스카이넷, 아이언맨의 파트너 자비스가 등장할 것이라는 우려를 지울 수 없다. 오픈AI에 초기 투자를 한 일론 머스크, 구글의 전 회장인 에릭 슈미트Eric Schmidt도 AI 개발을 잠시 중단해야 한다며 AI의 사용을 제한하자고 했을 정도다.

미 정치권도 같은 생각이다. 규제 움직임은 이미 감지된다. 이런 상황에 대해 페더리기는 〈패스트컴퍼니Fast Company〉와의 인터뷰에서 AI에 의한 딥페이크를 경계하며 "우리는 머지않은 미래에 딥페이크에 대해 경고를 보낼 수 있도록 모든 것을 하기 바란다"고 말했다. 딥페이크를 감지해 경고할 수 있는 수준이 돼야 애플이 머신러닝을 AI라고 부를 것이라는 점을 드러낸 셈이다.

이런 전략은 애플에게는 익숙하다. 수십 억대의 기기를 통해 애플이 개인 정보를 활용할 수 있다는 경계는 쉽게 사라지지 않는다. 애플은 2023년에 아이폰의 보안을 강조하는 광고를 내보냈다. 철저한 보안과 AI의 융합은 필수다. 애플은 사용자 정보 유출 가능성이 큰 클라우드 기반 AI보다는 온디바이스 AI를 선호하는 셈이다. 삼성전자가 온디바이스 번역 기능을 가진 갤럭시 S24를 내놓았지만, 후발주자로 전세를 역전하는 데 익숙한 애플은 서두르지 않는다. 애플은 2024년 6월 열리는 WWDC 2024에서 공개되는 iOS 18에서 AI를 선보이고 9월 아이폰16 출시와 함께 애플 온디바이스 AI의 역습을 주도할 것으로 보인다. 애플답지 않게 똑똑하지 않은 음성 비서 시리Siri가 얼마나 똑똑해져 돌아올지도 관전 포인트다.

결국 분위기가 무르익었을 때 애플은 AI를 AI라고 부를 것으로 예상된다. 이때가 되면 애플 시리는 챗GPT 이상의 일을 할 수 있게 될 것이다. 애플은 그때까지 머신러닝과 뉴럴 네트워킹Neural Networking(인공신경망)을 통해 차근차근 미래의 변화에 대비한 활동을 이어갈 것이다. 정체 상태에 있는 NPU의 성능도 A18 프로와 M4 칩을 계기로 더욱 강화될 수 있다.

애플은 AI에 막대한 돈을 쏟아붓고 있다. MS가 챗GPT 개발사 오픈AI에 투자하기로 한 금액보다도 크다. 애플 분석 전문가인 웨드부시증권의 애널리스트 댄 아이브스Dan Ives는 애플이 지난 4~5년간 매년 80~100억 달러를 AI에 투자하고 있다고 추산한다. MS가 오픈AI에 투자하기로 한 100억 달러와 다를 바 없는 거금을 매년 쓰고 있다는 뜻이다. 애플이 AI로 제대로 된 '한 방'을 터뜨리기 위한 장기간의 대비를 하고 있음을 미루어 짐작할 수 있다.

애플 반도체가 있어 히트작이 있다

애플은 소프트웨어와 하드웨어의 통합을 추구하는 만큼, 자체적인 OS를 확보한 후 반도체 확보에 나섰다. 삼성, 인텔, MS, 구글과 가장 다른 점이다. 애플은 PC(맥 OS)와 스마트폰iOS, 아이패드 OS를 확보한 후 외부에 의존했던 반도체를 자체 개발하기에 나섰다. 이제는 비전 프로용 비전 OS까지 더해졌다.

애플의 반도체는 전량 애플이 생산한 제품에 사용된다. 애플 외에는 애플의 반도체를 쓸 수 없다. 반도체는 대부분 범용이다. 특정 브랜드 제품만을 위해 설계하는 경우는 드물다. 그런데 애플은 이러한 관념을 무너뜨렸다. OS가 필요한 기기에만 애플 반도체가 사용될까? 아니다. 애플은 반도체를 자사의 제품들에 적극적으로 사용했다. 지금 애플 제품을 사용하고 있다면 애플 반도체를 접하고 있다는 뜻이다.

아이팟으로 음악 시장을 지배하다

포털플레이어로 저전력 반도체 시대를 열다

애플에 복귀한 스티브 잡스는 1998년 개인정보 단말기PDA '뉴턴' 개발 중단을 지시했다. 뉴턴은 지금도 애플 최초의 모바일 기기로 기억된다. 잡스가 위기에 처한 애플을 구원하기 위해 수십 종류의 애플 제품라인을 대대적으로 수술하던 때다. 뉴턴은 잡스를 해고했던 존 스컬리 전 CEO가 개발을 주도했다. 많이 팔리지도 않는 뉴턴이 잡스의 눈 밖에 나는 건 당연했다.

당시 애플은 단종된 제품의 개발자들을 다른 부서로 옮기는 대신 해고했다. 그런데 뉴턴 담당자들은 해고하지 않았다. 잡스는 모바일 기기 시대의 도래를 예상한 것일까. 뉴턴은 아쉬움 속에 다음을 기약하며 사라졌지만, 역사적인 유산을 남겼다. 바로 반도체 설계 기업 ARM이다. 에이콘사가 뉴턴 프로젝트에 탑재될 마이크로프로세서를 개발하기 위해 애플, VLSI 테크놀로지와 설립한 조인트 벤처회사가 ARM이었다. 스마트폰과 태블릿에 쓰이는 저전력 반도체 설계를 만든 회사가 이때 탄생했다.

잡스가 애플에 복귀한 2년 후인 1999년. 잡스가 야심 차게 선보인 PC 아이맥이 애플을 위기에서 구해냈지만, 이것만으로는 부족했다. 더 큰 혁신이 필요했다. 마침 MP3 음악 파일 공유 서비스 '냅스터'가 인기를 끌었다. 한국에서 시작된 MP3 플레이어의 열기도 타오르기 시작했다.

애플도 MP3 플레이어의 부상을 지켜봤다. 애플은 한국 기업들이 주도한 낸드플래시 메모리 기반의 플레이어로는 승부를 볼 수 없다고 판단했다. 대신 저렴하게 사용할 수 있는 일본 도시바의 1.8인치 초소형 하드디스크에 주목했다. 애플은 주크박스를 대신할 수 있는 플레이어를 원했다. 애플은 '주머니 속의 천 곡1,000 songs in your pocket'이라는 콘셉트로 수천 곡을 담을 수 있는 MP3 플레이어 아이팟을 개발하기 시작했다. 저장 장치는 정했으니 다음 차례는 음원을 처리할 반도체였다.

애플은 애플2, 매킨토시, 파워북 등에 매번 다른 회사의 반도체를 써왔지만, 불만이 많았다. 인텔을 꺾기 위해 IBM, 모토로라와 함께 만든 '파워 PC'라는 CPU를 개발했지만, 이번에도 인텔을 꺾지는 못했다. 이런 상황에서 모바일 기기의 칩 선택은 어느 때보다 중요했다.

애플은 ST마이크로, TI, 사이러스 로직 등 유명 반도체 회사의 제품을 테스트했다. 이들 회사의 칩은 잡스를 만족시키지 못했다. 고민이 계속되던 상황에서 애플의 레이더망에 갓 설립된 팹리스 반도체 업체 '포털플레이어'가 들어왔다. 포털플레이어는 ARM의 설계에 기반한 SoC를 설계했다. 포털플레이어가 설계한 반도체를 사용하니 다른 회사의 반도체를 사용했을 때와 비교해 음의 품질이 달랐다. 애플 직원은 포털플레이어에 자신들이 MP3 플레이어를 만들 것이며 10년 이내에 애플이 음악 관련 기업으로 변신할 테니 같은 배를 타자고 제의했다. 애플의 계획을 들은 포털플레이어가 흥분한 것은 당연했다. 이렇게 설립 1년 차 기업인 포털플레이어는 잡스가 주도한 애플 최초 모바일 기기의 핵심 반도체 공급사가 됐다. 애플과 포털플레이어는 ARM 덕분에 경쟁사와 비교해 반도체 개발 기간을 대폭 줄일 수 있었고 아이팟 개발에도 속도를 냈다.

포털플레이어는 음악시장을 지배하겠다는 애플의 원대한 계획을 위해 헌신했다. 2001년 출시한 아이팟(하드디스크를 사용한 클래식 버전)은 대박이 났다. 아이팟은 MP3 플레이어 시장을 '애플 운동장'으로 만들었다. 아이팟이 아닌 MP3 플레이어들은 속속 사라졌다.

아이팟은 애플이 성공시킨 첫 모바일 기기다. 아이폰, 아이패드를 앞세운 애플의 위상은 아이팟에서 시작됐다고 해도 과언이 아니다. 아이팟은 ARM의 부상과 모바일용 저전력 반도체 시대의 시작을 알리는 신호탄이기도 했다.

단독 공급선 포털플레이어를 버리다

아이팟 판매가 늘어날수록 반도체를 단독 공급한 포털플레이어의 실적도 덩달아 치솟았다. 전 세계가 아이팟의 '심장'에 주목했다. 포털플레이어에 돈을 대겠다는 벤처 캐피털들이 줄을 섰다. 애플은 포털플레이어에 전적으로 의존했다. 포털플레이어 매출의

90%가 애플에서 나왔다.

아이팟 후광으로 포털플레이어는 2004년 나스닥에 상장했다. 애플에 반도체를 공급하는 회사에 투자가 몰리는 게 당연했다. 최초 목표로 한 공모가는 주당 11~13달러였지만 어느덧 14~16달러로 높아졌다. 수요 예측을 거친 최종 공모가는 17달러였다. 이는 시작에 불과했다.

포털플레이어 상장 첫날, 주가는 장중 62%나 치솟아 27달러에 달했다. 종가는 공모가 대비 52% 상승한 25.8달러로, IPO(기업 공개)는 대성공이었다. 모든 것이 장밋빛일 것만 같았다. 시장조사 기관 IDC는 아이팟 판매량이 2003년에서 2008년 사이 57%나 증가할 것이라며 포털플레이어의 수혜를 점쳤다. 이때 포털플레이어는 IPO 서류에 경고를 담았다. 애플이 자체 개발 칩이나 타사 칩으로 바꿀 수 있다는 내용이었다. 그때는 아무도 이를 눈여겨보지 않았다. 샴페인을 터뜨릴 시간도 부족했다.

2024년 현재 포털플레이어는 어떤 모습일까. 지금쯤이면 더욱 훌륭한 반도체를 만드는 대단한 반도체 회사가 되지 않았을까? 현실은 달랐다. 포털플레이어는 2006년 엔비디아에 헐값에 인수되며 사라졌다.

'탈애플'을 꿈꾼 포털플레이어는 아이팟용 칩 업체라는 틀에서 벗어나길 원했고 애플과 충돌했다. 애플은 거래 중단을 결단했다. 매출의 90%를 애플에 기댔던 포털플레이어에게는 사형선고나 다름없었다. 당시 애플에는 삼성이라는 대안이 있었다.

애플은 '아이팟 나노' 2세대에 포털플레이어의 칩 대신 삼성전자가 만든 칩을 사용했다. 아이팟 나노2가 출시된 후에야 삼성의 칩이 사용됐음이 드러났다.

포털플레이어의 몰락 후 삼성의 반도체 사업은 애플을 통해 날개를 달았다. 삼성은 메모리와 음원 처리용 반도체를 애플에 공급하며 낸드플래시 메모리 시장의 주도권을 확보하고 막 시작한 파운드리 사업에서 본격적인 성과를 내는 계기를 마련했다.

일각에서는 이때부터 애플과 삼성의 갈등 씨앗이 태동했다는 분석도 있다. 당시 삼성도 MP3 플레이어 '옙'을 생산하고 있었다. 삼성 MP3 플레이어 사업부는 삼성반도체 사업부가 애플에 더 저렴한 값에 낸드플래시를 공급했다는 불만도 제기했지만, 삼성이 애플에 공급했던 칩을 자사 MP3 플레이어에 사용할 수 있다는 우려도 있었다. 삼성은 아이팟 나노에 대응하기 위한 MP3 플레이어에 엔비디아가 설계한 '테그라Tegra' 칩을 사용했다. 테그라 칩은 엔비디아에 인수된 포털플레이어의 기술에 기반하고 있었다. 테그라 칩은 모바일 기기 시장에 진출하려던 엔비디아의 회심의 카드였지만 시장에서 사라진 패배자였다.

아이팟은 애플이 PC에서 벗어나 모바일이라는 더 큰 행보를 딛는 기반이 됐다. 아이팟의 성공 속에 애플은 조용히 아이폰 개발을 시작했다. 애플은 아이팟을 통해 모바일 기기에서 반도체의 중요성을 재확인했다. 반도체 설계 능력이 없어 전문 기업과 협력했지만 이내 자체 개발의 필요성을 절감했다. 뉴턴과 포털플레이어의 희생이 애플 실리콘의 시발점이었던 셈이다. 이후 자체 반도체 개발 시간을 단축하기 위한 방안이 마련됐다. 해답은 인수합병이었다. 그렇게 애플은 자체 설계한 모바일 A 시리즈 칩을 세상에 내놓을 준비를 착착 진행해갔다.

콩나물 디자인으로 조롱받던 이어폰도 변신시킨 '마법'

애플의 무선 이어폰 에어팟 프로2의 국내 공식 판매 가격은 35만 9,000원이다. 미국 판매가는 249달러(세금 별도)다. '헉' 소리가 날 만큼 비싸다. 저가 스마트폰을 살 수도 있는 값이다. 2016년 처음 출시한 에어팟 2세대도 미국 기준으로 129달러다. 에어팟은 팀 쿡 애플 CEO가 진두지휘한 제품이다. 팀 쿡은 에어팟에 애플이 자체 개발한 반도체를 적용했다. 결과는 대성공이었다. 콩나물 디자인이라는 비판을 받던 에어팟은 어느새 애플의 효자로 급부상했다.

쿡이 아이폰7과 함께 선보인 에어팟은 유선 이어폰 '이어팟'에서 애플의 상징과도 같던 '줄wire'을 없앴다. 스티브 잡스는 MP3 플레이어 아이팟용 이어폰에 흰색 줄을 사용했다. 대부분의 이어폰이 검은색이던 시절, 흰색의 이어폰 줄은 '아이팟 사용자'임을 대변하는 '아이콘'이었다. 애플은 흰색 이어폰을 사용한 이미지를 적극적으로 홍보했다. 그런데 쿡은 이 줄을 아예 없애버렸다. 디자인은 또 어떤가. "머리를 흔들면 떨어질 것 같다," "콩나물이다"라는 비아냥이 줄을 이었다.

에어팟을 향한 쿡의 자신감에는 반도체가 있었다. 바로 W 칩이다. 애플은 W 칩을 통해 단번에 경쟁사와의 차별화에 성공했다. 무선 이어폰은 편리하지만 사용하기 까다롭다는 관념을 무너뜨린 결과였다.

W1 칩은 아이폰과 에어팟을 연동해주는 일종의 '메신저'였다. W1 칩이 에어팟과 아이폰을 자동으로 연결해주는 역할을 맡으면서 에어팟의 성공 비결인 '미친 듯한 연결성'이 가능해졌다. 기존 무선 이어폰들이 '블루투스'라는 무선 기술을 수동적으로 이용했다면 에어팟은 달랐다. W1 칩을 사용한 에어팟을 아이폰 옆에 가져가면 자동으로 연동된다. 어린아이도 사용할 수 있을 정도다. 복잡한 블루투스 연동 과정이 사라진 것이다.

애플 반도체가 기존 제품의 성능을 획기적으로 업그레이드한 사례도 있다. 애플이 인수한 무선 헤드폰 브랜드 '비츠'다. 비츠 헤드폰은 수영 스타 박태환이 2008년 베이징 올림픽에서 사용하면서 유명세를 탔다. 국내외 유명 스타들도 비츠의 헤드폰과 이어폰을 사용했다.

'힙합 스타' 닥터 드레Dr. Dre가 관여한 비츠의 인기 비결은 눈에 띄는 디자인이었다. 성능은 그다지 좋지 않았지만 디자인 하나로 '잇템'으로 부상했다. 그러다 보니 유명세와 달리 비츠 무선 이어폰은 '돈값'을 하지 못한다는 혹평을 받았다. '수백 달러짜리 머리

띠'라는 조롱이 이어졌다.

쿡은 이런 비츠를 2014년 30억 달러(약 4조 원)를 들여 인수했다. 쿡은 3년 후 비츠에 애플 반도체를 이식했다. 비츠에도 에어팟과 동일한 W1 칩을 심어준 것이다. 결과는 드라마틱했다. 마치 '아이언맨'이 '아크 원자로'를 심장으로 받아들이며 슈퍼 히어로로 거듭난 모습을 연상시켰다.

기존 '비츠 스튜디오2'에 비해 애플 실리콘 심장을 단 '스튜디오3'은 자동차 엔진이 바뀐 수준의 비약적인 성능 개선이 이루어졌다. 자동차에 비유하면 '풀체인지' 같은 '페이스 리프트'였다. 스튜디오2가 주변 잡음을 차단하는 '노이즈 캔슬링'을 작동시키면 12시간 동안 충전 없이 사용할 수 있는 데 반해 스튜디오3은 22시간이나 사용할 수 있었다. 노이즈 캔슬링 기능을 해제하면 사용 시간은 최대 40시간까지 가능했다. 충전도 개선돼 10분 충전 시 3시간, 15분 충전 시 5시간 동안 음악을 즐길 수 있었다. 아이폰과의 연동도 간단해졌다.

애플에 인수되기 전 안드로이드 스마트폰 이용자들도 사용하던 비츠는 반도체를 통해 애플 생태계에 동참했다. 그런데 애플은 모든 비츠 이어폰에 애플 반도체를 넣지 않았다. 애플 실리콘을 사용하지 않은 비츠 이어폰은 저가로, 아이폰과의 자동 연결 기능이 없다. 애플의 반도체를 사용하지 않고 다른 칩을 사용한 결과다. W 칩은 이후 W2, W3으로 발전하며 귀에 사용하는 반도체에서 손목에 차는 반도체로 변화했다. 애플 워치가 W2, W3을 사용하는데 최신 애플 워치 울트라2에는 모처럼 'S9'라는 반도체를 심어줬다. 애플 워치 울트라2의 특징인 '더블탭' 기능도 새로운 반도체가 있었기에 가능하다. 칩 성능이 향상되면서 새로운 기능을 추가하는 것이 가능해졌다.

애플은 H 칩으로 에어팟에 사용하는 반도체도 대폭 업그레이드 했다. H는 W와는 차원이 다른 성능으로 무장했다. 에어팟 프로에 사용된 H1 칩은 아이폰4와 같은 성능을 가졌다는 게 애플의 설명이다. 2010년 판매된 아이폰4의 칩 A4의 성능이 이어폰에서 구현되고 있다. 2022년 선보인 H2 칩은 더 놀랍다. 에어팟 프로2에 사용된 H2 칩은 초당 4만 8,000회의 연산을 한다. 이는 아이폰에 사용된 A9, A10 칩 수준이다. 애플은 2016년까지 아이폰에 사용되던 성능을 이어폰에 허용했다. 왜 이런 선택을 했을까. 쿡이 지속해서 추구해온 '건강'이라는 키워드는 에어팟에 고성능 반도체가 사용되는 이유로 꼽힌다.

H2 칩을 사용한 에어팟 프로2의 특징은 주변음 허용이다. 주변음 허용 기능은 MZ 세대들이 업무 중에도 에어팟 프로2를 사용할 수 있는 이유다. 칩 H2는 주변음을 확인해 귀에 손상을 입힐 수 있는 소음을 자동으로 걸러준다. 그러면서도 사용자가 자연스럽게 주변인과 대화할 수 있도록 일반적인 소리는 고막으로 전달한다.

아이폰과 연동하면 칩 H2의 증폭 기능으로 대화만 더 큰 소리로 들려주기도 한다. 디지털 보청기의 역할이다. 쿡은 건강에 대한 집착이 강한 경영자다. 그는 조너선 아이브가 패션용 제품으로 만든 애플 위치를 건강을 위한 도구로 업그레이드해 큰 성공을 거뒀다. H2 칩을 통해 쿡의 의도는 더욱 명확해진다.

회의할 때 마스크를 쓴 상대방의 목소리가 잘 들리지 않아 에어 팟 프로2의 증폭 모드를 사용해보면 변화를 실감할 수 있다. 이는 에어팟보다 훨씬 고가인 디지털 보청기 시장이 애플의 다음 목표임을 예감케 한다.

이미 애플은 이런 목표를 향해 가고 있다. 블룸버그 통신은 에어 팟이 몇 년 내에 청력을 지원하는 기기로 탈바꿈할 것이라고 예상했다. 미국 식품의약국FDA의 허가만 얻는다면 충분히 가능한 일이다. 이미 하드웨어 관련 준비는 H2 칩을 통해 마련해놓았다. 애플이 에어팟에 심어둔 반도체라면 충분히 가능한 일이다.

다른 기업들도 뛰어난 반도체를 사용한 이어폰을 만들 수 있지 않을까. 여기서 애플과의 격차가 발생한다. 애플은 자체 생산한 반도체를 자사 제품에만 사용한다. 새로운 반도체를 개발해 적용해도 막대한 판매량은 부담을 덜어준다. 경쟁사는 이어폰을 위해 전용 반도체를 제작하기 어렵다. 시도조차 어렵다. 다른 칩을 사오려 해도 입맛에 딱 떨어지는 반도체를 구하기 어렵다. 범용 제품을 사용해야 하는 이유다. 어렵게 자사 제품에 적합한 반도체를 구했다고 해도 소프트웨어와 결합하기 위한 노력이 결부돼야 한다. 이런 격차가 애플 에어팟과 다른 이어폰을 차별화하는 부분이다.

빈틈도 발생했다. '차이팟', '짭팟'. 소비자들은 4~5만 원이면 살 수 있는 에어팟의 '짝퉁'을 이렇게 부른다. 차이팟은 포장, 제품

모양 모두 에어팟과 차이를 찾기 어렵다. 마치 에어팟인 것처럼 아이폰과 연동시킬 수 있다. 포장이나 디자인을 모방할 수는 있지만, 애플 제품과 같은 연동성을 보인다는 것은 흉내 내기 어려운 일이다. 어떻게 이런 일이 가능했을까? 짝퉁 에어팟이 W1 칩을 해킹한 반도체를 사용한 탓이다. 애플의 반도체를 사용하면 비슷한 성능을 확보할 수 있다는 것이 짝퉁 에어팟을 통해 확인됐다. 그나마 W1 칩은 낮은 수준의 반도체 기술을 사용한 탓에 복제가 가능했지만 최신 A, M 시리즈에서는 불가능한 일이다. 짝퉁이 애플 기기와 같은 성능을 못 내는 이유다.

한 유튜버가 복제한 W1 칩을 사용한 중국산 짝퉁 에어팟과 아이폰을 연동해 보이고 있다. 짝퉁 에어팟은 오리지널 에어팟처럼 작동했다. © 유튜브 캡처(https://www.youtube.com/watch?v=7qJqa85k5IA)

진정한 애플 PC로 진화한 맥북

반도체 업계는 지금 호된 겨울을 지나고 있다. 코로나19 팬데믹 직후 늘어났던 PC 판매가 코로나 엔데믹으로 전환되면서 실적이 부진해진 것이다. PC 수요가 줄다 보니 CPU, 메모리 등 반도체 기업 영업실적이 추락할 수밖에 없다. 유난히도 추운 '반도체 겨울'을 극복하려면 어느 때보다도 확실한 '한 방'이 필요하다.

새 학기를 앞둔 애플 스토어는 학생 할인을 받아 노트북과 태블릿 PC를 사려는 이들로 북적인다. '스타벅스' 입장권으로 통하는 애플 PC와 아이패드는 이제 MZ 세대 새내기 대학생에겐 낯선 물건이 아니다.

애플은 2020년 발표한 PC용 SoC M1로 반도체는 물론 IT 업계를 충격에 빠뜨렸다. 새로운 칩의 등장은 늘 잠재적 구매자들의 가슴을 뛰게 하는 요인이다. M1 칩은 애플 PC에서 인텔이 제작한 CPU와 같은 역할을 한다. 애플은 이어 M2, M3 칩을 선보였다.

M1 칩이 남긴 충격에 비해 M3은 큰 발전을 보이지 않았다. 이는 애플의 자체 설계 능력의 개선이 정체된 것과 함께 생산 업체인 TSMC의 공정 진화에도 불구하고 드라마틱한 변화가 없던 것이 이유로 꼽힌다. 과거 인텔도 '틱톡(중국 동영상 업체가 아니다. 한 해는 공정 개선, 다음 해에는 설계 변경을 하는 것을 뜻한다)' 전략을 구사했었다. 그만큼 미세공정을 매년 향상시키는 것이 어렵다는 뜻이다. 미세공정 진화가 어려워지면서 이러한 전략도 구사하기가 어려워졌다.

애플은 대만 TSMC 덕에 5나노 공정에서 생산한 M1 칩을 통해 경쟁사 인텔을 앞서 나갔다. 인텔이 7나노 공정으로 제작한 CPU를 사용한 PC가 2024년에야 출시된 것과 대비된다. 애플의 M2 칩도 M1 칩 대비 성능 향상 수준이 획기적으로 두드러지지 않았다. CPU는 18%, GPU는 35%, NPU는 40% 향상됐다. 소비자들은 M1 칩에서 경험한 극적인 변화를 기대했지만 반도체 업계의 혁신 부족에 발목이 잡혔다.

배터리 발열을 막기 위해 도입된 기능이 스마트폰 성능을 오히려 저해해 논란이 된 삼성의 갤럭시 S22 GOSGame Optimizing Service (게임 최적화를 위한 애플리케이션) 사태만큼은 아니지만 M2 칩을 사용한 맥북 에어에서 발열 현상이 나타난 것도 아쉬운 점이었다. 새로운 디자인으로 등장한 M2 맥북 에어를 기대했던 잠재적 구매자들에게 부정적인 영향을 주기에 충분했다.

이런 상황은 실적에서도 확인된다. 2023년 4분기(9~12월) 애플의 맥 PC 관련 매출은 77억 4,000만 달러에 그쳤다. 매출이 전년 같은 기간보다 28.7%나 줄었다. 아이폰 감소율 8.2% 대비 감소 폭이 유달리 크다. 애플은 2024년 5월 발표할 1분기 실적도 5% 정도 감소할 것이라고 예고하기도 했다.

M2 PC 판매 부진은 한 해 전 M1 PC 판매가 급증한 기저 효과가 컸기 때문이라는 평가가 나온다. 카운터포인트리서치 분석에 따르면 2023년 4분기 애플의 PC 판매량은 전년도 같은 기간보다 22.8% 하락했다.

2023년 1분기에도 비슷한 상황이 이어진 것으로 파악됐다. 시장조사기관 IDC는 애플 PC 1분기 출하량이 40%나 급감했다고 분석했다. 이는 경쟁사들이 20%대 하락률을 보인 것에 비해 유달리 부진한 성과다. 반면 가트너는 같은 기간 애플 맥 PC 출하량이 34% 감소했다고 다소 엇갈린 분석을 내놓았다. 수치의 차이가 있지만 두 조사기관 모두 애플 PC의 하락세를 점친 것은 맞다.

애플도 문제를 서둘러 파악해 M2 칩의 생산량을 조절하고 신형 칩 M3을 투입했다. 애플이 설계한 반도체는 애플만 사용한다. 삼성전자처럼 시장 점유율 유지를 위해 적자를 감수하면서도 메모리 반도체 생산을 지속하는 '치킨 게임'을 할 이유가 없다. 수요가 줄거나 완제품의 단종이 예상될 경우 반도체 생산을 줄인다.

일시적인 M2 칩 생산 중단과 축소는 팀 쿡 애플 CEO와도 연관된다. 다음 행보를 염두에 둔 팀 쿡의 노림수일 수 있다. 쿡은 공정과 재고 관리에서 탁월한 업적을 발휘하며 애플을 이끌어왔다. 쿡은 애플에 채용된 직후 방대한 재고를 이틀 치로 줄인 경험이 있다. 애플 제품이 제조되기 전까지는 부품을 장부상 회계에 포함하지 않는 수완도 보였다. 그런 식으로 쿡은 잡스가 애플의 부활을 이끄는 데 큰 힘이 됐다. 그렇기에 쿡에게 '재고'는 금기어다.

쿡은 M3 칩에서 새로운 시도를 했다. M1과 M2 칩의 경우 저렴한 맥북 에어가 고가의 맥북 프로보다 먼저 판매됐지만 M3 칩에서는 맥북 프로가 먼저 나왔다.

M 시리즈가 3개의 칩으로 확대되면서 애플의 PC와 태블릿 전

락도 다양해졌다. M1에 이어 M2가 저가를, M3 칩은 고가 시장을 노린다. 애플이 구형 아이폰의 가격을 낮춰 판매하며 저렴한 스마트폰을 원하는 소비자와 저개발 국가 시장을 노리는 것과 같은 원리다. 저가 모델인 구형 PC가 소비자들이 애플 맥 PC에 입문하는 '마중물' 역할을 하는 셈이다. 애플은 판매된 지 3년이 되는 M1 맥북 에어의 미국 내 공식 가격을 999달러로 정했다. 세일하면 이보다 저렴한 700달러대에서도 구매할 수 있었다. 상당수 인텔 CPU 노트북에 비해 성능이 우수하고 전성비(전력 대비 성능 비율)가 높은 M1 맥북 에어는 여전히 현역이다.

M3 칩의 가장 큰 무기는 어느 CPU보다도 가장 앞선 반도체 공정을 사용했다는 점이다. 애플이 2023년 10월 '겁나게 빠른Scary fast' 행사를 통해 M3 칩을 선보일 때까지도 최신 3나노 공정을 사용한 상용 반도체는 아이폰15 프로에 들어가는 A17 프로뿐이었다. M4는 더욱 큰 변화가 예고됐다. AI 기능을 대폭 강화한다고 한다.

누비아를 인수해 애플에 맞서는 퀄컴

애플을 추격하는 칩 설계 기업들의 상황은 어떨까. 애플에 맞설 수 있는 기업의 대표 주자는 퀄컴이다. 퀄컴은 A 시리즈 칩을 설계한 인력들이 만든 누비아Nuvia를 인수해 애플과 정면으로 맞서고 있다. 퀄컴은 누비아가 ARM 설계에 기반해 만든 오라이언oryon 코어를 활용한 PC용 칩 '스냅드래곤X 엘리트'를 2023년 10월에 공개했다.

퀄컴은 누비아 인수를 통해 애플이 개발한 M 시리즈 칩에 대항하는 고성능 저전력 칩을 선보이려 하고 있다. 인텔이 장악해온 x86 기반 CPU들은 전력을 많이 소비한다는 단점이 있다. 애플은 2020년 공개한 M1 칩을 통해 x86 CPU가 아닌 ARM 기반의 칩 시장을 사실상 독식하고 있지만, 퀄컴은 모바일 칩 시장에서의 경험을 PC에서 구현하려 하고 있다. 돈 맥과이어Don McGuire 퀄컴 부사장은 블로그를 통해 "스냅드래곤X는 차세대 PC 경험을 위한 혁명이다. PC 시장의 변곡점이 될 것"이라고 강조했다.

퀄컴은 향후 MR 단말기 분야에서 애플 '비전 프로'에 맞서는 제품을 준비하는 기업들도 지원할 전망이다. 삼성은 퀄컴과 MR 플랫폼 구축에 협력하고 있다. 애플은 비전 프로에 스마트폰용 A 시리즈 칩이 아닌 PC용 M 칩을 사용한다. 메타도 MR 단말기에 퀄컴의 칩을 사용하지만, 애플과 비교해 칩의 성능이 떨어진다는 우려를 받아 왔다. 애플에 이어 퀄컴까지 참전하면서 ARM 기반 MR 단말기 경쟁도 본격적인 날개를 펼 수 있게 됐다.

하드웨어 리뷰 사이트인 〈탐스 하드웨어Tom's Hardware〉는 누비아의 코어를 탑재한 '스냅드래곤8cx 4세대'가 애플 M 시리즈의 호적수로 부상할 수 있지만, 윈도 진영에 영향이 더 클 것으로 전망했다. 기존 인텔과 AMD가 x86 CPU로 장악해온 시장에 제대로 된 윈도용 모바일 저전력 고성능 CPU가 등장하는 셈이기 때문이다.

명품 값 올라도 아이폰 값 안 오르는 이유

"명품이라고 하는 것 중에 오르지 않는 건 아이폰뿐인 것 같아요."

'명품'은 가격표에서 자유롭기 마련이다. 명품의 대명사 '에·루·샤(에르메스·루이뷔통·샤넬)' 가방 가격은 지금이 제일 싸다는 말을 듣지만 가장 비싼 스마트폰인 애플 아이폰은 그렇지 않다.

필자도 아이폰15 프로맥스를 구매했다. 한국에서의 가격은 올랐지만, 기본 용량이 128기가바이트GB에서 256기가바이트로 늘어났다는 점을 감안하면 미국 달러 기준으로는 동결이었다.

최신 아이폰이 발매될 때마다 언론, 유튜버 등이 수많은 예상, 분석 기사를 쏟아내곤 한다. 이 중 맞는 것도 있고 틀린 것도 있다. 아이폰15가 티타늄을 소재로 사용한 것, 기존 라이트닝 충전 단자 대신 USB C 단자를 처음 도입한 것은 예상대로였다.

애플은 프리미엄 스마트폰인 아이폰의 경쟁력을 유지하기 위해 기본 메모리 용량 증가, AP A칩, 유기 발광 다이오드OLED 디스플레이, 5G 통신기능, 스테인리스, 티타늄 등을 추가해왔다. 성능은 계속 높아졌지만 달라지지 않은 것이 있다. 바로 가격표다. 미국 기준 일반 아이폰 '799달러', 프로 '999달러'라는 숫자는 변화가 없다. 애플 정도의 시장 지배력과 고객 충성도라면 매출 확대를 위해 가격을 올릴 수도 있었지만 그렇게 하지 않았다.

아이폰 프로의 가격은 2017년 이후 달라지지 않고 있다. 최고가 제품인 아이폰15 프로맥스 기종만 기본 메모리 용량을 다른 아이폰의 두 배인 256GB로 적용하며 100달러를 올렸지만, 같은 용량인 아이폰14 프로맥스와 비교하면 동결이었다.

애플은 2017년 아이폰 판매 10주년을 기념하는 아이폰X를 출시하면서 999달러라는 가격표를 달아 소비자와 경쟁사들을 깜짝 놀라게 했다. 함께 선보인 아이폰8이 699달러에(미국 각 주의 세금을 감안하면 소비자들은 700달러 중반에 아이폰을 구입할 수 있다) 판매된 것을 고려하면 약 50% 가까이 비싼 프리미엄 폰의 등장이었다. 이후 기본 저장 용량이 커지면서 아이폰 값은 799달러에서부터 시작한다. 아이폰X는 아이폰에서 홈버튼이 사라진 시발점이다. 동시에 스마트폰 가격 인플레이션을 불러온 장본인이라는 비판의 대상이다.

6년이 지나자 상황은 달라졌다. 급격한 물가 상승 속에도 미국 내 아이폰15의 가격은 다시 동결됐다. 아이폰15 프로의 값은 999달러다. 6년 연속 동결이다. 코로나19 사태 이후 고물가 시대에 값이 안 오른 것은 아이폰뿐이라는 평가까지 나올 정도다.

물론 이는 미국에 한정된 상황이기는 하다. 애플은 원·달러 환율 급등을 이유로 한국 내 아이폰 가격을 인상했다. 약 1,400원의 환율을 적용했는데, 환율이 하락했음에도 가격을 유지해 한국 소비자들의 원성을 샀다.

한번 올린 가격을 내리는 기업은 드물다. 명품이라고 불리는 제품군은 더욱 그렇다. 애플은 휴대폰, PC, 에어팟 등 제품군별로 다양한 환율을 적용하고 있다. 그중 소비자들의 선호도가 가장 큰 아이폰에 가장 높은 환율을 적용한다.

2021년 미국 소비자 물가 상승률은 4.7%에 달했다. 2022년에 는 무려 7.9%다. 신형 아이폰 판매가 시작되는 2022년 9월 상승률 은 무려 9.1%에 이르렀다.

아이폰 값 동결은 미국 자동차 가격 상승이 물가 상승률 급등의 핵심 요인으로 부상했던 것과 대비된다. 코로나19 이후 미국 내 신 차와 중고차 가격은 수직 상승했다. 반도체 공급 부족으로 차량 생 산이 어려워지고 수요가 늘면서 신차 값이 치솟았고 중고차 값이 새 차보다 비싸지는 현상도 등장했다.

스마트폰은 현대인에게는 필수적인 소비재다. 미국 물가 조사에 서도 약 0.439% 정도의 비중을 차지한다. 과거와 비교해 스마트폰 교체 시점이 늦어지고 있다고 해도 PC와 비교해 스마트폰을 바꾸 는 횟수가 많을 수밖에 없다.

아이폰15의 값은 2017년 이후 물가 상승분을 고려하면 가장 저 렴하다는 분석까지 나온다. 〈퍼펙트레크PerfectRec〉에 따르면 물가 조정을 반영한 첫 아이폰의 가격은 732달러다. 첫 아이폰의 최초 판매가는 499달러다.•

스티브 잡스는 아이폰이 전화기, 인터넷 커뮤니케이터, 아이팟 의 기능을 모두 가지고 있지만, 가격은 아이팟보다 조금 비싼 499 달러라는 점을 강조했다. 물론 당시 대부분의 언론과 소비자들은 이 가격이 비싸다고 생각했다. 물가 변화를 반영했을 때 아이폰

• https://www.perfectrec.com/posts/iPhone15-price

15보다 저렴한 모델은 최초의 아이폰뿐이다. 두 번째 아이폰3G도 832달러다. 2020년에 판매된 아이폰12는 가장 비싼 943달러였다. 이는 2021년 이후 물가가 급등한 것이 반영되었기 때문으로 볼 수 있다.

첫 프로 모델인 아이폰X 값은 물가 변화를 반영할 경우 1,248달러로 평가됐다. 2018년에 등장한 XS 맥스는 역사상 가장 비싼 1,333달러로 파악됐다.

최근의 인플레이션 고공행진을 감안하면 아이폰 값은 과거에 비해 40~50달러가량 저렴하다는 분석이 나온다. 이쯤 되면 물가 상승으로 고민이 많은 조 바이든Joe Biden 미국 대통령에게 애플은 구세주와 같은 존재다.

웨드부시증권의 애널리스트 댄 아이브스는 애플이 아이폰 값을 동결한 것이 소비자에게는 놀라운 거래라고 파악했다. 아이브스는 "애플은 원한다면 훨씬 더 비싼 가격표를 붙일 수 있었지만 그러지 않았다"고 말했다. 프리미엄 폰의 특성상 가격을 올리더라도 살 사람들은 사겠지만 그러지 않았다는 것이다.

전체 스마트폰 규모가 줄어드는 상황에서 애플이 가격 상승으로 인한 충격을 완화하기 위해 가격을 동결했다는 분석도 나온다. 애플은 중국 등 수요가 감소하는 지역에서는 이례적으로 가격 인하도 단행했다.

애플이 수익성을 확보하면서 아이폰 값을 유지할 수 있었던 가장 큰 요인은 핵심 칩을 자체 개발했기 때문이라고 분석가들은 입을 모은다. 아이브스는 애플이 아이폰 가격을 올리지 않을 수 있는 이유는 자체적으로 핵심 칩인 A 칩을 설계하기 때문이라고 파악했다.

애플은 자체적으로 개발한 A17 프로와 A16 칩을 아이폰15 프로와 아이폰15에 사용한다. A17 프로의 경우 TSMC의 3나노 공정을 이용한다. 제조 수율이 낮아지면서 칩 가격이 상승하고 덩달아 아이폰 값도 대당 200달러 정도 오를 것이라는 예상이 지배적이었지만, 애플은 이런 예상을 비웃듯 가격표에 손을 대지 않았다.

애플이 삼성의 디스플레이, 소니의 카메라 센서, 퀄컴의 통신 모뎀 등 핵심 부품은 외부에서 공급받지만, AP는 TSMC가 제조하더라도 외부에서 사오는 것보다 저렴할 수밖에 없다. 애플이 통신 칩도 자체 개발하려는 이유가 여기에 있다.

이러한 상황은 삼성에게도 시사하는 바가 크다. 삼성이 자체 개발한 엑시노스 칩의 역할이 중요하다. 퀄컴의 스냅드래곤 AP를 구매할 때 엑시노스 칩이 있는 것과 없는 것은 가격 협상에서 중요한 요인이다. 삼성이 갤럭시 S23에 엑시노스를 사용하지 않았지만, S24에 다시 엑시노스를 사용한 것도 이런 상황과 무관하지 않다.

IT 전문매체 〈기즈모도Gizmodo〉는 갤럭시 S23에 사용되는 퀄컴의 최신 칩인 스냅드래곤8 2세대가 애플의 A16보다 비싸다고 분석했다. 〈기즈모도〉는 퀄컴이 삼성에 공급하는 스냅드래곤8 2세대의 가격이 160달러인 반면 애플의 A16 칩 가격은 110달러라고 전했다. A16 칩 가격은 한 해 전 선보인 A15 칩보다 두 배나 상승한 것이다.

애플 A16 칩과 퀄컴의 칩은 모두 TSMC 4나노 공정에서 제조되지만 삼성이 훨씬 비싼 값에 칩을 확보하는 셈이다. 심지어 퀄컴은 스냅드래곤8 3세대 칩 공급가를 더 높여 200달러에 달하는 것으로 추정된다. 스냅드래곤 4세대 칩 가격도 상승하는 것이 당연해 보인다. 칩 값이 상승하면 완제품인 스마트폰 가격을 부추길 수 있다. 제조사나 소비자 모두 가격 상승이 반가울 리 없다.

삼성은 갤럭시 S23에 자체 개발한 엑시노스 칩을 넣는 대신 퀄컴에 의존해 소비자들의 긍정적인 평가를 받았지만, 갤럭시 S24를 출시하면서 한국 시장에서는 엑시노스 칩도 사용했다. 수익성 개선을 위한 조치다. 퀄컴의 한 관계자는 필자에게 "삼성은 메모리만 만들었으면 좋겠다"라고 말하기도 했다. 그들이 원하는 것은 삼성과 한국 스마트폰의 발전보다는 자신들의 이익 확대일 것이다.

한 가지 더. 애플은 아이폰 값은 올리지 않았지만, 서비스 이용료는 꾸준히 높이고 있다. 시장 점유율이 크게 상승한 애플 뮤직 이용료는 2023년 9.9달러에서 10.9달러로 올랐다. 애플 TV 플러스도 4.99달러에서 6.99달러로 비싸졌다. 애플은 물가 상승으로 라이선스 비용이 올랐다는 이유를 들었다. 애플의 매출에서 서비스가 차지하는 비중은 계속 상승하는 중이다. 애플은 제품 값은 소비자에게 양보하고 서비스를 통해 양보한 것 이상의 수익을 내고 있다.

PC에서 게임까지,
애플의 끝없는 도전

"애플은 달궈진 쇠를 담금질하고 있다."

〈컴퓨터 월드〉

'스마트폰 다음은 PC', 진격하는 애플

사명에서 '컴퓨터'를 삭제한 애플

코로나19가 유발한 대규모 IT 구매 수요가 빙하기로 접어든 상황에서도 애플은 자체 설계한 반도체에 힘입어 가속 기어를 끌어올리고 있다. 매년 새로운 칩을 선보이며 소비자들을 유혹한다.

애플은 하드웨어와 소프트웨어를 모두 자체 개발한다. 그러나 애플이 진정한 하드웨어 통제권을 가지게 된 역사는 그렇게 오래되지 않았다. 1976년 잡스의 집 창고에서 시작된 애플 역사에서 번번이 발목을 잡았던 반도체를 자체 확보한 것도 15년이 채 되지 않왔다.

애플은 스마트폰 사업을 시작하며 큰 변화를 선택했다. 바로 PC 와의 결별이었다. 이는 PC 사업에서 손을 뗀다는 말이 아니다. 사 명에서 '컴퓨터'를 삭제했다. 아이폰, 아이패드로 애플에 입문한 사용자라면 생소한 대목이다. 애플이 PC 회사였다고? 그렇다. 애 플은 PC 제조사로 출발했다. 1977년 세계 최초의 일체형 개인용 PC를 만든 게 애플이다. PC의 '시조새'가 애플이다.

애플이 사명에서 PC라는 족쇄를 걷어낸 것이 2007년이다. 스티 브 잡스는 처음 아이폰을 공개한 후 사명을 애플로 바꾸겠다고 선 언했다. 파격적이었다. 목적은 확실했다. PC 회사에서 소비자 가 전 회사로 전환하는 것이다. 잡스는 MP3 플레이어 '아이팟'으로 PC로도 못 이룬 시장 장악의 성과를 맛본 후 전격적으로 변신을 시도했다.

스티브 잡스 애플 창업자가 2007년 1월 아이폰 발표 행사에서 사명 '애플 컴퓨터'를 애플로 변경 한다고 발표하고 있다. © 애플 팟캐스트 캡처

만약 애플이 PC에서 시장을 선도하는 기업이었다면 MP3 플레이어 사업에 나설 생각을 하지 않았을 수도 있다. 그만큼 절박했다. PC 시대를 연 장본인인 잡스로서는 분통이 터질 일이다.

PC는 애플과 IBM에 의해 세상에 등장했다. 애플과 IBM은 각자의 방식으로 PC를 선보였고 지금에 이르렀다. IBM은 CPU와 소프트웨어 공급처인 인텔과 MS에 PC 시장을 넘겨주고 말았다. PC의 진검승부는 애플과 MS-인텔로 구성된 '윈·텔' 연합군 간의 대결로 변화했다.

잡스와 애플은 최고의 OS와 디자인의 심미성을 앞세웠지만, MS는 애플의 OS를 지속해서 추격했다. 애플이 선보인 기능을 MS가 뒤늦게 선보이는 형국이었다. 맥 PC가 선보인 GUI와 마우스는 MS의 윈도가 잠식했다. 인텔의 CPU는 애플의 협력사인 모토로라를 껑충 뛰어넘으며 사실상 독주체제를 갖췄다. 애플이 사명에서 PC를 제외하는 선택을 한 것은 배수진을 친 것이나 다름없었다. 아이팟으로 성공을 맛봤지만, MS와 인텔을 추격하기에는 부족했다.

그렇게 애플이 처음 아이폰을 내놓고 사명을 변경한 지 10년 후인 2017년, 아이폰 10주년 기념 제품인 아이폰X를 기점으로 상황이 달라졌다. 애플이 자체 개발한 아이폰용 칩 A 시리즈의 성능이 급격히 향상되기 시작하면서다. 안드로이드 진영 스마트폰의 핵심 반도체 성능은 애플과 격차가 벌어지기 시작했다.

2020년 선보인 PC용 M 시리즈는 더 큰 충격을 남겼다. PC 업체들의 숙원이었던 더 높은 성능을 발휘하면서도 전기를 적게 소비하는 PC, 열을 적게 발산하면서 성능이 뛰어난 반도체를 원한 잡스의 희망은 현실이 됐다.

통상 애플 실리콘으로 불리는 M 시리즈 칩이 등장한 지난 4년간의 변화는 수치에서 드러난다. 시장조사 업체 스탯카운터의 조사에 따르면 2023년 2분기 전 세계 PC 시장에서 맥 OS의 점유율은 21.38%다. 미국 내에서만 집계하면 31%에 이른다. 10년 전 미국 내 맥 OS의 점유율이 12.86%에 불과했던 것을 고려하면 상당한 변화다. PC 전문매체 〈컴퓨터 월드Computer World〉는 맥 PC의 상승세는 애플 실리콘 등장 이후 더욱 본격화됐다고 파악했다. 시장 규모도 맥 PC는 60% 늘어났지만, 윈도 PC 시장은 6% 증가에 그쳤다. PC 시장의 흐름이 달라지고 있다는 신호다.

애플은 PC 시장 정복을 위해 속도를 높이고 있다. 과거보다 저렴한 PC, 과감한 반도체 투자, 신속한 OS 지원을 무기로 윈도 PC 진영을 공습 중이다.

애플은 M1, M2에 이어 M3 칩을 선보였다. 애플은 매년 새로운 칩을 선보이며 인텔과 AMD를 압박한다. 애플은 M3 제조를 위해 TSMC의 3나노 공정을 독점 확보한 것으로 알려졌다. 공정 미세화가 이뤄지면 반도체의 성능도 향상된다.

인텔과 AMD는 3나노 공정 CPU를 확보하려면 시간이 필요하다. 인텔은 자체적으로 1.4나노 공정까지 예고했지만, 실제 생산이 목표대로 이뤄질지는 미지수다. AMD는 애플에 밀려 TSMC의 3나노 공정 확보가 늦어질 수밖에 없다. 애플 실리콘의 성능을 앞서가고 있는데 추격 경로에는 벽이 생긴 셈이다. PC 매체 〈컴퓨터 월드〉는 이런 상황을 두고 "애플이 달궈진 쇠를 담금질하고 있다 Apple is striking while the iron is hot"고 표현했다.

이제 PC 시장의 레이스는 100m 달리기 경주에서 마라톤으로 변화하고 있다. 단기 승부가 아니라 장기 승부가 무르익고 있다.

반도체와 OS 쌍끌이 전략을 가동하다

스마트폰의 활성화로 MS가 주도해온 OS 시장에서 애플이 부상하면서 지각변동이 일어나고 있다. 현재 맥 PC의 OS는 잡스가 설립했던 넥스트Next에서 시작됐다. 애플은 잡스를 재영입하고 넥스트를 인수한 이후 넥스트스텝NextStep을 현재의 맥 OS로 발전시켜왔다.

M 칩이 인텔 '킬러'였다면 MS를 겨냥한 무기는 맥 OS다. MS가 윈도11을 내놓은 게 2021년 10월이다. 윈도10은 2015년에 등장했다. 6년 만에 판이 바뀌었다. 이런 속도는 애플에 크게 뒤처진다.

애플은 해마다 OS의 판을 끌어올리고 있다. 매해 새로운 이름의 OS를 공개하면서 새로운 기능이 추가되고 있다. 2022년에 선보인 벤추라 OS도 2023년 말에는 소노마로 변경됐다. 소노마라는 이름도 특이하다. 과거 인텔이 내놓았던 노트북용 듀얼코어 CPU와 와이파이용 반도체 세트에도 '소노마'라는 별칭이 붙었다. 애플과 인텔은 맥 OS와 CPU에 지역 이름을 사용하지만, 같은 이름이 붙은 경우는 드물다.

애플이 인텔 CPU를 사용한 PC에 대해서는 OS 지원을 서둘러 끝낼 수 있다는 관측도 나온다. 애플은 업계에서 소비자에 대한 OS 업데이트를 지원해주는 기간이 길다. 지속해서 OS가 개선되는 아이폰을 그렇지 않은 안드로이드폰보다 오래 사용할 수 있는 이유이기도 하다. 최근 삼성전자가 갤럭시 스마트폰의 OS 지원을 연장하겠다고 발표한 것도 애플의 움직임을 견제하기 위해서다. 그러나 인텔 CPU를 사용한 '인텔 맥' PC는 경우가 다르다. 애플은 인텔에서 애플 실리콘으로의 전환을 끝냈지만 진정한 마무리는 OS 지원 중단이다. 애플 제품 중 가장 먼저 애플 실리콘을 사용한 맥북 에어의 경우, 2020년 초반까지 생산된 인텔 CPU 버전이 2026년경이면 OS 업데이트가 끝나는 것이 일반적이다.

만약 인텔 CPU를 사용한 맥 PC의 OS 업그레이드가 중단된다면 소비자들은 새로운 PC를 구입할 가능성이 커진다. OS 지원이 끊겼다고 PC를 사용하지 못하는 것은 아니지만, 보안 문제가 불거져도 제조사 차원에서 지원이 없는 PC가 소비자들의 눈길을 받지 못하는 것은 자연스러운 흐름이다. 게다가 아이폰용 iOS 18이 등장하면 맥 OS도 AI 기능을 지원할 가능성이 크다. 아이폰은 물론 맥 PC의 AI 공세는 이미 예고됐다.

잡스가 꿈꾼 소음 없는 PC, 왜 이제 나왔을까

애플은 2023년에 15인치 '맥북 에어' 노트북 PC를 출시했다. 애플은 WWDC에서 비전 프로와 맥북 에어 15인치를 함께 공개했다.

맥북 에어 15인치가 소비자들의 이목을 끈 것은 화면 크기 때문이었다. 맥북 에어는 처음 선보인 2008년 이후 비슷한 디자인과 13인치 크기 화면이라는 정체성을 유지해왔다. 한때 11인치로도 판매됐지만 13인치만 명맥을 유지했다. 많은 소비자가 더욱 큰 화면을 가진 노트북을 원하는데도 애플은 맥북 에어에 13인치 화면을 고집했다.

왜 그랬을까. 그 이유가 최근 드러났다. 정답은 인텔 CPU와 애플 실리콘Apple Silicon에 있었다. 로라 메츠Laura Metz 애플 맥북 마케팅 담당자는 언론 인터뷰*에서 과거에도 맥북 에어 15인치 개발 계획이 있었지만, 그때 사용하던 인텔 CPU로는 애플의 방침대로 제품을 설계할 수 없었다고 토로했다. 그는 이렇게 말했다.

"당시의 제품 설계로는 15인치 노트북을 '에어'스럽게 만들 수 없었다."

애플 전문매체 〈9투5맥9TO5Mac〉은 인텔의 CPU를 사용했다면 '에어'가 상징하는 얇고 가벼운 노트북 PC를 만들 수 없었음을 에둘러 표현한 발언이라고 해석했다.

"애플은 인텔 CPU 때문에 15인치 맥북 에어 노트북 PC를 만들 수 없었다."

애플은 2020년 연말부터 자체 개발한 애플 실리콘을 PC에 적용

● https://www.tomsguide.com/news/macbook-air-15-inch-exclusive-how-apple-made-the-worlds-thinnest-15-inch-laptop

했다.

많은 PC 업체들은 13인치와 15인치 노트북을 주로 판매한다. 이동을 많이 하는 사용자들은 13인치를, 집이나 사무실에서만 PC를 사용하는 이들은 15인치를 선호하기 때문이다. 애플의 고성능 PC인 맥북 프로는 14, 16인치로도 출시된다. 유독 맥북 에어만 13인치를 고집했다. 여기에는 메츠가 설명한 대로 분명한 이유가 있었다.

애플의 인텔에 대한 '디스'는 여기에서 그치지 않는다. 애플은 맥북 에어 15인치가 인텔 기반 맥북 에어 중 가장 빠른 모델 대비 12배나 빠르게 작동한다고 홍보 중이다. 맥북 에어는 스티브 잡스 애플 창업자가 첫선을 보인 것으로 유명하다. 매킨토시, 아이맥, 맥북 에어는 잡스가 처음 소개한 PC다.

애플 실리콘으로 날개를 단 노트북 PC

맥북 에어는 잡스에 의해 2008년 1월 세상에 모습을 드러냈다. 첫 아이폰을 공개한 1년 후다. 잡스는 노란색 서류 봉투에서 노트북 PC를 꺼내 청중들을 놀라게 했다.

잡스는 세계에서 가장 얇고 가벼운 노트북이라고 강조했다. 서류 봉투에서 노트북이 나오는 장면은 이 노트북의 장점을 극명하게 보여주기에 충분했다. 잡스는 그때 노트북 PC 디자인의 미래도 재구성했다.

당시 애플은 인텔 CPU를 사용했다. 애플은 2006년에 모토로라의 CPU를 인텔로 전환하며 '인텔 맥' 시대를 열었다. 모토로라의 CPU에서 인텔 CPU로의 전환이 낳은 가장 극명한 성과가 맥북 에어였다. 모토로라의 CPU를 사용했다면 맥북 에어의 등장은 불가능했을 것이다. 애플은 인텔이 제조한 저전력 CPU로 첫 맥북 에어를 제조했다.

맥북 에어는 저전력 CPU를 사용했지만, 발열과 소음에서 벗어날 수 없었다. 얇은 두께와 가벼운 무게를 얻기 위해 CPU 성능을 희생했지만, 팬이 돌아가는 소음을 없앨 수는 없었다. 더 나은 성능을 위해서는 변화가 필요했다.

첫 맥북 에어가 등장한 이후 12년 만인 2020년 11월 등장한 애플의 M1 칩은 이런 문제를 한 방에 해결했다. 애플이 설계한 M1 칩을 사용한 맥북 에어에는 CPU의 열기를 빼내기 위한 쿨링팬이 사라졌다. 그런데도 성능은 급격히 향상됐고 배터리 사용 시간이

스티브 잡스 애플 창업자가 2008년 1월 맥북 에어 PC가 담겨 있는 서류 봉투를 들어 보이고 있다. 이 장면은 PC의 역사를 바꾼 장면으로도 유명하다. © 애플 팟캐스트 캡처

길어졌다. 바뀐 건 인텔 CPU뿐인데 전혀 다른 노트북이 됐다.

잡스는 CPU의 열기를 식히는 쿨링팬을 증오했다. CPU의 열기는 숙명이다. 열을 잡지 못하면 PC가 정상 작동하는 것을 보장할 수 없다. 쿨링팬을 사용하는 이유다. PC의 디자인을 망치고 요란한 소리가 나는 쿨링팬은 잡스의 미움을 받기에 충분했다. 잡스는 '애플 III' PC에 쿨링팬 장착을 하지 말자고 주장해 디자이너들과 엔지니어들을 당황하게 했다.

쿨링팬을 없애야 한다는 잡스의 희망을 구현하기 위한 조건은 간단했다. 발열이 적은 CPU다. 그 희망은 2020년이 되어서야 M1 칩을 사용한 맥북 에어에서 구현됐다. 반도체 분야의 선구자 인텔, 모토로라도 해내지 못한 일을 애플이 완성한 셈이다.

잡스의 뜻대로 팬리스fanless PC를 만들 수 있게 되자 애플의 PC 시장 지배력도 커지고 있다. 특히 최근의 IT 시장 불경기에 성과가 두드러진다.

시장조사 기관 IDC는 2023년 3~6월 사이 전 세계 PC 출하량이 전해 같은 기간보다 13.4% 줄어든 6,160만 대라고 집계했다. PC 출하량은 6분기 연속 감소했다. 미국 금리가 인상되기 시작한 후 경기가 하락세로 돌아서면서 대부분의 빅테크 기업은 물론 월가 은행들까지 감원하는 상황은 PC 판매에 부정적이다.

전체 PC 시장의 부진과 달리 돋보이는 분야가 있다. 애플이다. 애플의 2023년 2분기 PC 출하량은 전해 같은 기간보다 10.3%나 늘어 530만 대에 달했다. 그나마 긍정적 성과를 낸 HP가 0.8% 감소한 것과 비교하면 성장세의 격차가 두드러진다. 출하량과 점유율이 늘어난 업체도 애플이 유일했다. 2분기 PC 출하량이 13.4%나 감소했다는 점을 감안하면 애플이 독보적인 성장을 했음을 알 수 있다.

2분기 애플이 전체 PC 출하량에서 차지한 비중도 8.6%로 전해와 같은 기간의 6.9%보다 늘어났다. 애플이 전체 PC 출하량의 10%를 넘어설 가능성도 한층 커졌다. 애플의 판매가 호조를 보이면서 PC 업계 순위도 달라지고 있다. 애플은 대만 에이서를 제치고 4위를 기록했다.

애플의 PC 판매에서 고려해야 할 점은 평균 단가다. 애플 PC의 가성비가 예전보다 크게 향상됐다고는 하지만 초저가 라인이 없는 만큼 경쟁사와 비교해 판매단가가 높다. 그런데도 매출이 증가하고 있다.

IT 매체 〈기즈모도〉는 애플 PC 판매 확대는 애플 실리콘을 사용한 PC에 대한 수요가 늘어나고 있기 때문이라고 진단했다. 〈기즈모도〉는 M1와 M2에 M3 칩이 더해지면 애플 PC의 수요가 더욱 늘어날 수 있다고 전망했다.

맥북에서도 디아블로 게임을 할 수 있다고?

2023년 WWDC가 종료된 후 많은 국내외 유튜버들이 유명 게임 '디아블로Diablo 4'를 애플 맥 PC에서 실행하는 화면을 연이어 공개했다. IT 리뷰 전문 유튜버 잇섭은 이렇게 말했다.

"맥북으로 디아블로4 돌리는데 너무 잘된다."

낯선 모습이다. 애플 PC는 게임과는 거리가 멀었다. 적어도 2000년 이후에는 그랬다. 대형 게임들은 인텔, AMD의 CPU를 사용하는 MS 엑스박스Xbox, 소니 플레이스테이션Playstation과 같은 전용 게임기나 윈도 PC의 몫이었다. 그런데 애플 실리콘을 사용한 PC에서 게임이 가능해졌다. 애플이 작심하고 게임을 품겠다는 전략을 선보였기 때문이다.

WWDC 2023 행사의 최대 관심은 복합현실 단말기 비전 프로였다. 모처럼 등장한 애플의 혁신제품에 이목이 쏠렸다. 그런데 WWDC 2023에서 발표될 당시에는 크게 주목받지 않았으나 이용자들의 체험이 늘어나면서 화제가 된 분야가 게임이었다.

애플은 WWDC 2023에서 '당신의 게임을 맥으로 가져오라Bring your game to Mac'는 세션을 진행했다. 이 세션의 핵심은 '게임 포팅 툴킷Game porting toolkit'이었다. 게임 포팅 툴킷은 게임과는 거리가 멀었던 애플 PC의 방향을 틀게 할 중요한 단서로 꼽히고 있다. 게이머들에게는 맥에서도 이렇게 게임이 잘 돌아간다는 메시지였고 게임사에는 맥용 게임을 출시하라는 무언의 압박이었다. 애플 실리콘의 새로운 사용처를 선보인 셈이다.

마침 WWDC 2023이 열린 다음 날 한국을 시작으로 '디아블로4'가 공개됐다. 디아블로는 PC용 게임으로는 최고 인기작이다. 우연이라고 하기에는 너무나 절묘한 상황이다. 디아블로4는 애플 실리콘과 게임의 궁합을 확인하기 위한 최적의 '테스트 베드'였다. 체험자들의 평가는 합격점이다. 최고의 성능을 발휘하지는 못했지만, 현재의 환경에서 이 정도면 무난하다는 평가가 나왔다.

애플 실리콘은 출시 이후 소비자들의 환대를 받았다. 인텔 CPU를 사용한 노트북 PC에 비해 배터리를 오래 사용할 수 있고 저렴했으며 더 좋은 성능을 발휘했다. 애플 실리콘을 사용한 맥 PC가 등장하자 상당수 유튜버가 영상 편집을 위해 애플 M1과 M2 칩을 사용한 맥 PC와 아이패드를 사들이기 시작했다. 맥은 생산을 위한 도구라는 평가가 나오는 이유다.

게임 측면에서는 애플 실리콘 PC와 스마트폰의 상황이 정반대다. 아이폰은 엔터테인먼트 도구다. 아이폰은 '원신' 게임을 위한 최적의 게임머신으로 부상했다. 비록 그래픽 성능이 삼성이나 퀄컴의 칩을 사용한 스마트폰에 밀리고 있지만, 여전히 아이폰은 게이머들에게는 원신 게임을 하기 위한 최적의 조건이다. 원신 게임은 스마트폰의 성능을 평가하는 핵심 지표다. 그래서 새로운 아이폰이 나오면 원신 게임을 사용해본 경험을 공유하는 이들이 많다. 애플은 아이폰Xs를 기점으로 게임 실행 성능에서 경쟁사를 크게 앞질렀다. 삼성 엑시노스 칩이나 퀄컴 스냅드래곤 AP를 사용한 스마트폰에 비해 아이폰의 게임 성능이 뛰어났다. 이처럼 스마트폰 분야 애플 실리콘의 우위를 입증한 것이 게임이다.

발열, 성능 향상이 부진하다는 이유로 논란이 됐던 아이폰15 프로도 게임에서는 제 역할을 다 했다. 국내 게임 매체 〈인벤〉은 아이폰15 프로로 원신 게임을 한 경험을 기사로 작성했다. 〈인벤〉은 아이폰15 프로의 하이라이트가 티타늄 소재, 액션 버튼, USB-C 단자, 게임이라고 단언했다. 특히 게임이 예상 외의 저력을 보였다고 진단했다. 〈인벤〉은 애플이 게임과는 담을 쌓았다고 생각해왔지만 이제는 180도 달라졌다면서 애플의 게이밍 시장 정조준은 아이폰15 시리즈뿐만 아니라 다른 애플 기기에서도 본격적으로 느껴진다고 전했다.* 그러면서 M2 맥북 노트북에서의 게임 경험도 강조했다.

디아블로나 발로란트Valorant와 같은 유명 PC용 게임을 맥으로 하는 경우는 드물다. 이런 게임들은 맥 OS용으로 나오지 않는다. 인텔 CPU 기반 맥 PC를 사용하면 MS 윈도 부트캠프 기능을 이용해 게임을 할 수 있었지만, 가능하더라도 성능상 제약이 많았다. 맥 PC로 게임을 하겠다는 건 게임에서 지겠다는 선언이나 다름없었다. 애플이 인텔 CPU를 사용한 PC 생산을 중단하고 애플 실리콘 PC만을 생산하면서 윈도 부트캠프도 사용할 수 없게 됐다. 변화와 돌파구가 필요했다.

잡스의 첫 직업은 게임 기획자?

애플은 정말 게임에 관심이 없었던 걸까? 아니다. 애플은 초기 맥 출시 이후부터 영상, 음향, 게임에는 진심이었다. 특히 게임은 애플의 시작점이라고 해도 틀린 말이 아니다.

• https://www.inven.co.kr/webzine/news/?news=289678&iskin=genshin

스티브 잡스 애플 창업자는 TV에 연결해 게임을 할 수 있게 해주던 비디오 게임기 회사 아타리에서 사회생활을 시작했다. 작가 월터 아이작슨Walter Isaacson의 저서 《스티브 잡스Steve Jobs》에서도 잡스가 정보통신기술에 진입하게 된 계기를 아타리 입사로 설명한다. 잡스는 1974년 리드대학교를 자퇴하고 아타리에 입사했다. 아이작슨에 따르면 잡스는 '즐기면서 돈 버는 곳'이라는 구인 문구에 끌려 아타리를 찾아갔다. 아타리는 히피의 몰골을 하고 와 자신을 채용하지 않으면 나가지 않겠다고 버티는 잡스를 직원으로 받아들였다. 아타리 입사 후 인도 여행을 다녀온 잡스는 벽돌 깨기 게임인 '브레이크 아웃Break Out'을 선보였다. 기획은 잡스가, 개발은 스티브 워즈니악Steve Wozniak 애플 공동창업자의 몫이었다.

'브레이크 아웃'은 '애플2' PC에서 처음 할 수 있었던 게임이기도 했다. '울티마Ultima', '페르시아의 왕자Prince of Persia', '로드러너Poad Runner'와 같은 80년대 대박 게임이 처음 등장한 것도 애플2였다. '페르시아의 왕자'는 애플2에서는 성공하지 못했다. 대신 게임기와 인텔 CPU 기반 PC에서 대박을 냈다. '페르시아의 왕자'가 출시된 1989년 애플2의 성능은 인텔 CPU 기반 PC의 상대가 되지 않았다.

이후 게임을 위해서는 MS의 MS-DOS나 윈도 운영체제, 인텔이나 AMD의 CPU, 엔비디아나 AMD의 그래픽 가속기GPU가 '국룰'로 자리 잡았다.

게이머들은 최고의 CPU와 GPU를 사용해 상대보다 먼저 적을 발견하고 타격할 수 있기를 바란다. 애플이 게임을 강조한 것은 시장 흐름의 변화를 보여준다. 애플은 이제 인텔을 넘어 엔비디아의 영역까지 넘본다. 애플이 GPU 코어를 품고 있는 SoC M, A 시리즈 칩으로 CPU와 별개로 작동하는 엔비디아의 GPU를 당장 추월하기는 어렵겠지만, AI를 중심으로 변화하는 시장 흐름은 새로운 물줄기를 불러올 수도 있다.

인텔을 넘어 엔비디아의 영역까지 넘보는 애플

엔비디아의 GPU는 AI 학습과 가상화폐 채굴용 용도로 급부상하며 반도체 시장의 새로운 제왕이 됐다. 엔비디아는 오로지 반도체 설계만 하는데도 시가총액 2조 달러를 돌파했다. 애플 이상의 성과다. 애플이 해마다 엄청난 수의 아이폰과 에어팟, 아이패드, 애플 워치를 팔아서 만든 시가총액이 3조 달러인 것을 감안하면 엔비디아의 추격은 무섭다.

AI가 중요한 포인트지만 여전히 PC용 GPU는 엔비디아의 핵심 수입원이기도 하다. 한때는 게임이 엔비디아 매출을 혼자 이끌었다. AI가 급부상하지 않았다면 게임이 엔비디아 매출에서 차지하는 비중이 2023년에 20%까지 축소되지도 않았을 것이다. 불과 1년 전만 해도 게임은 엔비디아 매출에서 46%나 되는 비중을 차지했었다. 최근 엔비디아의 실적에서 PC용 GPU가 차지하는 비중과 성과는 하락하고 있다. 이는 엔비디아가 향후 AI용 칩에만 집중하는 이유가 될 수 있다. 본업이었던 게임용 GPU가 점차 뒷전으로

밀리고 있다는 평도 나온다. 기술 전문매체 〈테크레이더TechRadar〉
는 엔비디아가 소비자용 GPU 시장에서 발을 뺄 수도 있다는 예상
까지 내놓았다. 이는 애플에는 기회다.

애플 전문매체 〈맥월드Macworld〉도 게임 포팅 툴킷이 맥의 게임
문제를 해결할 첫 단추라고 평가하면서 앞으로 많은 게임사가 맥
용 게임을 출시할 것으로 전망했다.

MS가 게임 업계 1위 업체인 액티비전 블리자드Activision Blizzard
를 인수하는 상황도 애플이 게임에 더 무심할 수 없는 요인이다.

만약 애플 PC에서 본격적으로 게임이 작동하면 아이폰과 아이
패드에 친숙한 젊은 층을 맥 PC로 끌어들일 또 다른 요인이 된다.
애플이 지금 서비스 중인 아케이드 게임으로는 부족하다. 아케이
드 게임은 애플이 애플스럽지 못한 실적을 내는 분야다.

MS는 지난 2000년 애플 맥 PC용으로 출시됐던 게임 헤일로
Halo의 개발사 번지Bungie를 전격적으로 가로챘다. 잡스의 분노를
자아냈을 정도의 큰 사건이었다. MS는 이후 자사 게임기 엑스박스
를 통해 선보인 헤일로로 게임기 시장의 거인으로 자리 잡는 데 성
공했다.◆

20년이 넘는 세월 동안 PC와 게임기를 통해 쌓아온 MS의 아성
은 애플에도 높은 벽이다. 애플은 이미 벽을 깨본 경험이 있다. 경

◆ https://arstechnica.com/gaming/2010/10/jobs-turned-down-bungie-at-first-how-microsoft-
   burned-apple

제 전문매체 〈포브스Forbes〉는 2007년 아이폰이 출시되면서 당시 스마트폰을 주도하던 노키아와 블랙베리가 몰락했음을 상기하며 게임 시장에서도 비슷한 일이 벌어지지 말라는 법은 없다고 추정했다. 프로 게이머 페이커가 애플 실리콘 컴퓨터로 '리그 오브 레전드LOL'를 플레이하는 날이 올 수도 있다는 뜻이다.

애플의 남은 과제,
통신용 반도체와 비전 프로

"애플은 비싼 모뎀 부품을 대체하려 했지만,
퀄컴이 5G의 제왕이라는 점만 확인했다."
〈시킹 알파Seeking Alpha〉(투자 전문매체)

속 썩이는 애플의 5G 통신 칩

애플 아이폰은 고가 스마트폰 시장을 장악하고 있다. 애플은 2017년 아이폰X를 기점으로 고가 라인인 '프로'를 분리해 매출을 끌어올렸다. 컴퓨터, 아이패드, 아이폰에서 각각 프로 라인으로 판매되는 제품의 특징은 차별화된 핵심 칩이다.

'등급을 나누기' 위해 아이폰14에서는 프로 등급에 신형 칩인 A16을, 일반 등급에는 A15를 사용한 것이 대표적인 예다. 아이폰15에서는 격차가 더 커졌다. 아이폰15 프로에는 A17 프로가, 일반 아이폰에는 A16이 들어갔다. A17 칩에 프로라는 이름이 들어갔다는 것은 아이폰16이 나와도 똑같은 칩을 사용하지 않을 것임을 예고하는 것이라는 관측이 많다. 아이폰13까지는 프로 라인과 일반 아이폰 간의 반도체 성능 격차가 크지 않았다. 가성비를 찾는 이들은 성능이 비슷하면서도 저렴한 일반 아이폰을 선택했다. 반면 아이폰14에서 고가 라인은 한 세대 발전한 칩을, 일반 라인은 기존 칩을 사용하다 보니 성능 차이가 벌어졌다. 최신 성능의 칩을 원한다면 프로를 사야 했다.

이처럼 반도체는 애플 제품의 가격을 결정짓는 핵심 요소다. 비싼 반도체를 사용해 성능이 상승하면 완제품 가격도 오른다. 반대로 비슷한 성능의 부품을 저렴하게 확보한다면 더 많은 이익을 낼 수 있다. 반도체 역시 그렇다.

애플도 외부에서 반도체를 사 오면 비싸다는 사실을 잘 안다. 그래서 애플은 반도체를 자체 개발 중이다. 그래야 성능은 물론 이익을 극대화할 수 있다. 과거 인텔의 칩을 사용했던 PC에 비해 애플이 자체 제작한 M1, M2, M3 칩을 사용한 애플 맥북 PC들이 가성비가 좋다고 평가받는 것은 반도체 조달 비용을 낮춘 이유도 있다. PC에서 가장 큰 부품값이 적용되는 반도체를 자체 개발해 TSMC에 위탁생산하면 인텔이 생산한 칩을 공급받는 것보다 비용이 적게 들 것이다.

그런데 이런 공식이 통하지 않는 분야가 있다. 통신용 모뎀 반도체다. 애플이 지속적인 노력을 기울이고 있지만 도통 성과가 나지 않는다. 무선 통신용 RFRadio Frequency 모뎀 칩은 스마트폰에 꼭 필요하다. 애플 A 칩이 아이폰을 작동시키는 '뇌' 역할을 한다면 RF 모뎀 칩은 전화의 통신 기능을 담당한다. 핵심 반도체 부품을 연이어 자체 개발해 사용하고 있는 애플이지만 통신 분야는 쉽지 않다. ARM이 제공하는 기본 반도체 설계를 기반으로 날아오를 수 있었던 AP와 달리 RF용 칩에는 ARM 역할을 하는 곳이 없다. 오히려 특허로 무장한 퀄컴이라는 장벽이 자리 잡고 있다.

마치 피처폰 시절 삼성전자가 퀄컴의 RF 칩에 종속됐던 것과 같은 현상이 애플에서도 벌어지고 있다. 오랜 기간 통신 분야에 투자해온 삼성도 퀄컴에 대한 의존을 끊어내기가 쉽지 않았다. 통신 전문가인 조신 전 산업통상자원부 미래성장동력기획위원장에 따르면 2012년 등장한 갤럭시 S3 LTELong Term Evolution 버전에 삼성이 자체 개발한 LTE 모뎀이 처음 탑재됐다. 조 전 위원장은 이 일이 세간의 주목을 받지 못했지만, 우리나라 IT 산업에서 큰 획을 긋는 일이라고 규정했다. 조 전 위원장은 "모뎀은 음성과 데이터를 무선을 통해서 송수신하는 데 필요한 핵심 반도체 칩이다. 삼성이 LTE 모뎀을 최고급 스마트폰에 탑재하여 가장 '까다로운' 국내 고객들을 대상으로 출시한 것은, 그만큼 성능에 대한 자신감이 있다는 뜻이다. 그러나 한편으론 코드분할 다중접속(Code Division Multiple Access. 이하 CDMA) 상용화 이후 국내 모뎀 시장을 독점해온 퀄컴에 대한 선전포고로 느껴진다"고 말했다. •

• https://biz.chosun.com/site/data/html_dir/2012/07/19/2012071901650.html

벤처기업이었던 퀄컴은 한국에서 CDMA 이동통신 상용화에 성공하며 다국적 통신 반도체 기업으로 입지를 다졌다. 삼성전자는 자체적으로 모뎀을 개발하려는 노력을 기울였지만, 퀄컴은 집요하게 물고 늘어졌다. 자신들이 만든 모뎀을 사용하지 않으면 더 많은 로열티를 요구했다. 일정 비율 이상의 모뎀을 사용해야 리베이트를 지급했다.

퀄컴은 모뎀 외에 스냅드래곤 AP 생산 업체로 더 잘 알려져 있다. 스마트폰의 핵심 경쟁력이 AP에 달린 상황에서 퀄컴은 스냅드래곤을 내세워 삼성전자 '엑시노스' 칩과 함께 안드로이드 진영을 주도했다.

애플 아이폰은 자체 개발한 A 칩을 사용한다. 애플은 퀄컴 스냅드래곤 AP를 사용할 필요가 없지만, 여전히 퀄컴의 협조가 필수적이다. 업계 1위 퀄컴의 모뎀 칩 없이는 아이폰을 만들 수 없었다.

팀 쿡이 주도하는 애플의 단가 인하 압박은 업계에서도 잘 알려져 있다. 공급망 관리 전문가인 쿡은 협력사의 납품 단가를 낮추고 부품 재고는 최대한 납품사의 책임에 두는 '달인'이다. 퀄컴에 부품을 구입하고 로열티를 내던 애플은 2017년 소송을 시작했다.

아무리 애플이라도 독점 공급 업체에는 비싼 비용을 치러야 하기 마련이다. 퀄컴은 부품 공급 비용만이 아니라 특허 로열티도 요구한다. 결국 애플은 퀄컴 모뎀을 아이폰에서 제외하려 했다.

시장 지배력이 강력한 애플 앞에 대부분의 부품 업체가 고개를 숙였지만, 퀄컴은 달랐다. 2년간 공방이 이어졌지만, 애플이 얻은 성과는 미미했다. 그사이 삼성전자는 2019년 최초의 5G 스마트폰 갤럭시 S10을 선보였다.

인텔은 아이폰용 AP 칩 공급을 거부하며 스마트폰 시대에 올라타지 못했지만, 독일 인피니언의 모뎀 부문을 인수하며 모뎀 사업에 나섰다. 애플이 경쟁사인 삼성에게 모뎀을 공급받을 수도 없는 일이었기에, 애플은 인텔의 모뎀을 선택했다. 애플과 퀄컴의 분쟁은 인텔에게 기회였다.

분쟁이 무한정 이어질 수는 없는 법. 애플과 퀄컴은 약 2년의 갈등을 끝내고 2019년 전격적으로 특허 분쟁 종료에 합의했다. 아이폰도 5G 시대를 열기 위해서는 퀄컴의 모뎀이 필요했다. 그렇게 퀄컴의 모뎀은 다시 아이폰12에 탑재됐다. 애플은 마침내 5G 시대에 합류했다.

이 과정에서 인텔은 애플에 모뎀 사업 부문을 매각한다. 이제 아이폰의 모뎀도 애플이 책임질 차례가 왔다. A, M 칩처럼 모뎀도 곧 애플의 천하가 될 것 같았다. 하지만 희망은 현실로 이어지지 않고 있다.

애플이 2022년 3세대 아이폰SE를 선보인 후 4세대 아이폰SE를 내놓지 못하는 이유도 모뎀 때문이라는 것이 업계에서는 정설로 굳어지고 있다. SE는 스페셜 에디션Special Edition의 약자로 구형 아이폰으로 복귀한 듯한 디자인과 상대적으로 저렴한 가격이 특징이다. 2022년에 중단될 것이라던 퀄컴의 모뎀 공급도 계속되고 있다. 퀄컴이 예상하는 애플과의 거래 중단 시점도 계속 늘어나고 있다.

양사는 2023년 말에 또다시 칩 공급 계약을 연장했다. 애플이 인텔의 모뎀 칩 부문을 인수하고도 성과를 내지 못하고 있다는 뜻이다. 크리스티아노 아논Cristiano Amon 퀄컴 CEO는 애플이 2024년까지도 자체 모뎀을 개발하지 못할 것으로 내다봤다. 아논이 예상하는 애플의 모뎀 개발 시점도 매년 지연되고 있다. 2021년 말 뉴욕 맨해튼에서 열린 퀄컴의 IR 행사에 참석했을 때도 아논 CEO는 애플과의 거래가 지속될 것임을 공언했다.

최근 투자은행 바클레이스도 애플이 빨라도 2025년이 되어서야 5G 모뎀을 확보할 수 있을 것으로 전망했다. 이 시점도 장담할 수 없다. 급기야는 애플이 모뎀 칩 개발을 중단했다는 루머까지 돌았다. 블룸버그 통신의 애플 전문가 마크 거먼Mark Gurman은 애플의 모뎀 출시가 2026년까지 지연될 것으로 파악했을 정도다. 애플이 5G 기술이 부족한 인텔의 모뎀 사업부를 인수한 데다 퀄컴, 삼성이 쳐 놓은 특허를 피하기가 만만치 않다는 평이 나온다. 이쯤 되면 모뎀 부분은 애플에게는 블랙홀이다.

애플이 퀄컴의 모뎀을 사용한다는 발표는 퀄컴을 통해 나오고 있다. 애플은 퀄컴 모뎀 사용에 대해 언급하지 않는다. 애플의 부품 공급사가 애플에 제품을 공급하고 있음을 스스로 밝히는 일은 드물다. 그만큼 퀄컴의 독보적인 모뎀 칩 지배력이 있기에 가능한 일이다.

애플은 여전히 모뎀 칩을 개발하는 노력을 이어가고 있다. 미국 캘리포니아주 오렌지 카운티 어바인에 있는 무선 개발 부문 연구

아이폰15의 메인보드에 사용된 퀄컴의 모뎀 © IFIXIT

조직을 확대하고 있는 것은 애플이 모뎀에 대한 집착을 포기하지 않고 있음을 보여준다. 애플은 이미 오렌지 카운티에 무선 개발 관련 조직을 운영하고 있지만, 최근에는 인근에 추가로 건물을 계약하고 모선 모뎀 관련 연구 인력 확충을 위한 구인 공고도 냈다.

애플이 모뎀 칩 개발을 완료하는 순간, 애플 반도체는 또 다른 이정표를 마련할 것이 분명하다. 물론 반대의 경우 통신 반도체 기업들은 당분간 애플의 영향력에서 벗어날 수 있다.

비전 프로, 애플 반도체의 미래

애플은 2023년 6월 WWDC에서 3년 만에 새로운 반도체를 공개했다. 이 행사의 핵심은 2015년 이후 첫 신제품인 비전 프로의 공개였지만, 비전 프로의 속살을 들여다보면 새로운 칩의 등장과도 같았다. 새로운 반도체를 통해 구현한 비전 프로에 대해 팀 쿡 애플 CEO는 강한 자신감을 드러냈다.

"오늘은 컴퓨팅 방식에 있어 새로운 시대의 시작을 알리는 날이다."

애플 워치, 에어팟에 이어 자신이 선보인 세 번째 신제품에 대한 강한 애착이 엿보인다.

2024년 2월 비전 프로가 정식 출시되자, 훌륭한 기기이지만 지나치게 비싸다는 반응이 지배적이다. 비전 프로는 왜 3,500달러라는 가격표가 붙은 걸까.

정답은 애플이 공개한 스펙을 보면 알 수 있다. 소프트웨어와는 별개로 비전 프로는 반도체, 디스플레이 부품의 최신 기술이 농축됐다. 더 비싼 부품을 사용하니 가격이 상승한 것이다.

비전 프로는 애플이 자체 개발한 M2와 새로 선보인 R1 두 개의 칩을 사용한다. M2는 맥 PC와 아이패드에 사용되는 칩이다. M3 칩에 밀려났지만 여전히 최상급의 성능을 자랑한다. 애플은 M2 칩에는 전반적인 기기 구동을 맡겼고 R1 칩에는 입력되는 정보를 다루도록 했다. 각기 다른 역할을 하는 반도체를 동시에 사용한다는 뜻이다. M2 칩이 처리하는 연산을 나눠서 부담하는 R1 칩은 코프로세서Co-processor의 역할을 한다. 1990년대 초 인텔도 CPU를 보조하는 코프로세서를 선보인 적이 있다. R1의 활약은 중요한 의미

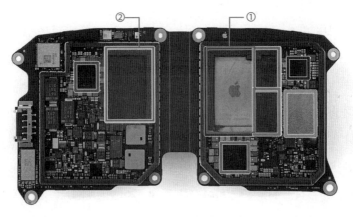

애플 비전 프로의 메인보드. ①이 M2 칩, ②가 R1 칩이다. © ifixit

를 지닌다. 메타 등 다른 기업이 출시한 MR, VR 헤드셋이 사용자에게 멀미를 유발하던 단점을 상당 부분 차단하기 때문이다. 애플은 MR 단말기 사용자의 가장 큰 불편함을 반도체로 해결했다. 스스로 필요한 반도체를 설계할 수 있기에 가능한 일이었다.

애플 공간 컴퓨팅의 핵심은 R1 칩

애플은 비전 프로를 선보이며 '공간 컴퓨터'라고 칭했다. 에어팟을 통해 서비스 중인 공간음향과 유사한 표현으로 기시감이 있다. 음향과 영상을 모두 공간으로 침투시킨다는 발상이다. 과연 어떻게 가능한 걸까. 새로운 OS, 소프트웨어와 막강한 반도체가 있었기에 가능한 일이다. 애플 실리콘이 없었다면 불가능한 기기임을 알 수 있다. 비전 프로는 사용자의 눈을 정밀하게 포착한다. 허공을 보며 비전 프로를 다룰 수 있는 것도 R1 칩의 역할 덕분이다.

애플은 이미 에어팟을 통해 현실과 음악을 공존하게 하는 실험을 성공적으로 해왔다. 그중 하나가 에어팟 프로와 에어팟 맥스의 주변음 허용 모드다. 이 기능은 이어폰을 끼고 있어도 주변의 소리를 그대로 귀로 전달해준다. 심지어 귀를 완전히 덮는 '오버 더 이어' 형식인 에어팟 맥스를 사용 중이어도 주변의 소리가 잘 들린다. 이는 H1, H2 칩이 마이크를 통해 들어오는 소리를 처리해 즉각적으로 소리를 재생할 수 있도록 한 것이다. 에어팟 프로2가 30만 원대, 에어팟 맥스가 70만 원대 가격표를 달고도 잘 팔리는 데는 반도체 성능의 압도적인 차이가 있기에 가능했다.

이런 경험을 기반으로 애플은 반도체의 힘을 빌려 영상에서도 비슷한 기능을 구현한다. 카메라가 촬영한 영상이 디스플레이를 통해 눈에 전달된다. 눈으로 직접 보는 것과 큰 차이가 느껴지지 않을 정도다. 애플 실리콘 파워는 비전 프로가 MS의 '홀로렌즈 2'나 메타의 '퀘스트 프로'와는 차원이 다른 수준의 성능과 기능을 가능케 하는 근간이다.

애플은 R1 칩에 대해 12개의 카메라, 5개의 센서와 6개의 마이크가 입력한 정보를 처리해 콘텐츠가 사용자의 눈앞에서 실시간으로 보이는 것처럼 느껴지도록 한다고 설명한다. R1 칩은 눈을 한번 깜빡이는 시간보다 8배 빠른 12밀리초 안에 새로운 이미지를 보여준다. 애플은 R1 칩에 대해 더 이상의 자세한 언급은 하지 않고 있다.

비전 프로 판매가 시작된 후에도 R1 칩의 정체는 여전히 미궁 속에 있다.

R1과 M2 칩의 조합 덕분에 카메라가 촬영한 영상을 눈앞에서 실시간으로 보는 것처럼 느끼게 되면서 시각 지연 영상으로 인한 울렁임증을 막을 수 있게 됐다는 게 애플의 설명이다.

비전 프로는 사용자 앞에 사람이 있으면 자동으로 사용자의 눈을 보여준다. 투명한 유리를 쓰지 않았음에도 이를 가능하게 하는 것은 외곽이 디스플레이이기 때문이다. 사용자의 눈으로 보이는 것과 사용자의 눈을 보여주는 것은 모두 카메라를 통해 입력된 정보를 처리한 것이다. 왼쪽과 오른쪽이 각각 4K급 해상도의 대용량 영상을 처리할 수 있는 것도 R1 칩이 있기에 가능하다. 애플이 강조하는 레티나 디스플레이(고밀도 디스플레이로, 애플이 사용하는 용어)를 구현하려면 강력한 칩 성능이 필요하다.

이 기능은 비전 프로를 다른 AR, VR, MR 기기와 차별화하는 핵심이다. R1 칩이 실시간으로 영상을 처리해주는 덕분에 비전 프로 사용자는 AR(증강현실)과 VR(가상현실) 장비의 가장 큰 단점인 사용 중 멀미가 나는 현상을 피할 수 있다.

스마트폰·컴퓨터·이어폰·MR 헤드셋까지 진출한 애플 반도체

그렇다면 비전 프로의 경쟁 제품에 사용된 반도체는 어떤 상황일까.

메타 '퀘스트 프로'는 퀄컴의 스냅드래곤XR2+ 1세대 칩을 사용한다. 퀘스트 프로의 스냅드래곤XR2+ 1세대 칩은 스마트폰용 AP가 기반이다. 스냅드래곤8 1세대는 삼성전자 갤럭시 S22에 사용된 칩이다. 스냅드래곤8 1세대의 성능은 2020년 출시된 아이폰12에 사용된 A14 칩에도 못 미친다.

애플은 M1 칩으로도 이미 저전력 SoC 분야에서 경쟁사를 앞서 나갔다. 애플이 비전 프로에 M2 칩을 사용한다는 것은 현존하는 가장 강력한 모바일 칩을 통해 VR 단말기 시장을 장악하겠다는 의지의 표현이나 다름없다.

애플의 질주를 막아야 하는 기업들도 칩이 필요하다. 믿을 곳은 퀄컴뿐이다. 퀄컴은 2023년 말 스냅드래곤XR2+를 선보였다. 이 칩과 함께 스냅드래곤8 3세대나 스냅드래곤X 엘리트를 사용하더라도 M2와 R1 칩의 성능을 추격하기는 쉽지 않다. 반도체 '통곡의 벽'인 셈이다.

애플은 비전 프로를 통해 아이폰, 맥 PC, 에어팟, 애플 워치 등 각종 애플 기기와의 연동 가능성을 제시했다. 기존 기기와의 협력은 물론 완전히 새로운 시장을 창출할 수 있는 기반이 생성됐다. 추격자들이 따라오기 힘든 부분이다.

'홀로렌즈2'를 2019년에 선보이며 일찌감치 MR 시장에 진입한 MS의 사정도 복잡하게 됐다. MS는 AI 시대의 기선을 제압했지만, 하드웨어 시장을 장악한 애플과의 격차는 줄이기 쉽지 않다. MS 역시 퀄컴의 칩을 통해 홀로렌즈2를 만들었지만, 홀로렌즈3가 나올 것인지에 대해서는 설왕설래가 이어지는 중이다. 애플이 물량 공세를 통해 TSMC의 최신 라인에서 칩을 생산한다면 성능 격차는 더 벌어질 수도 있다.

반도체를 직접 설계할 수 있는 기업과 그렇지 못한 기업의 차이가 여기서 확연히 드러난다. 소프트웨어적인 성능은 강력한 반도체가 있을 때만 제 실력을 발휘할 수 있다는 것이 비전 프로를 통해 다시 한번 확인됐다. 애플 실리콘의 위력인 셈이다.

비전 프로가 공개되기 전에도 애플 전문매체 〈애플인사이더 Apple Insider〉는 "애플이 가상현실과 증강현실을 융합한 단말기를 내놓을 경우 메타의 VR 시장 주도권은 순식간에 무너질 수 있다"고 전망했다. 또한 〈애플인사이더〉는 메타가 VR 단말기의 심장인 AP를 타사에 의존하는 것 역시 약점이라고 평했다.

비전 프로가 출시되자마자 20만 대나 팔렸다고 하지만, 눈이 벌어질 만한 가격표는 애플이 MR 단말기 시장에서 즉각적인 대성공을 거두기는 쉽지 않다는 것을 의미한다. 구글, MS도 재미를 보지 못했다. 그런데도 월가는 긍정적인 평가를 보냈다. 금융 전문가들이 비전 프로를 보고 제시한 보고서는 부정적 평가보다는 긍정적 전망이 우세하다.

IT 분야 분석에서 상당한 영향력을 지닌 미국의 중형 증권사 웨드부시증권은 비전 프로 발표 후 애플의 목표주가를 15달러 높여 220달러로 제시했다. 웨드부시는 월가에서 가장 높은 목표주가를 설정한 이유에 대해 비전 프로의 가격이 2025년에는 하락하면서 제품 판매와 앱 판매 확대로 이어져 실적이 크게 상승할 수 있다고 설명했다. 웨드부시는 "다른 기업들이 체커스 게임을 하고 있는데 애플은 체스"를 하고 있다고 표현하기도 했다. 애플이 경쟁사보다 크게 앞서 있다는 분석인 셈이다. 모건스탠리는 비전 프로 출시가 애플에 '문샷(moon shot, 혁신적인 프로젝트)'이 될 것이라고 전망했다.

비전 프로 출시를 전후해 나온 평가도 크게 다르지 않았다. BOA의 왐시 모한Wamsi Mohan은 애플에 대한 투자의견을 중립에서 매수로 상향 조정했고 목표주가도 208달러에서 225달러로 높였다. 모한은 애플의 생성형 AI와 비전 프로가 주가 상승의 기폭제가 될 것으로 봤다. 바클레이즈와 파이퍼 샌들러는 애플 주가를 부정적으로 평가했지만, 웨드부시는 비전 프로가 애플 AI와 맞물려 큰 상승효과를 가져올 것으로 판단했다. 애플 AI의 출발점이 비전 프로가 될 것이라는 전망이다.

물론 현재 출시된 비전 프로에도 단점은 있다. 카메라를 통해 세상을 본다는 이질감이 잘 느껴지지 않을 정도의 적은 왜곡과 높은 화질을 제공하는 것은 비전 프로가 유일하지만, 아직 해결해야 할 과제가 있다. 비싼 가격(약 466만 원) 외에도 햅틱(Haptic, 사용자에게 촉각과 운동감, 힘을 느끼게 해주는 기술) 피드백 부재, 장시간 착용에 무리를 주는 630g이라는 부담스러운 무게, 착용 시의 불편함, 이전보다는 줄었지만 그래도 발생하는 두통과 멀미, 최대 2시간밖에 사용하지 못하는 배터리 용량의 한계 등이 지적되고 있다. 맥이나 아이패드의 콘텐츠를 비전 프로를 통해 확장시킬 수 있는 점은 매력적이지만, 비전 프로만의 콘텐츠가 부족한 점 또한 단점으로 꼽힌다. 애플은 100만 개나 되는 비전 프로용 앱이 준비될 것이라고 했지만, 비전 프로 구매자들은 당장 사용할 앱이 없음에 불만을 표한다. 유튜브, 넷플릭스, 스포티파이 등 비전 프로의 장점을 극대화할 수 있는 앱들도 없다. 경쟁사들의 견제인 셈이다.

이러한 문제점은 저렴한 버전의 차세대 비전 프로가 나오면서 향후 몇 년 이내에는 개선될 것으로 보인다. 어느 정도의 시간이 걸릴지는 장담하기 어렵다. 그래도 현 비전 프로의 한계를 보완한 차세대 모델에서 많은 사람의 삶에 녹아들 공간 컴퓨터의 실용성을 입증할 것으로 보인다. 애플 제품이 즉시 시장을 장악한 경우는 많지 않았다. 비전 프로에도 시간이 필요하다.

반도체 업계의 새로운 공룡, 엔비디아

AI계의 스티브 잡스, 젠슨 황

GPU로 30년 외길 인생을 걸어온 젠슨 황

현재 IT 업계를 좌지우지하는 두 사람을 꼽는다면 오픈AI의 샘 올트먼Sam Altman과 엔비디아의 젠슨 황일 것이다. 팀 쿡과 일론 머스크의 화제성이 잠시 주춤한 사이 샘 올트먼과 젠슨 황은 AI라는 공통점을 기반으로 'VVIP'로 변신했다.

2024년 3월 18일 열린 GTC 2024 행사는 황을 AI의 황제로 등극시킨 '대관식'이었다. 그가 신형 GPU 칩셋 '블랙웰'을 공개하자 참석자들은 '아!' 하는 탄식을 쏟아냈다. 온라인 중계를 보던 전 세계 시청자들의 반응도 다르지 않았다. 그의 한 마디 한 마디에 인공지능의 미래가 있는 듯했다.

젠슨 황은 엔비디아가 단순한 칩 업체가 아니라 플랫폼 기업으로 변신할 것임도 예고했다. 그는 2시간이나 되는 기조연설을 주도하고도 지친 기색이 없었다. '나는 AI다I am AI'라는 문구가 그의 등장을 알리자 쏟아진 관객들의 환호는 2024년 현재 AI의 제왕이 누구인지를 입증했다. 관객의 환호에 황은 "여긴 콘서트가 아니다. 여러분은 엔비디아의 개발자 회의에 온 것이다"라고 화답했다.

〈비즈니스 인사이더Business Insider〉는 GTC 2024가 AI판 '우드스톡' 콘서트와 같았고 황은 무대를 완전히 장악했다고 표현했다.

젠슨 황은 30년 넘게 엔비디아를 이끌었다. 30세에 사업을 시작해 이제 61세다. 그의 진두지휘 아래 엔비디아는 GPU에서 출발해 AI 기업으로의 변신을 거듭해왔다. 최근 미국 IT 업계에서 기업을 설립한 창업자가 이처럼 오래 기업을 이끄는 경우도 드물다. 있다면 오라클의 래리 앨리슨Larry Ellison, 소프트뱅크의 손정의Son Masayoshi 정도다. MS의 빌 게이츠도 53세에 경영에서 물러났으며, 스티브 잡스도 사망 직전인 56세에 경영권을 팀 쿡에게 물려줬다.

60대지만 황은 활력이 넘쳐 보인다. 팀 쿡보다 겨우 두 살 어리지만 훨씬 젊어 보인다. 그가 자신의 어깨에 엔비디아 로고를 문신하거나 검은 가죽점퍼만 입고 다녀서 그런 것은 아니다. 조용한 모습의 쿡보다는 황이 더 역동적이다. 행사장에서 활발하게 움직이고 말하는 그를 보면 운동 마니아인 쿡이 밀린다.

반도체는 물론 소프트웨어 분야를 둘러봐도 젠슨 황처럼 오랜 기간 경영을 지휘한 경우가 드물다. 심지어 그는 60세가 넘어 전성기를 맞았다. 황은 부침도 많았지만, 어느 CEO나 창업자보다도 대기만성형이다. 그의 자산은 약 800억 달러로 블룸버그 억만장자 순위 19위, 포브스 억만장자 순위 17위까지 올랐다(2024. 3. 22 기준). 이제 그의 성공에 대적할 이를 찾기 어렵다.

최악의 어린 시절 경험이 자양분이 되다

황은 대만에서 태어났지만 그가 5세 때 가족이 태국으로 이주했다. 태국에서 수시로 정변이 발생하자 그의 부모는 황이 9세 때 큰 결심을 한다. 형과 함께 황을 미국으로 보냈다. 형과 함께였지만 황의 미국 생활은 고됐다. 학교에 적응하기가 어려웠다. 미국에 있던 황의 삼촌은 켄터키주의 침례교 기숙학교Oneida Baptist Institute에 황 형제를 보냈지만, 그곳은 지옥이었다. 황의 기숙사 룸메이트는 처음 만난 날 배에 가득한 칼자국을 보였다. 황은 여러 차례 인터뷰를 통해 학교에서 주머니칼이 없는 학생은 자신뿐이었다고 회고했다.

영민한 황은 룸메이트와 거래를 했다. 글을 알려주는 대신 대흉근을 키우는 운동인 벤치프레스 하는 법을 배워 몸을 단련했다. 황은 취침 전 벤치프레스를 100번씩 했다. 침례교 기숙학교는 고등학교여서 황은 인근 공립학교에서 수업을 받았다. 학생 대부분은

젠슨 황 홀 개관식에 참석한 젠슨 황 부부 © oneidaschool 웹사이트

담배농장의 아이들이었고 가난했다. 동양인을 찾아보기 어려운 그곳에서 그는 학생들의 완벽한 먹잇감이었다. 아이들은 황이 흔들거리는 다리를 건너려고 할 때마다 일부러 강으로 떨어뜨리려는 듯 밧줄을 흔들어 댔다. 일을 해야 하는 학교의 정책상 화장실 청소도 3년이나 했으며, 형은 담배공장에서 일했다.

아픈 기억으로 다시는 생각조차 하기 싫을 것 같지만, 황은 이 학교에 200만 달러를 기부했다. 황의 기부로 세워진 여학생 기숙사에는 '젠슨 황 홀'이라는 이름이 붙었다. 황은 부인과 함께 젠슨 황 홀 개관식에도 참석했다.[*]

● https://www.oneidaschool.org/about/huanghall.cfm

어린 나이에 당한 최악의 경험은 오히려 황을 담금질했다. 덕분에 엔비디아가 수차례 도산 위기를 넘기고, 인텔과 소송을 이어갈 때도 황은 강한 의지로 극복해낼 수 있었다.

팀원과 적극적으로 소통하는 수평적 의사결정 체계

황의 학창시절은 부모가 미국으로 건너온 후에야 안정되기 시작했다. 학교폭력을 당했어도 명석함은 사라지지 않았다. 황이 고등학교를 졸업한 것은 16세 때다. 2년이나 월반한 덕분이다. 그는 수학, 컴퓨터, 과학 등의 수업을 듣고 다양한 클럽에서 활동했다. 학교 탁구 선수로도 활약했다.

황은 오리건대학교에서도 동급생들보다 어렸다. 여자친구를 사귀어보지 못한 그의 눈에 '공대 아름이(KT의 Show 서비스 광고에 나온 CF 캐릭터)'와 같은 여학생이 눈에 들어왔다. 지금까지 황의 옆을 지키고 있는 아내 로리 밀스다. 두 사람은 졸업 후 실리콘밸리에서 칩 디자이너로 일했다.

1993년 황이 동업자 두 명과 함께 엔비디아 창업을 결정한 곳은 레스토랑 프랜차이즈 '데니스'였다. 황은 자신이 데니스의 '세척기'였다고 말한 적도 있다. 그는 15세 때부터 아르바이트를 하던 곳에서 창업한 셈이다. 황이 동업자들과 창업을 논의한 데니스 매장에

엔비디아가 탄생한 데니스 매장에서 인터뷰 중인 젠슨 황 ⓒ 엔비디아

는 1조 달러짜리 기업의 탄생지를 기념하는 기념판이 놓여 있다. *

HP와 애플이 미국 가정의 DIY 장소인 차고에서 창업했다면, 1990년대에 출범한 엔비디아는 커피를 마실 수 있는 곳에서 탄생했다. 시대의 변화를 보여주는 대조적인 모습이다.

게임을 좋아한 황은 게임용 그래픽 칩 사업을 하겠다고 선언했지만 사업 초반은 실수의 연속이었다. 그래도 창업 후 6년 후인 1999년에는 증시에도 상장할 만큼 성공을 거뒀다. 본격적인 성공은 상장 직후 선보인 GPU '지포스GeForce'에서 시작됐다. 마침 등장한 PC 게임 '퀘이크Quake'의 인기는 지포스와 엔비디아에 날개를 달아줬다. 여기서 결정적인 장면이 등장한다. 바로 귀인의 등장

●   https://blogs.nvidia.com/blog/nvidia-dennys-trillion

GPU의 용도 확장을 연구한 이언 벅 © 엔비디아

이다.

스탠퍼드 대학원생인 이언 벅Ian Buck은 8개의 대형 프로젝터를 사용해 퀘이크3 게임을 하려고 무려 32개나 되는 지포스 카드를 묶어내는 도전을 했다. 벅은 이 과정에서 지포스가 게임용 그래픽 계산 외에 다른 용도로 쓰일 수 있음을 눈치 챘다. 벅은 미국 국방 고등연구계획국(이하 DARPA)의 지원을 받아 GPU의 용도 확장을 연구했다. DARPA는 반도체 핀펫FinFET 구조의 연구 자금도 댄 곳 이다. DARPA가 있었기에 반도체 초미세 공정과 AI 반도체의 구 현이 가능했다는 것은 묘한 인연이다.

벅은 2004년 엔비디아에 입사했다. 이후 2006년 '쿠다'가 소개 됐고 2007년 배포가 시작됐다. 그의 주도하에 엔비디아는 다시 태 어났다. 벅은 지금도 엔비디아에서 부사장을 맡고 있다. 애플에서 팀 쿡과 반도체 설계 책임자인 조지 스루지가 중심을 잡고 있다면 엔비디아에는 젠슨 황과 이언 벅이 있다.

황의 경영 스타일은 팀 쿡과는 다르다. 쿡이 물류 전문가로 출발해 잡스에게 훈련받아 경영자로 변신했다면, 황은 엔지니어로 출발한 창업자다. 쿡이 조용하면서도 치밀하게 직원들을 몰아붙인다면 황은 자비가 많은 경영자다. 대규모 GPU 불량사태가 났을 때도 책임자를 해고하지 않았다. 수시로 직원들과 타운홀 미팅을 하며 소통한다. 〈비즈니스 인사이더〉는 직원과 소통하는 노력, 창업자로서의 비전과 회사에 대한 이해가 그를 최고의 리더로 만들었다고 진단한다. 〈하버드 비즈니스 리뷰Harvard Business Review〉는 2019년 최고의 CEO로 황을 꼽았다.

게이임을 공식적으로 밝힌 쿡은 자신의 성 정체성을 애플의 경영에도 반영한다. 애플이 성 소수자 커뮤니티를 지원한다는 것은 잡스 시절에는 상상하기도 힘든 일이다. 건강에 진심인 쿡은 건강 관련 사업을 키우려 한다. 틈만 나면 휴대전화도 통하지 않는 국립 공원에서 시간을 보낸다. 잡스 시절에는 생각도 못 했던 기부나 배당, 자사주 매입도 한다.

황의 사생활이나 경영활동은 드러난 게 많지 않다. 쿡보다도 알려진 정보가 적다. 검은색 가죽점퍼를 입는 것과 한쪽 팔에 회사 로고 문신을 새긴 것 외에는 그의 사생활에 대해 알려진 게 거의 없다. 50명의 임원들에게 직접 보고를 받고 그들과 단문의 이메일을 주고받으며 일한다는 정도다. 어쨌거나 엔비디아 직원들은 근무 만족도가 높다. 엔비디아는 직장 평가 사이트인 글래스도어Glassdoor가 선정한 2022년 최고의 직장 순위에서 미국에서 가장 일하기 좋은 기업으로 선정됐다. 직원들은 글래스도어에 "엔비디아는 열심히 일하는 것을 좋아하고 어려운 도전을 즐기는 사람들이 집과 같은 편안함을 느낄 수 있는 곳"이라고 적었다. 또 다른 직원도 "리더는 문화와 가치를 가지고 말을 행동으로 실천한다. 모든 직원이 신입 직원의 교육과 양성을 진심으로 돕고 있다. 의사 결정이 빠르며, 직책과 위계질서가 옳은 일을 하는 데 방해가 되지 않는다"라고 했다. 황이 수평적인 의사결정을 우선시하면서도 체계를 중시하고 적극적으로 직원과 소통하며 만들어낸 성과다.

비트코인에 이어 AI까지,
연속 만루 홈런을 치다

'엔비디아=AI' 이 등식은 이제 일반 명제로 통한다. 엔비디아의 GPU 없이는 AI를 구성할 수 없다는 사실을 모르는 과학자나 투자자는 없다.

컴퓨터 게임을 하는 이들을 위한 부품으로 명맥을 유지하던 GPU는 이제 가장 몸값이 비싼 반도체로 탈바꿈했다. 이 과정에는 두 번의 변곡점이 있다. 엔비디아 GPU가 AI 학습에 효과적이라는 사실의 발견과 비트코인의 급부상이다.

AI 학자의 놀라운 발견으로
몸값이 바뀐 CPU와 GPU

딥러닝의 아버지로 알려진 AI 분야의 세계적인 석학 제프리 힌튼Geoffrey Everest Hinton● 토론토대학교 컴퓨터과학과 교수는 얀 르쿤Yann LeCun 뉴욕대학교 교수, 요수아 벤지오Yoshua Bengio 몬트리올대학교 교수, 앤드류 응Andrew Ng 스탠퍼드대학교 교수와 함께 '인공지능의 4대 천왕'으로 불린다. 힌튼 교수를 통해 GPU를 통한 병렬연산이 확산됐고 AI의 학습에 새로운 전기가 열렸다.

힌튼 사단에는 일리야 수츠케버, 얀 르쿤, 알렉스 크리제프스키Alex Krizhevsky 등 AI 분야의 거물들이 포진해 있다. 수츠케버는 샘 올트먼 오픈AI CEO의 축출을 주도한 인물로도 유명하다.

과거 GPU는 CPU의 보조 역할에 그쳤다. 강력한 인텔의 CPU를 보조해 게임용 그래픽을 화려하고 신속하게 처리하는 역할이었다. 그렇다 보니 인텔의 입김에서 자유로울 수 없었다. 그러나 젠슨 황과 엔비디아는 인텔의 냉대를 극복하고 오히려 21세기 반도체의 총아가 됐다.

젠슨 황과 엔비디아는 쿠다를 통해 GPU의 이용범위를 확대하

● 제프리 힌튼은 2012년 두 제자 일리야 수츠케버, 알렉스 크리제프스키와 스타트업을 만들어 공동으로 개발한 알렉스넷을 공개한 후 두 달 만에 스타트업 입찰을 따내면서 구글에 합류했다. 구글에서 AI를 개발했으나 AI의 위험성을 자각하고 10년 만에 구글 브레인팀을 떠났다.

려고 했지만, 애초 계획에 AI는 없었던 것으로 전해진다. 엔비디아는 증시, 석유 채굴, 분자 생물학 등 다양한 분야에서 GPU를 도입해 병렬컴퓨팅을 도입하도록 설득했다. 엔비디아는 식품회사 제너럴 밀스가 피자를 직접 굽는 대신 GPU를 장착한 PC로 다양한 실험을 할 수 있도록 지원하기도 했다. 이처럼 다양한 분야에서 쿠다를 홍보했지만, 지금의 엔비디아를 만든 AI는 당시 홍보 명단에 없었다.

어떻게 보면 엔비디아가 AI를 만난 것이 행운인지, AI가 엔비디아를 만난 것이 행운인지 구분하기 어려울 정도다. 엔비디아를 만나기 전, AI 연구자들은 한계에서 벗어나지 못했다. 이미지 인식, 음성 인식과 같은 작업은 발전이 정체됐다. 그나마 인간의 신경망을 본뜬 뉴럴 네트워크Neural Network가 희망이 됐다.

힌튼 교수는 2009년 쿠다를 활용해 컴퓨터가 인간의 언어를 학습하는 신경망 훈련을 시작했다. 이후 벌어진 일들은 힌튼 교수를 '황야 속의 예언자'로 바꿔놓았다. 힌튼 교수는 그해 말 엔비디아 GPU를 활용한 연구 결과에 깜짝 놀랐다.

힌튼 교수는 자신의 경험을 발표하고 동료 인공지능 학자들에게 엔비디아 GPU를 활용하라고 조언했다. 힌튼 교수는 당시 일화를 이렇게 소개했다. "나는 엔비디아에 이메일을 보내 '천여 명의 동료 AI 학자들에게 당신들의 GPU를 사용하라고 했다. 나에게 무료로 GPU를 하나 보내줄 수 있는가?'라고 물었다." 이 메일에 대해 엔비디아는 'NO'라는 한마디로 가차 없이 거절했다.

힌튼 교수는 알렉스 크리제프스키를 포함한 대학원생 제자들에게 쿠다와 GPU를 활용해 연구할 것을 독려했다. 여기서 결정적인 장면이 발생한다. 토론토대학교 연구팀이 알렉스넷AlexNet을 개발할 때다. 당시 엔비디아에서 GPU 몇 개를 테스트용으로 연구팀에 보냈다고 주장했다. 그러나 연구팀은 시장에서 빠르게 매진되고 있던 최신 버전인 GTX 580을 원했다.

젠슨 황은 알렉스 크리제프스키와 수츠케버가 토론토에서 뉴욕으로 넘어와 GPU를 구입했다고 주장했다. 반면 수츠케버는 엔비디아 GPU를 아마존에서 구입했다고 밝혔다. 누구의 말이 맞는지는 정확하지 않다. 누구의 말이 맞는지를 확인하는 것은 그리 중요하지 않다. 확실한 것은 AI가 엔비디아의 GPU를 통해 탄생했다는 점이다.

두 사람이 만든 시스템은 '알렉스넷'이라는 이름으로 불렸다. 스티브 잡스의 첫 애플 PC가 부모님 집 창고에서 탄생했다면, 알렉스넷은 부모님 집에서 살던 크리제프스키 방에서 탄생했다. 미 주간지 〈뉴요커The New Yorker〉는 알렉스넷의 탄생을 라이트 형제의 비행기 개발, 토머스 에디슨의 전구 개발에 맞먹는 일이라고 표현했다.

당시는 연구 예산이 부족하다 보니 엔비디아 GPU 두 개를 사는 것도 어려웠다. 두 사람은 엔비디아의 병렬컴퓨팅 플랫폼을 이용해 시각 인식 신경망 훈련을 시작했다. 한 주 동안 수백만 장의 사진을 학습시켰다. 침실에 놓인 GPU 시스템은 그렇게 학습을 시작했다.

엔비디아 GPU를 사용한 결과는 놀라웠다. 앞서 구글이 1만 6,000개의 CPU를 통해 확보한 고양이 사진 학습을 단 두 개의 GPU를 사용한 시스템이 성공시켰다. 수츠케버는 당시의 일을 "기적 같았다"라고 표현했다.

크리제프스키는 알렉스넷을 2012년 연례 컴퓨터 시각인식 대회에 출전시켰다. GPU를 통한 신경망 훈련 프로그램으로 참가한 것은 알렉스넷이 유일했다. 결과는 우승이었다. 경쟁자들은 새롭게 등장한 알렉스넷의 적수가 되지 못했다. 의외의 결과에 놀란 주최 측은 크리제프스키가 속임수를 썼다고 의심하기도 했다. 힌튼 교수는 이때를 '빅뱅의 순간'이라고 표현했다. AI 패러다임 전환이 이뤄진 지점이다.

알렉스넷에 관해 분석한 9장짜리 논문[*]은 10년간 10만 번이나 인용됐다. 역사상 가장 유명한 컴퓨터 과학 논문의 자리는 당분간 바뀌지 않을 전망이다.

그렇게 알렉스넷과 AI, 엔비디아 GPU, 쿠다는 전설이 됐다. 그리고 수츠케버는 알파고를 만든 딥마인드에 이어 오픈AI에서 맹활약했다. 그는 2023년 말 급격한 AI의 성장을 경계하며 샘 올트먼을 오픈AI 이사회에서 축출하는 반란을 일으켰다. AI 진화의 출발점

---

[*] Alex Krizhevsky, Ilya Sutskever, Geoffrey E. Hinton, "ImageNet Classification with Deep Convolutional Neural Networks", In NeurIPS, 2012.

을 찾아낸 장본인의 반전 시도는 실패했다.

AI와 비트코인 발전에 결정적인 기여를 한
엔비디아 GPU

알렉스넷의 성과를 눈으로 확인한 젠슨 황은 AI에 진심으로 변했다. 그는 오픈AI가 출범하자 최우선으로 배려했다. 2016년에는 오픈AI를 위해 제조한 AI용 슈퍼컴퓨터 'DGX-1'을 직접 가지고 가서 전달하기도 했다. 당시 현장에는 오픈AI의 초기 개발에 참여했던 일론 머스크도 있었다. 머스크는 2024년 2월 자신의 트위터에 2016년 DGX-1을 기부하기 위해 오픈AI를 방문한 젠슨 황의 모습을 사진으로 공개했다.●

엔비디아는 비트코인의 발전에도 결정적인 기여를 했다. 수학 수식을 풀어 그 보상으로 비트코인을 받는 과정을 채굴이라고 한다. 이 역시 CPU의 강력한 성능으로도 해결하기 어렵다. AI와 비슷한 예다. 비트코인 채굴을 위한 연산에도 CPU보다는 GPU가 제격이었다. 그야말로 날개에 돛을 단 격이다. 비트코인 채굴장마다 엔비디아의 GPU를 가득 담은 채굴기들로 가득 찼다. 채굴기는 일종의 PC이지만 단순한 연산을 위해 GPU를 대량으로 장착한다. 비

● https://twitter.com/elonmusk/status/1759295781196927438

트코인 값이 치솟을 때마다 미국은 물론 한국의 용산에서도 GPU 구하기 경쟁이 벌어졌다.

2023년부터 엔비디아의 AI 학습용 GPU가 품귀현상을 겪고 있지만 비트코인이 급등할 때도 엔비디아 GPU는 금값이었다. 물론 AI 학습에 사용되는 GPU의 몸값은 PC용 GPU와는 체급이 다르지만, CPU보다 GPU의 가격이 더 비싸게 거래되는 것이 반도체 시장의 전환점이 된 게 분명하다.

PC 게임용으로 사용되던 때도 GPU는 싼 부품이 아니었다. 그러나 비트코인 시대의 GPU는 달랐다. 품절 사태가 이어지다 보니 GPU 값이 배로 뛰는 일이 속출했다. 그리고 AI 시대가 열리면서 2024년 3월 비트코인이 한국 시장에서 개당 1억 원을 돌파했다. 이쯤 되면 그야말로 '엔비디아 모멘트Nvidia Moment'라고 부르기에 부족하지 않다.

비트코인에 이어 AI까지, 기업이 한 번의 기회만 잡아도 대단하다고 하겠지만 엔비디아는 두 번 연속 만루 홈런을 쳤다. 이를 운이라고만 할 수 있을까. 기회를 잡은 것은 엔비디아다.

사실상 시장을 독점한
엔비디아의 GPU

GPU를 개발해도 왜
엔비디아를 역전하기 어려운 걸까?

AI 학습을 위한 엔비디아의 GPU 부족 현상이 더욱 악화하고 있다. 사실상 시장을 독점한 엔비디아의 주가도 한때 연일 고공행진했다. 칩 부족 현상이 이어지자 샘 올트먼 오픈AI CEO가 7조 달러의 자금을 조달해 직접 칩을 설계하고 제작하겠다는 계획을 세우고 있다는 보도는 AI 칩 개발을 위한 경쟁을 부추기고 있다.

올트먼 외에도 각국 정부와 기업들이 AI 칩 개발에 박차를 가하고 있지만, 단순히 칩 개발만으로는 현재 상황을 극복하기 어렵다.

AI 칩에는 반도체 기술만으로는 해결할 수 없는 비법이 숨어 있기 때문이다. 바로 칩을 지원하는 소프트웨어다. 우리 정부가 추진하는 AI 칩 육성 방안도 소프트웨어 개발을 망라해 AI 칩 생태계를 마련해야 하는 이유다.

유회준 카이스트KAIST 인공지능반도체 대학원 교수는 "AI 칩은 소프트웨어의 역할이 상당히 중요하다"고 강조했다. 기존 시스템반도체의 시각으로 GPU를 대체할 칩을 개발해도 소프트웨어가 갖춰지지 않으면 엔비디아와 경쟁하기도 전에 밀려날 수 있다는 경고다.

유 교수의 경고는 이미 현장에서도 확인된다. 인텔이 AI를 위해 인수했던 너바나 시스템즈Nervana Systems의 몰락은 칩에 집착하다 오히려 일을 망친 사례다. 너바나를 창업하고 인텔에 매각한 후 인텔 부사장을 지낸 나빈 라오Naveen Rao는 엔비디아의 GPU를 대체하는 칩 개발을 목표로 했다. 라오는 〈뉴욕타임스〉와의 인터뷰에서 "인텔이 머뭇거리는 동안 엔비디아는 내가 개발하려던 AI 기능을 신속하게 개선해 대응했다"고 말했다.

인텔과 엔비디아의 운명을 가른 것은 단순한 칩의 성능이 아니었다. 라오는 인텔에서 독립해 객관적인 시각에서 엔비디아와 경쟁사의 칩을 비교하면서 큰 차이를 발견했다. 그는 엔비디아의 칩을 사용해 AI를 개발하는 소프트웨어 엔지니어들의 커뮤니티를 엔비디아 경쟁사들이 뛰어넘기 어렵다고 판단했다. 엔비디아가 개발한 프로그래밍 언어 쿠다를 사용하는 이들의 힘이 엔비디아를 지탱하는 핵심축이라는 결론이다.

라오는 "(AI 개발자) 모두가 엔비디아의 칩을 먼저 사용할 수밖에 없다"고 했다. 이미 엔비디아의 AI 칩에서 작동하는 소프트웨어에 익숙한 개발자들이 굳이 다른 칩을 선택할 이유가 없다는 설명이다. 개발자들이 선택할 수 있는 길은 엔비디아 경쟁사의 칩을 사들이는 대신 엔비디아의 칩 공급을 기다리는 것이다. 엔비디아의 GPU를 대체하려는 대부분의 시도가 실패하고 엔비디아의 실적이 연일 시장의 기대를 초과하는 현상이 벌어지는 배경이다. 대니얼 뉴먼Daniel Newman 푸처럼 그룹 애널리스트는 "놀랍겠지만 엔비디아의 고객들은 18개월도 기다릴 것"이라고 예상했다.

MS, 구글, 아마존, 메타, 테슬라 등 주요 빅테크 기업(대형 정보 기술 기업)들도 AI용 자체 칩을 개발했지만, 이 역시 한계가 있다. 시장조사 업체 옴디아는 엔비디아 AI 칩 매출의 70% 이상이 빅테크 기업에서 나온다고 진단했다. 이는 단순히 칩을 개발했다는 것만으로 AI를 추진하기 어려운 현실을 반영한다. 이미 엔비디아의 쿠다에 적응한 엔지니어들이 다른 기업의 칩을 사용하기 위해 새로운 언어를 학습할 이유가 없다.

더 뛰어난 성능을 가진 칩을 제조하더라도 소비자의 선택을 받지 못하면 경쟁에서 뒤처질 수밖에 없는 현실은 학습용 전자계산기 시장에서도 찾아볼 수 있다. 미국 고등학생들이 주로 사용하는 TI 계산기의 성능은 경쟁사 제품과 비교해 떨어진다. 그런데도 수학 교사들은 TI의 계산기를 구매해 수업에 사용할 것을 학생들에게 요구한다. TI가 교사들에게 자사의 계산기 사용 교육을 지속해서 진행한 결과다. 미국 교사들은 아무리 성능이 좋은 계산기가 나와도 손에 익숙한 TI의 계산기를 선택한다. 이런 현상은 엔비디아의 GPU에서도 벌어지고 있다.

대다수 경쟁 기업들이 엔비디아 칩을 저렴하게 대체할 수 있는 GPU 칩을 만드는 것을 목표로 한다. 하지만 칩 성능에 걸맞은 소프트웨어를 개발하려면 칩 개발보다도 많은 투자와 인력이 필요하다. 쿠다는 PC 게임의 화려한 그래픽을 담당하는 데 그쳤을 수도 있었던 엔비디아의 GPU를 물리, 화학 등 과학 분야의 시뮬레이션에 사용할 수 있게 변신시켰다.

젠슨 황 CEO의 과감한 소프트웨어 투자

엔비디아 젠슨 황 CEO의 과감한 소프트웨어 투자는 지금의 엔비디아를 있게 한 동력이었다. 그는 AI라는 GPU의 새로운 활용 분야를 확인한 후 쿠다 지원에 적극적으로 나섰다. 10년간 300억 달러의 투자가 이뤄졌다. 엔비디아는 쿠다 외에도 개발자들의 수고를 덜어줄 다양한 소프트웨어 라이브러리를 만들어 지원했다. AI 개발자들이 무엇을 필요로 하는지에 대한 고심은 엔비디아와 AI 개발자들을 하나로 엮어냈다. 쿠다가 등장한 초기부터 사용해온 김민교 카이스트 전산학과 교수는 "소프트웨어 지원이 없는 AI 칩은 시장에 나와도 외면받을 가능성이 크다"고 진단했다. 김 교수는 엔비디아의 칩을 대체하려는 노력은 실패할 가능성이 크다고 했다. 이미 쿠다에 적응한 엔지니어들을 돌려세우기는 거의 불가능하다는 설명이다.

'클라우드'라는 용어를 만든 국내 1호 전산학박사 문송천 카이스트 명예교수는 "정부와 산업계가 운영체제와 데이터베이스 등 소프트웨어 원천기술에도 주력해야 AI 시대의 변화에 대응할 수 있다"고 말했다. 문 교수는 "구글이 알파고 시연에서도 자체 데이터베이스 엔진을 개발해 사용한 것을 기억해야 한다"라고 강조했다.

그렇다면 쿠다는 환영받으며 탄생했을까? 그렇지 않다. 쿠다는 2006년에 등장할 당시 엔비디아 투자자들의 증오의 대상이었다. 지금으로서는 상상하기 어려운 반응이다. 쿠다 발표 직후 월가에서는 엔비디아가 쓸데없는 곳에 무모한 투자를 하고 있다는 지적을 쏟아냈다. 황은 쿠다가 슈퍼컴퓨터 분야에 크게 기여할 것이라고 항변했지만 귀담아듣는 이들은 드물었다. 결국 엔비디아 주가는 쿠다의 등장 이후 2008년 글로벌 금융위기가 겹치면서 약 70%나 추락했다. 쿠다를 다운받는 이들의 수도 줄었다. 쿠다를 내려받는 횟수는 2009년을 정점으로 3년 동안 내리막길을 탔다. 이사회에서도 쿠다에 대한 불만이 터져 나왔지만 황은 동요하지 않았다.

황은 대만 국립대학교 물리학과 교수인 팅와이 추Ting-Wai Chiu 교수의 연구실에서 본 광경을 기억하며 버텼다고 회상한다. 추 교수는 빅뱅 이론을 연구하기 위해 엔비디아의 지포스 그래픽카드를

이용해 만든 슈퍼컴퓨터를 사
용하고 있었다. 그의 연구실에
는 지포스 카드 포장 박스가
넘쳐났다. 추 교수는 "젠슨, 당
신이 내 인생의 연구를 가능하
게 해줬다"라며 격려했다. 그
의 격려는 황의 가슴에 남았고
엔비디아가 AI로 가는 다리를
건널 때까지 버티기 위한 자양
분이 됐다.

팅와이 추 교수 © 대만 국립대학교

애플이 버렸던 엔비디아,
판세가 뒤집히다

어제의 적이 오늘의 친구가 되다

애플은 설립 이후 수많은 반도체 회사와 거래했다. 애플이 해마다 수억대의 아이폰을 판매하는 만큼 치열한 부품 공급 경쟁이 벌어지기 마련이다. 애플의 협력사로 선정되기는 쉽지 않다. 애플이 제시하는 목표 수준에 도달하기도 어렵거니와 공급 과정에서 철저한 비밀 유지 요구를 지켜야 한다. 물론 그 결과는 달다. 애플의 공급사가 된다는 것은 실적에 날개를 다는 격이다. 다만 애플과 관계가 나빠지면 나락으로 떨어질 수도 있다. 양날의 검이다.

인텔, 퀄컴, 브로드컴 등 반도체 업계 시가총액 10위권에 드는 기업들도 애플발 이슈에 민감하게 반응한다. 인텔은 이미 애플 생태계에서 퇴출됐고 퀄컴은 극심한 분쟁을 겪고도 아직 애플과 거래 중이다. 이는 애플이 원해서가 아니라, 철저하게 퀄컴으로 기운 기술력 탓이다. 브로드컴은 애플과의 관계를 잘 풀어내며 연일 주가가 급등했다.

엔비디아는 어떨까. 간단히 말해 엔비디아의 GPU는 애플 생태계에 없다. 애플은 인텔의 칩에 앞서 엔비디아와의 거래를 모두 끊었다. 한때 협업 관계에서 적대적 관계로 바뀌었지만, 이제는 오히려 애플이 엔비디아의 눈치를 봐야 한다. 극히 드문 예다.

애플과 엔비디아의 관계는 2001년 시작됐다. 두 회사는 2001년 1월 전략적 파트너십 관계를 시작했다. 스티브 잡스 애플 창업자는 도쿄에서 열린 맥월드 기조연설에서 엔비디아의 GPU '지포스 3'을 소개했다. 기존에 'NV20'으로 알려졌던 지포스 3이 첫선을 보인 장소가 애플의 행사였다. 지포스 3은 애플 파워 맥 G4 컴퓨터에 추가해 주문할 수 있었다.

애플은 이후 인텔 CPU를 사용하면서 엔비디아와의 관계를 이어갔다. 인텔의 GPU 성능이 엔비디아 GPU보다 떨어지다 보니 고성능 PC에는 엔비디아의 GPU를, 저가 PC에는 별도의 GPU 없이 인텔 CPU의 내장 GPU 기능을 사용했다.

애플과의 관계는 별도로 인텔과 엔비디아는 갈등 관계에 있었다. 두 회사는 2004년 칩셋 라이선스 계약을 맺었지만 상대방이 계약을 어겼다면서 소송전에 돌입했다. 2009년에는 엔비디아가 인텔

코어 i7 CPU 기반의 GPU 개발을 포기한다고 발표하며 인텔에 맞섰다.

인텔과 엔비디아의 관계 악화는 애플에게도 골칫거리였다. 인텔의 CPU에 의존하던 애플은 성능이 우수한 엔비디아의 GPU를 사용할 수 없게 될 수도 있었다. 그래도 애플과 엔비디아의 관계는 계속됐다.

애플과 엔비디아가 갈라서게 된 계기는 다른 곳에서 시작됐다. 원인은 엔비디아가 제공했다. 2008년 애플 외에도 HP, 델 등 대형 PC 업체들이 연이어 PC 불량으로 무상수리를 진행했다. 이유는 엔비디아 GPU에서 발생한 결함 때문이었다. 엔비디아는 문제가 있는 GPU를 소프트웨어 업그레이드로 보완하려 했지만 결국 실패했다. 소비자들은 분노했다. 분노는 엔비디아가 아니라 PC 판매사로 향했다. 맥북 사용자들은 애플을 상대로 집단소송도 제기했다.

엔비디아 GPU의 과열 문제도 빼놓을 수 없다. 오죽했으면 엔비디아 GPU에 '불판'이라는 오명이 붙었을까. 엔비디아는 발열 문제로 인해 2009년에 1억 9,600만 달러나 되는 손실이 발생했다. 각종 소송도 벌어졌다. 직원의 6.5%를 감원했고 감원을 골자로 하는 구조조정을 단행했다. 젠슨 황은 2009년 연봉을 1달러로 책정하며 반전을 꾀했다.

이 시점에 엔비디아는 큰 실수를 범했다. 애플에 대한 지원을 거부한 것이다. 반면 PC 시장 점유율이 높은 델에는 금전적인 지원을 했다. 시장 점유율이 낮은 애플보다는 시장 선도 업체만 바라본

조치였다. 애플로서는 '이것 봐라' 할 만한 결정이었다.

애플은 엔비디아가 선보인 '쿠다'도 받아들이기 어려웠다. 자사 제품의 모든 부분을 장악하고 폐쇄형을 지향하는 애플 생태계에 엔비디아의 쿠다는 외부에서 침입한 '바이러스'와 같은 존재였다. 분노한 애플은 결국 AMD의 GPU를 도입했다. 그러나 AMD의 GPU에서도 결함이 발생했다.

장기간에 걸친 불화 끝에 엔비디아의 GPU는 애플이 자체 설계한 M1 칩의 등장을 계기로 애플 생태계에서 사라졌다. 애플은 A와 M 칩에 자체 설계한 GPU를 사용하면서 엔비디아와는 선을 그었다. 더는 엔비디아와 협력할 일이 없을 것 같았다. 아마 당시에는 애플도 엔비디아와의 갈등이 AI 시대에 먹구름을 드리울 요소가 될 줄은 생각하지 못했을 것이다. 이제 애플도 자체 개발한 LLM을 만들려면 엔비디아의 GPU가 필요하다.

애플 전문 분석가 궈밍치郭明錤는 애플이 2024년에만 47억 5,000만 달러 규모의 AI 관련 서버 투자를 할 것으로 전망했다. 궈밍치는 애플이 엔비디아의 GPU를 사용한 2만 대가량의 서버를 확보할 것으로 예상했다. 엔비디아의 GPU는 주문이 몰려 원하는 때 구매하기 힘들다. 심지어 엔비디아가 AI 후발주자인 애플에 서둘러 GPU를 공급한다는 것도 쉽지 않다.

하지만 애플이 거대 LLM 모델을 직접 만들지는 여전히 미지수다. 팀 쿡이 수차례 2024년 9월 이후 직접 LLM을 선보이겠다고 했지만, 애플은 챗GPT와는 다소 다른 방향으로 가는 모습을 연이어 내비쳤다. 프라이버시에 민감한 애플이 클라우드를 사용하는 거대 LLM보다는 소규모 LLM을 통한 온디바이스 AI에 주력할 가능성도 점쳐진다. 그렇게 되면 서둘러 대규모로 엔비디아 칩을 사들일 필요가 없다.

애플은 2024년 3월 멀티 모달 AI 모델인 'MM1'에 대한 논문을 발표했다. MM1은 약 300억 개의 매개변수를 가진 것으로 파악된다. 이는 챗GPT4의 매개변수가 1조 개 이상이라는 것과 비교하면 낮은 수준이지만, 이 정도로도 온디바이스로 활용할 수 있는 AI를 구성하는 데는 큰 무리가 없다. 애플의 음성비서 서비스인 시리의 2.0버전이 될 것이라는 추정도 나온다.

애플이 인수한 것으로 전해진 다윈 AI의 존재도 의미심장하다. 캐나다의 AI 스타트업 다윈 AI는 AI 모델을 더 효율적으로 만드는 데 활용될 것으로 예상된다. 애플은 클라우드가 아닌 기기 자체에서 온디바이스 AI 기능을 실행하기를 원하기 때문이다.*

엔비디아가 필요 없는 AI 해법, 구글과의 협력

온디바이스 AI 실현을 위해 애플은 적과의 동침도 불사하고 있

---

* https://www.itworld.co.kr/news/329545#csidxb162868347373db945d216751cc3f45

다. 바로 구글과의 협력 강화다. 애플이 구글과 협력한다면 많은 가정이 달라진다.

구글은 오픈AI의 등장으로 인해 큰 상처를 입었다. 구글의 바드 Bard는 챗GPT와의 초기 경쟁에서 패했고, 이후 이름을 '제미나이 Gemini'로 바꿨다. 만약 제미나이가 아이폰과 결합한다면 스마트폰에서의 AI 경쟁은 달라질 수 있다.

온디바이스 AI를 위해서는 전화기 제조사와 반도체 제조사, OS, LLM의 협력이 필수다. 애플은 이미 반도체와 전화기, OS를 가지고 있다. 부족한 것은 LLM뿐이다. 애플이 구글과의 협력을 통해 온디바이스 OS 차원에서 온디바이스 AI를 시도한다면 단기간에 대규모 LLM을 확보해야 하는 문제를 해결할 수 있다. 이를 통해 대규모 LLM을 추격하기 위한 시간을 벌 수도 있다. 앞에서 언급한 MM1와 '제미나이 나노'를 통해 급한 불을 끄고, 이후에는 자체 LLM으로 추진할 수도 있다. 제미나이는 이미 갤럭시 S24에 탑재돼 호평받았다.

애플과 구글의 관계는 독특하다. 애플은 아이폰 출시 당시 기본 검색엔진으로 구글을 사용했다. 당시 아이폰 사용자들은 구글 지도, 유튜브 앱도 기본 앱으로 사용할 수 있었다(지금은 별도로 다운받아 설치해야 한다). 구글은 이를 통해 광고 수입을 확보했다.

그러나 구글은 안드로이드 OS를 확보하고 애플과 경쟁하기 시작했다. 이에 대한 스티브 잡스의 분노는 월터 아이작슨이 쓴 잡스의 전기에도 등장한다. 잡스의 표현은 격렬했다. "구글이 아이폰을 훔쳤다. 우리를 완전히 벗겨 먹었다." 죽는 순간까지 자신과 애플의 모든 현금을 합친 400억 달러를 동원해 상황을 바로잡겠다고 했다(《스티브 잡스》 804쪽).

애플이 거래를 끊은 기업은 여러 곳이 있다. MS와는 맥용 워드, 엑셀 프로그램으로 협력했지만 윈도 OS의 등장 이후 서먹해졌다. 애플이 투자했던 어도비가 윈도에만 주력하자 맥에서 어도비의 '플래시'를 차단해버렸다.

그런데 애플은 구글의 손을 잡으려 한다. AI에서 뒤처졌다는 비판에서 벗어나기 위해 잡스가 적으로 간주한 구글의 손도 잡겠다는 쿡의 판단에 대해 잡스는 어떻게 생각할까. 이미 수차례 잡스의 유지를 벗어난 쿡이지만 이번에는 답을 얻기가 쉽지 않아 보인다. 쿡이 답을 얻는다면 엔비디아와 MS에 뒤처진 기업가치를 되돌릴 수 있겠지만, 반대의 경우에는 장기간의 침체도 배제할 수 없다.

애플과 엔비디아, 사옥을 보면 기업을 알 수 있다

구글, 페이스북, 인스타그램, 삼성전자 등 실리콘밸리에 있는 사옥들은 기업을 이해하는 데 중요한 핵심 포인트이다. 어떤 모습의 사옥을 어떻게 활용하느냐가 그 기업의 방향성과 경영 철학을 보여주기 때문이다.

실리콘밸리 기업 중에서도 사옥이 단연 돋보이는 기업이 애플과 엔비디아다. 두 회사는 미국은 물론 전 세계를 통틀어 단연 돋보이는 독특한 사옥을 건립했다.

애플의 사옥인 애플 파크는 건물이 원형으로 지어졌고 그 내부에 공원이 있다. 어느 기업에서도 찾아보기 힘든 형태의 사옥이다. 애플 파크의 둘레는 1.6km, 지름은 461m, 높이 28m다. 지붕 외에 외벽은 모두 유리다. 공사비만 6조 원 가까이 들었다.

녹지와 접한 우아한 건물의 조화는 자연과 기술의 융합이라는 이미지를 보여준다. 끊기지 않는 건물 구조는 직원들 간의 소통과 협업을 촉진하는 의미이기도 하다. 애플 파크는 극도의 미니멀리즘을 추구하는 애플의 디자인과도 닮았다. 공원에는 창업자 스티브 잡스의 업적을 기리는 '스티브 잡스 극장'이 있다. 이곳에서 애플은 신제품을 발표한다.

엔비디아의 사옥도 범상치 않다. 영화 〈스타트렉〉의 우주선 이름을 따서 엔더버Endeovor와 보이저Voyager라는 이름으로 나란히 선 두 건물은 두 대의 삼각형 모양의 우주선처럼 보인다.

영화 속 우주선 이름을 그대로 사용한 것 같지만 엔비디아의 사옥 이름은 회사를 상징한다. 엔더버의 'EN'과 보이저의 'V'를 합치면 'NV'가 된다. '다음 버전Next Version'의 줄임말 NV와 '부럽다Envy'의 어원인 라틴어 '인비디아Invidia'를 합쳐 엔비디아라는 이름을 지은 것과 비슷한 예다.

애플 파크가 원 모양이라면 엔비디아 사옥은 삼각형의 조합이

애플 사옥 애플 파크 © 애플

엔비디아 사옥 엔더버와 보이저 © 엔비디아

다. 삼각형 모양을 이어붙인 디자인의 지붕이 돋보인다. 내부에도 곳곳에 삼각형이 자리 잡고 있다. 엔비디아의 혁신적인 이미지를 삼각형으로 표현했다.

엔비디아에게 삼각형은 각별한 의미가 있다. 젠슨 황이 직접 언급했듯이, 삼각형은 3D 그래픽의 출발점이다. 3차원 형상을 구현하기에 가장 적합한 다각형이 삼각형이기 때문이다. 회사의 출발점이 된 삼각형을 이용해 빌딩을 지은 것은 초심을 이어가겠다는 다짐이기도 하다.

삼각형에는 또 다른 의미도 있다. 엔비디아 설립 초기에는 그래픽을 표현하는 단위로 사각형을 사용했다. 엄청난 실수였다. 자칫 회사를 망하게 할 수도 있는 일이었다. 엔비디아의 첫 제품 출시 직후 MS가 삼각형에 기반한 그래픽만을 지원하겠다고 밝혔기 때문이다.

엔비디아 사옥의 내부 벽에는 녹색식물이 자라고 있다. 엔비디아의 상징색인 녹색을 표현했다. IT 매체 〈테크크런치〉는 엔비디아의 사옥에 들어가는 것이 마치 엔비디아의 GPU에 들어가는 것 같은 느낌이라고 표현했다. 다른 IT 매체 〈와이어드〉는 엔비디아가 '애플 우주선'에 '삼각형 사원temple'으로 응수했다고 전했다.

애플 파크가 층별로 연결성을 강조했다면, 엔비디아의 사옥 내부는 탁 트인 구조다. 각자의 방식은 다르지만 융합과 협업, 창의성을 강조하려는 의지가 엿보인다.

애플과 엔비디아는 2017년 신사옥에 입주했다. 스티브 잡스가 꿈꾸던 이상형의 사무실에 맞서는 프로젝트를 만들 만큼 젠슨 황의 도전도 만만치 않다. 황은 엔비디아가 애플과 대적하기도 어려울 정도의 규모였을 때부터 애플과의 맞대결을 준비했을 수도 있다.

시대를 앞서가는 황의 도전은 사옥에서 그치지 않는다. 30년간 기업을 창업하고 도산 위기부터 2조 달러 클럽까지 끌고 온 뚝심은 어디까지 이어질까. 2024년 GTC에 등장한 젠슨 황의 모습은 '아이언맨'을 연상시켰다. 황은 AI를 이용한 로봇 계획인 '그루트'도 공개했다. 일론 머스크가 아니라 젠슨 황이 아이언맨 자리를 먼저 차지할 가능성을 배제할 수 없다. 어쩌면 황의 시선은 애플이 아니라 MS의 앞 자리를 차지하는 데까지 향해 있을 수 있다.

엔비디아,
미국과 대만의 결합

엔비디아는 미국 기업이다. 미국에 이민 온 대만인이 미국의 저가 프랜차이즈 식당에서 탄생시킨 엔비디아는 실리콘밸리를 떠난 일이 없다. 스탠퍼드대학교는 젠슨 황의 모교이기도 하다. 그곳에서 엔비디아는 스타트업으로 출발해 MS, 애플에 이어 미국 증시 시가총액 3위까지 치솟았다.

그래도 엔비디아에는 대만이라는 그림자가 빠지지 않는다. 어쩔 수 없다. 대만 출신인 젠슨 황의 '피'를 부인할 수 없다. 오히려 대만이라는 배경은 엔비디아 사업에 플러스 요인이지 마이너스 요인이 아니었다.

모리스 창Morris Chang TSMC 창업자는 중국에서 태어나 미국

으로 이주했지만 지금은 대만인이면서 미국인이다. 엔비디아와
TSMC, 젠슨 황과 모리스 창의 관계는 대만과 반도체라는 공통점
으로 묶여 있다.

엔비디아가 TSMC를 통해 제품을 생산할 수 있게 된 에피소드
는 대만이라는 공통점이 얼마나 뿌리 깊게 자리 잡고 있는지 보여
준다.

모리스 창의 전폭적 지원으로 비전을 실현하다

젠슨 황은 모리스 창이 2014년 '스탠퍼드 엔지니어 영웅 전당'
에 오를 당시 이렇게 말했다.

"세상에는 수많은 성공한 이들이 있지만 진짜 영웅은 드물다.
성공과 영향력에는 차이가 있다. 모리스 창은 산업 혁명을 연구하
기 위한 완벽한 사례다."[*]

황이 창을 치켜세우는 데는 그럴 만한 이유가 충분했다. 창의 전
폭적인 지원이 있었기에 황은 엔비디아의 비전을 실현할 수 있었다.

창은 황이 의뢰한 칩 제조를 단순히 대행하는 데 그치지 않았다.
반도체 업계 선배로 멘토 역할도 했다. 황은 창과의 첫 만남을 이

---

[*] https://engineering.stanford.edu/news/stanford-engineering-hero-morris-chang-honored-revolutionizing-chip-making

렇게 회고한다.

"창과 처음 만났을 때 내 나이는 30대였다. 창은 나에게 기업 지배구조와 무결성의 중요성에 대해 말해주었다. 이는 TSMC에서 그가 경험한 것이다. 그의 조언대로 신뢰는 기술에서 가장 근본적이고 필수적인 경계선이었다."●

창과 황의 관계를 보여주는 또 다른 일화가 있다. 1993년 엔비디아가 사업을 시작했을 때도 TSMC는 존재했다. 엔비디아는 TSMC가 아닌 다른 곳에 칩 생산을 맡겼다.

황은 창이 자신의 사무실에 뜬금없이 나타났던 당시를 기억하고 있다. 2007년 컴퓨터 히스토리 뮤지엄이 개최한 창과의 대담에서 황은 어느 금요일 오후 TSMC로부터 전화가 와서 방문해도 되냐고 물었던 기억을 떠올렸다.

황은 당연히 TSMC 영업사원 중 한 명이 올 것으로 생각했다. 그런데 황을 만나러 온 사람은 전혀 다른 사람이었다. 창이었다. 창은 수행원도 없이 홀로 엔비디아를 방문했다. 당시만 해도 TSMC가 대만에 이어 미국에 주식을 상장하며 급성장하던 때다. 엔비디아와 TSMC는 체급이 다른 기업이었지만, 창은 거리낌 없이 단신으로 황을 만나러 갔다.

그 자리에서 창은 황에게 사업은 어떤지, 필요한 웨이퍼는 몇 장

● https://www.digitimes.com/news/a20231110PD205/tsmc-morris-chang-k.-t.-li-nvidia-jensen-huang.html

이나 되는지 꼼꼼히 묻고 메모했다. 창의 모습이 너무 진지해 황은 자신이 말한 수치가 맞는지 다시 확인하기까지 했다.

황은 창이 신혼여행 중에 시간을 내어 엔비디아를 방문했다는 사실을 나중에야 알았다.

"창은 언제나 고객과 일하는 것을 진심으로 사랑했다."

창은 대만 출신은 아니다. 미국에서 이민자로 살며 인생 1막을 열고 대만에서 제2의 인생을 화려하게 꽃피웠다. 황 역시 미국에 이민을 가서 지금껏 살고 있지만 대만과의 연을 강조한다. 두 사람에게는 미국과 대만 모두 고국인 셈이다.

젠슨 황과 리사 수의 끈끈한 유대 관계

황과 리사 수 AMD CEO의 관계도 예사롭지 않다. 수 역시 대만 출신 미국 이민자다. 단순한 이민자가 아니다. 황과 수는 먼 친척이다. 수 어머니의 고종사촌 동생이 젠슨 황이다. 두 사람은 5촌 당숙 관계다. 두 사람이 친척 관계인 것이 알려지긴 했지만, 이렇게 상세하게 알려진 것은 불과 2023년에 와서다.●

현대 사회에서 5촌 당숙이면 가까운 사이라고 보기 어렵다. 두

───────

● https://www.tomshardware.com/news/jensen-huang-and-lisa-su-family-tree-shows-how-closely-they-are-related

사람의 나이 차가 여섯 살이고 미국으로 건너왔음을 생각하면 둘 사이에 가족으로서의 인연이 크게 작용하고 있다고 보기는 어렵다. 두 사람의 공통점은 미국에 이민 온 대만계 반도체 엔지니어라는 점이다. 넓디넓은 미국 땅에서 먼 친척이 가깝게 지내기도 어려웠으리라 추정해볼 수 있다. 실제로 황은 서부에서, 수는 동부에서 학업을 마쳤다. 황은 오리건 주립대학교와 스탠퍼드대학교를 나왔고 수는 뉴욕주 최고의 공립학교인 브롱스 과학고를 거쳐 보스턴의 MIT에서 수학했다. 전반적인 학력을 보면 수가 좀 더 우위에 있었던 것으로 추정된다. 수는 IBM에 근무할 때도 30대 초반에 두각을 나타냈고 반도체 구리 공정의 선구자가 됐다. 〈MIT 테크놀로지 리뷰MIT Technology Review〉는 2002년 수를 "35세 미만 최고의 혁신가"로 선정하기도 했다. •

대만계 언론들은 두 사람의 관계를 이렇게 표현한다. 'AI의 아버지와 반도체의 여왕.' AI 칩 시장을 장악한 황과 인텔의 CPU 독점을 사실상 종식시킨 수에 대한 수식어로 부족하지 않다. 부러운 것은 황과 창, 리사 수를 기억하는 이들은 있지만 해외에서도 인정하는, 한국 반도체 시장을 대표하는 간판 얼굴은 보이지 않는다는 점이다.

대만인들에게 황런순(젠슨 황)과 수지펑(리사 수)은 영어를 하는

• 리사 수의 '브롱스 과학고 명예의 전당 인터뷰' 장면은 다음 기사를 참조하라. https://thesciencesurvey.com/hall-of-fame-alumni/2018/12/03/lisa-su-86

2018년 세계반도체연합(GSA)의 '모리스 창 모범 리더십 상'을 받은 리사 수 AMD CEO가 TSMC 류더인 회장과 기념촬영을 하고 있다 © 리사 수 트위터

동포다. 두 사람도 모국을 잊지 않는다. 심지어 수의 아버지는 미국에 이민을 간 후 뉴욕 대만협회 회장을 역임했다. 그는 미국과 대만을 연결하는 고리 역할을 주저하지 않았다. 수의 아버지는 미국과 대만의 관계 강화를 위한 '글로벌 대만 연구센터'라는 싱크탱크도 설립했을 정도다. 대만 타이난시가 2018년 수와 그의 부모에게 '타이난시 우수 시민상'을 수여한 것은 대만과 수 가문의 관계가 어떤지를 잘 보여준다.

리사 수와 TSMC의 관계도 단순하게 볼 수 없다. 리사 수는 AMD 경영을 맡은 후 TSMC와의 협력을 굳건히 했다. AMD는 투자비만 많이 들고 효율이 떨어졌던 '종합반도체'라는 타이틀을 떼어내 버리고 팹리스 업체로 새롭게 출발했다. 리사 수는 TSMC의 강력한 파운드리 지원에 힘입어 인텔을 추월할 수 있었다. 모리스 창의 혜안이 없었다면 지금의 AMD도 없었을 것이다.

TSMC와 엔비디아, AMD를 묶어 볼 수 있는 또 다른 증거가 있다. 젠슨 황과 리사 수는 모두 세계반도체연합GSA이 수여하는 '모리스 창 모범 리더십 상Dr. Morris Chang Exemplary Leadership Award'을 받았다.

이처럼 엔비디아 젠슨 황은 TSMC 모리스 창, AMD 리사 수와 유기적인 관계를 맺고 있다. 젠슨 황 엔비디아 CEO는 2023년 5월 말 개최된 아시아 최대 규모의 IT 박람회 '컴퓨텍스'에 이어, 10월과 11월에도 대만을 찾으면서 대만 업체와의 협력을 강화하고 있다.

엔비디아와 대만 출신 반도체 기업의 협력 관계가 대만 반도체 경쟁력에 큰 영향을 끼치면서 세계 반도체 시장에서 대만 파워는 갈수록 강해지고 있다. 대만 정부의 강력한 반도체 산업 육성과 신주 특구를 중심으로 학교와 기업이 한데 모여 강력한 시너지를 내고 있는 상황은 우리에게도 시사하는 바가 크다. 우리나라도 정부가 반도체 클러스터(집적단지)를 육성하고 충분히 지원해야 국가 경쟁력을 갖출 수 있을 것이다. 삼성전자, 인텔 같은 빅테크 기업들이 끈끈한 유대를 자랑하는 대만 반도체 파워를 뛰어넘으려면 넘어야 할 산이 많아 보인다.

CPU 시장에 도전장을 던진 엔비디아

물거품이 된 엔비디아의 ARM 인수

CPU는 엔비디아에게 아픈 손가락이다. 엔비디아는 애플이 MP3 플레이어 아이팟에 처음 사용한 핵심 칩 설계 업체인 '포털플레이어'를 인수한 이후에 테그라Tegra 칩을 선보였다. 그래픽 처리에 강점이 있는 엔비디아는 이를 통해 AP 시장을 노렸지만 결과는 기대 이하였다. 테그라는 테슬라의 모델S 전기차, 닌텐도 스위치 게임기 등에 사용됐지만 반도체 시장에서 영향력이 미미했다. 비트코인 채굴, 생성형 AI로 엔비디아의 GPU 분야가 기록적인 성장세를 보인 것에 비하면 테그라의 위상은 더욱 초라했다.

일부 해외 언론은 엔비디아가 ARM 기반의 윈도 PC용 CPU 설계에 나섰다고 전했다. 모바일이 아니라 PC라는 점을 주목해볼 만하다.

최근의 PC 시장, 특히 노트북 PC 시장은 애플 실리콘에 기반한 맥 PC의 성장이 두드러졌다. 애플 실리콘과 맥의 결합은 코로나19 팬데믹 이후 급격히 불어난 PC 교체 수요와 맞물려 두드러진 성장세를 보였다. 인텔 칩과 비교해 배터리를 오래 사용할 수 있고 성능도 우수하다 보니 소비자들이 애플 PC에 몰렸다. 이는 ARM 기반 PC가 사실상 부재했던 윈도 OS 제작사 MS에는 위협적인 요인이었다. 애플II PC로 개인용 PC 시대를 열었던 애플을 도산 위기로까지 몰았던 MS로서는 달갑지 않은 변화다.

MS가 ARM 기반 PC를 지원하려면 칩이 있어야 한다. 퀄컴이 최근 공개한 '스냅드래곤X 엘리트'가 있지만 이것만으로 애플과 경쟁하기는 쉽지 않다. 엔비디아가 ARM 기반 윈도 지원 CPU를 선보이는 것도 ARM 윈도 PC 보급을 확대하려는 MS의 방향과 맞물린다. 엔비디아 CPU는 2024년 하반기나 2025년 사이에 등장할 것이라는 전망이다. 엔비디아는 이미 그레이스라는 서버용 고성능 ARM 기반 CPU를 보유하고 있다. 이는 엔비디아나 MS에 '누이 좋고 매부 좋은 일'이다. x86 진영의 AMD도 ARM 기반 CPU 설계에 나섰다는 소식까지 전해질 정도다. 엔비디아가 ARM을 품으려 했던 점도 ARM CPU 개발 가능성을 높이는 요인이다. 성공만 했다면 반도체의 미래를 바꿀 수도 있는 대사건이었지만 불발에 그쳤다.

엔비디아는 2020년 일본 소프트뱅크가 매물로 내놓았던 ARM을 인수하겠다고 나서며 반도체 업계를 발칵 뒤집었다. 손정의 소프트뱅크 회장은 사물인터넷 시장의 개화를 예상하며 ARM을 인수했지만 코로나19 팬데믹으로 인해 위워크 등 투자기업들의 실적이 추락하자 ARM을 시장에 내놓았다. 이는 인수 규모만 약 660억 달러(약 80조 원)로, 당시까지 있었던 모든 반도체 분야 인수합병 중 가장 큰 초대형 빅딜이었다. 그야말로 세기의 빅딜이었다.

결과는 실패였다. 엔비디아로서는 뼈아픈 대목이다. 엔비디아가 ARM 인수 불발 후 생성형 AI 시장의 급부상으로 시가총액 2조 달러 돌파에 성공한 만큼 CPU라는 새로운 성장동력이 있었다면 기업가치도 더욱 치솟을 수 있었을 것이다. 실제로 엔비디아의 급부상 이후 지지부진했던 ARM의 주가도 함께 치솟았다. GPU 수요 확대가 ARM 기반 AP의 확대로 이어질 것이라는 기대감 때문이었다.

엔비디아의 발목을 잡은 것은 독점에 대한 우려다. ARM이 사실상 시스템 반도체 대부분의 기본 설계를 제공한다는 점에서 ARM이 특정 반도체 업체의 지배를 받는 것을 반도체 업계는 경계했다. 반도체 업체들은 ARM이 모두의 연인으로 남기를 원했다.

결정타를 날린 건 미국 연방거래위원회(이하 FTC)다. FTC는 ARM과 엔비디아의 결합이 경쟁 업체를 부당하게 훼손할 수 있다는 이유로 합병을 막는 소송을 제기하겠다고 했다. 유럽연합EU 반독점 당국도 마찬가지였다. 서방권에서 인수 승인을 받았어도 중국 경쟁 당국이 허가하지 않으면 거래는 성사될 수 없었다. 서방측이 중국과 관련된 기업들의 해외 반도체 기업 인수를 불허하는 상황에서 중국도 ARM이 엔비디아의 품에 안기는 것을 지켜보지 않았을 것이다. 젠슨 황은 "ARM을 인수해 CPU 사업을 강화하고 새로운 분야로의 진출을 유도해 반도체 생태계에 속한 외부 기업들을 지원하려 했다"고 말했다. 〈레지스터The Register〉에 따르면 황은 엔비디아가 ARM 생태계의 충복이 될 수 있다고 경쟁 당국에 설명했다면서 "우리는 최선을 다했지만 역풍이 너무 강했다"라고 아쉬워했다.

엔비디아가 ARM 인수를 시도한 지 4년이 지난 지금 상황은 완전히 달라졌다. ARM은 여러 반도체 기업들의 앵커(주요) 투자를 받아 2023년 증시 상장에 성공했다. 엔비디아도 AI 시대가 열리며 쾌속 질주를 거듭했다. 엔비디아 실적 호조는 ARM의 실적까지 끌어올렸다. 덕분에 부진한 성적을 보이던 ARM 주가는 상장 이후 배 이상 올랐다. 오히려 엔비디아의 ARM 인수를 막아섰던 기업들의 성과는 대부분 기대에 못 미친다. 가정이지만 엔비디아와 ARM이 결합했다면 그야말로 견제가 불가능한 공룡 기업이 됐을 것임을 미루어 짐작할 수 있다. 그야말로 빅브라더가 탄생할 수도 있었을 것이다.

숨겨온 비장의 무기, CPU

AI용 반도체로 최고의 전성기를 누리고 있는 엔비디아가 숨겨왔던 '손톱'을 드러냈다. 사실상 포기한 줄 알았던 CPU 분야에 대한 본격 진출을 준비하고 있다. 엔비디아가 인텔의 x86이 아닌 ARM 설계에 기반한 PC CPU를 준비하고 있다는 보도가 이어지는 것은 심상치 않은 소식이다. 과거 CPU 시장을 장악했던 인텔이 자사의 GPU를 끼워팔던 것과 같은 현상이 벌어질 수 있기 때문이다. 심지어 애플도 엔비디아의 사정권이다. AI 진영인 엔비디아를 뜻하는 '그린팀'과 애플의 한판 대결도 예상해볼 수 있다.

엔비디아의 행보는 애플, MS 등이 단말기를 중심으로 한 '온디바이스' AI를 위해 AI 반도체를 강화하는 상황에서 맞불을 놓는 형국이다. 애플은 최근 생성형 AI도 준비하고 있지만, 기본적인 방향은 온디바이스 AI다. 아이폰15 프로의 칩인 A17 프로의 AI 연산을 담당하는 신경망 처리장치NPU는 A16보다 성능이 두 배가량 향상됐다. 윈도 진영의 인텔 역시 최신형 메테오레이크 CPU에 NPU를 탑재하며 온디바이스 AI 진영에 동참했다. CPU보다는 GPU나 NPU의 성능을 끌어올려야 AI 기능을 강화할 수 있다. 온디바이스 AI는 사용자의 기기에서 직접 AI 연산을 처리하기 때문이다. 생성형 AI가 엔비디아 칩을 기반으로 한 클라우드 서비스의 개념이라는 점에서 온디바이스 AI와 대조된다.

오픈 AI가 주도한 생성형 AI가 급격히 부상했지만, 사용자들이 직접 AI 기능을 활용하기에는 온디바이스 AI가 유리한 상황이다. 온디바이스 AI는 일상생활에서 사용하는 다양한 스마트폰의 기능을 강화할 수 있다. 애플 외에 퀄컴, 삼성전자의 스마트폰용 AP도 온디바이스 AI를 탑재하고 생성형 AI와의 경쟁을 위해 기능을 더욱 강화하는 상황이다.

AP 진영의 공세에 맞서 AI 주도권 수성에 나서는 엔비디아는 새로운 전략을 제시했다. 적군의 주력인 CPU에 대한 역공이다. 이는 발전이 둔화한 CPU 진영의 약점을 노린 선택으로 보인다. 애플 A17 프로가 세계 최초로 3나노 공정을 도입하고도 성능 향상이 두드러지지 않을 만큼 CPU 부문의 발전 속도는 한계에 도달하고 있다. 엔비디아가 추격에 나설 여지가 충분해진 것이다.

2024년 3월 18일 열린 엔비디아의 개발자 행사 GTC 2024에서 젠슨 황은 엔비디아가 이제 반도체 회사가 아니라 데이터센터에 들어가는 '슈퍼컴퓨터'를 만드는 회사라고 말했다. 반도체 칩 제작에만 힘쓰는 것이 아니라 데이터센터 단위의 제품과 서비스를 만들어야 함을 강조한 것이다. 이는 반도체 발전의 중심이었던 회로 미세화가 물리적 한계에 도달한 만큼 새로운 차원의 대응에 나서야 한다는 판단에 기반하는 전략이다. 엔비디아는 스스로 만들어낸 가속 컴퓨팅으로 기존 CPU 중심의 판을 바꾸었던 것처럼, 데이터센터용 서버나 슈퍼컴퓨터도 자신들이 개혁하겠다는 입장이다. 그래야 AI를 더 저렴하게 만들 수 있고 경쟁사의 추격을 차단할 수 있다.

2012년 엔비디아가 AI 기업으로 회사의 방향을 튼 후 10여 년이 지난 지금, 데이터센터에 들어가는 슈퍼컴퓨터와 생성형 AI 혁명에 대한 젠슨 황 CEO의 비전이 어떻게 펼쳐질지 기대된다.

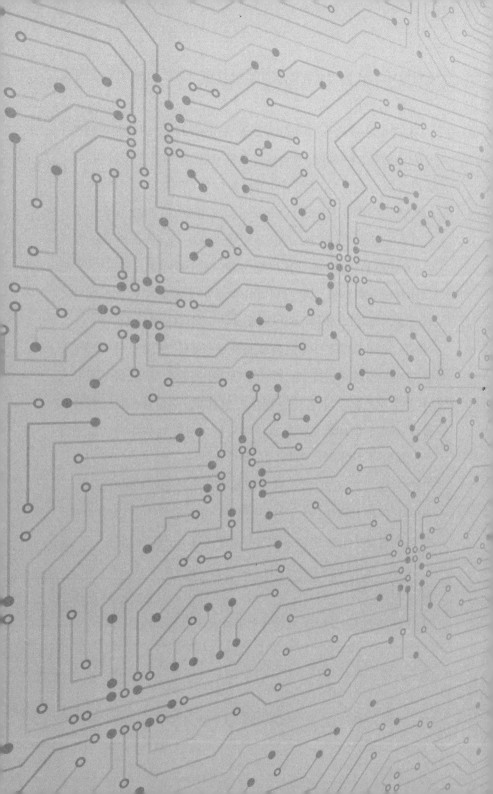

4장

애플 실리콘의 출발점, ARM

파운드리를 위해 ARM과 손잡은
반도체 거인들

저무는 x86 시대, 뜨는 모바일 시스템온칩(SoC)

인텔은 2023년 영국 반도체 설계 업체 ARM과 1.8나노 공정에 협력한다는 발표를 했다. 인텔과 ARM은 물과 기름 같은 관계다. 고전력 PC용 CPU를 만드는 인텔과 저전력 모바일 기기용 칩을 설계하는 ARM은 지향점이 다른 회사다. 인텔은 데스크톱 PC와 서버에, ARM은 스마트폰 등 휴대용 기기용 칩에 특화한 회사다. 서로가 지향하는 칩의 시작점이 너무나 다르다. 그런데 성격이 달라도 너무 다른 인텔과 ARM이 서로 협력한다니, 대체 어떤 일이 있었던 것일까.

현재 반도체 업계의 최대 화두는 위탁생산(파운드리)이다. 삼성전자와 인텔은 설계와 생산을 모두 하는 종합반도체 업체로 파운드리에 특화한 TSMC 추격에 사활을 걸고 있다. 삼성과 TSMC의 경쟁도 치열하지만, 한때 세계 최대 반도체 업체이자 종주 기업임에도 반도체 생산 경쟁의 핵심인 미세공정에서 밀린 인텔의 상황은 더욱 급하다.

인텔은 D램과 CPU를 세상에 선보인 기업이다. HP와 같은 기업도 있지만, 실리콘밸리에서 가장 영향력이 큰 기업이 인텔이었다. 인텔이 만든 칩으로 전 세계의 PC와 데이터센터의 서버들이 작동했다. 세계 반도체 기업 1위도 당연히 인텔이었다. 분야가 다르지만, 삼성전자도 인텔을 추격하기 위해 무던히 노력했다. 마침내 승자가 바뀌기 시작했다. TSMC가 앞서나갔고 삼성 역시 인텔을 추월했다. 삼성과 TSMC가 승기를 쥔 반도체 미세공정 진화 승부는 이렇게 굳어지는 듯했다.

인텔은 현재 400억 달러의 자금을 투입해 미국과 독일에서 파운드리를 위한 라인을 세우고 있다. 반도체 생산을 미국에서 하겠다는 미국 정부의 의지를 인텔이 실현 중이다. 문제는 인텔이 무엇을 생산하느냐다. 인텔의 x86 CPU를 생산하기 위해 이런 대규모 생산시설 투자에 나선 걸까. 그럴 리 없다.

현재 반도체 시장에서 데스크톱 PC에 쓰이는 x86 CPU의 시대는 기울고 있다. 스마트폰, 특히 애플 아이폰이 등장한 이후 거스를 수 없는 수순이다. 코로나19를 계기로 대규모 PC 교체 수요가 발생하기 전까지 PC 산업은 추락을 거듭했다.

더 높은 성능을 내기 위해 대량의 전력을 소비하는 반도체의 시대는 저물고 있다. AI 학습을 위해 엄청난 전기를 사용하는 엔비디아의 GPU는 예외적인 사례다. 지금 반도체 경쟁의 최전선은 저전력 모바일 SoC이다. 애플이 가장 앞서가는 분야다. 그 뒤를 퀄컴, 삼성전자가 맹추격하고 있다. 더욱 미세한 공정에서 전력을 덜 소모하는 반도체를 뽑아내려는 경쟁은 생존을 위한 최소한의 조건이 됐다.

여기서 빠질 수 없는 기업이 있다. 반도체 생태계의 가장 최상위 단계에 있다고 할 수 있는 기업이다. 이 회사의 설계IP 없이는 아예 반도체 개발과 생산을 할 수 없을 정도다. 바로 저전력 모바일 SoC 칩을 개발하는 영국 반도체 설계 업체 ARM이다.

ARM과 주요 반도체 업체의 관계를 이해하는 것은 반도체 생태계의 윤곽을 파악할 수 있는 시발점이다. ARM의 손을 잡은 파운드리가 시장을 장악할 수 있기 때문이다.

TSMC는 2001년부터 ARM9과 ARM10 IP를 확보해 생산에 나선 첫 파운드리 업체가 됐다. 이후 TSMC는 ARM과의 협력을 지속해오고 있다. TSMC는 전 세계에서 ARM 칩 생산에 가장 높은 성과를 내고 있다. 그 결과 반도체 파운드리 시장의 절반을 차지하고 있다.

삼성의 시스템 반도체 사업도 ARM과의 협력이 시작된 후 본격화됐다는 평가가 지배적이다. 삼성전자 역시 TSMC와 비슷한 시기에 ARM과 라이선스 계약을 맺고 칩 개발에 나섰다. 이는 신의 한 수가 됐다. 2005년 애플과 아이팟용 낸드플래시 메모리 공급 계약을 맺은 삼성은 2007년에는 아이폰용 AP까지 계약을 확대했다. 그렇게 삼성 'S5L8900'은 아이폰의 심장으로 '펌프질'을 시작했다. 이후 삼성은 엑시노스 칩을 통해 모바일 SoC 시장에서 빼놓을 수 없는 플레이어가 됐다.

지금도 ARM의 라이선스 없이 저전력 로직 반도체를 제조하는 것은 어렵다. 독자적인 개발을 하려면 코어 설계에만 오랜 기간과 비용을 써야 한다. 성능을 장담하기도 어렵다. 아울러 이미 모바일 기기 약 90%에 쓰이고 있는 ARM 설계기술을 포기해야 한다. 이런 선택을 쉽사리 할 수 있는 강심장인 기업을 찾기 어려운 이유다. 인텔이 ARM과 협력해야만 현재 시장을 주도하는 애플, 엔비디아, 퀄컴과 같은 팹리스 업체들의 반도체 생산을 담당할 수 있다는 의미다.

스마트폰에 이어 PC까지, ARM 시대가 온다

모바일 기기에 국한되었던 ARM 시장은 이제 PC 시장도 노린다. 조사기관 카운터포인트리서치는 2027년까지 ARM 기반 노트북 시장이 현재보다 대폭 늘어날 것이라고 예상했다. 2023년 점유율은 15%지만 4년 후에는 25%로 증가한다는 전망이다. 반면 인텔의 점유율은 2023년 68%에서 2027년 60%로 떨어질 것으로 보인다. AMD의 점유율도 같은 기간 16.7%에서 14.4%로 줄어들 것으로 예상됐다. 인텔이 잃은 점유율이 고스란히 ARM PC의 몫이 된다는 뜻이다.

ARM PC 시장은 현재 90%가 애플의 몫이다. 시장이 늘어날수록 애플이 누리는 성과도 커진다는 의미다. 카운터포인트리서치는 다만 향후 ARM PC의 성장을 MS의 협력과 함께 퀄컴이 주도할 것이라는 예상도 내놓았다. 윈도 진영의 노트북 PC 시장에도 격변을 예고한 것이다.

인텔이 ARM과 협력해 타사가 설계한 칩을 제조하려는 이유는 분명하다. ARM이 설계한 칩을 생산하지 않는다면 파운드리 고객을 확보하기 어렵다. 인텔이 ARM 칩을 생산하는 순간 반도체 역사는 새로운 챕터가 시작될 것이 분명하다.

ARM 덕분에 도산 위기에서 살아난 애플

ARM은 이미 죽어가던 기업도 살려내는 마법을 부렸다. 그 기업은 애플이다.

애플은 1990년대 초반 첫 모바일 기기로 뉴턴 메신저를 개발하며 ARM이 설계한 칩을 사용했다. 지금이야 ARM에 기반한 AP가 시장의 90% 이상을 장악하고 있지만, ARM도 스타트업이던 시절이 있었다.

당시 대기업이었던 애플에 비해 ARM의 전신이었던 아콘Acorn은 구멍가게 수준이었다. 아콘은 애플과의 협력 과정에서 반도체 개발 부문을 분리해 ARM을 설립했다. 초기 주주가 애플과 VLSI였다. 아콘이 12명의 직원을, VLSI는 소프트웨어를, 애플은 300만 달러를 내놓았다.

애플의 초기 ARM 지분은 43%에 달했다. 이는 이후 이어진 양사의 관계를 정의하는 중요한 키워드다. ARM의 최초 주주 중 한 곳이 애플이었다는 점은 변하지 않는 사실이다.

ARM은 독립 후 저전력 RISC SoC와 임베디드용 칩을 위한 설계에 주력했다. 설계에 기반한 다양한 반도체들이 ARM에 폭넓게 사용됐지만, 업계를 주도한다는 위상은 부족했다. 저전력 기반이다 보니 당연히 인텔 x86 계열에 비해 성능이 떨어졌다. 본격적인 모바일 시대가 개화하기까지 ARM도 오랜 인내의 시간이 필요했다.

애플은 이런 ARM을 가장 잘 이용한 회사다. 오히려 ARM이 애플을 살린 것일 수도 있다.

1997년, 스티브 잡스가 애플에 복귀한 후의 일이다. 잡스는 도산 직전인 애플을 살리기 위해 MS와의 소송을 정리하며 1억 5,000만 달러의 투자를 유치했다. 이 정도 자금은 90일 정도의 생명 유지를 위한 산소호흡기 정도의 역할에 그쳤다. 더 큰 자금이 필요했다.

마침 1998년 ARM이 증시에 상장했다. 잡스는 보유 중이던

ARM 지분을 대부분 매각했다. 무려 11억 달러가 애플 통장에 들어왔다. 초기 투자금 300만 달러는 366배나 불어났다. 그야말로 초대박 투자였던 셈이다. 이 돈은 잡스와 애플의 '생명수'였다. 이후 잡스와 애플은 아이맥과 아이팟으로 재기의 기반을 마련했다. 특히 아이팟은 애플이 ARM이 설계한 칩으로 성공을 거둔 첫 계기였다. 반도체 시장에 끼치는 ARM의 영향력을 실감할 수 있는 사례다.

잡스가 부추긴
소프트뱅크의 ARM 인수

잡스에게서 영감을 받아 반도체 산업에
인생을 건 남자

여기 한 남자가 있다. 스티브 잡스 애플 창업자에게 자신을 위해 전화기를 만들어 달라며 찾아간 대담한 남자. 잡스에게서 영감을 받아 반도체 산업에 남은 인생을 건 남자. 그는 한국계 일본인 손정의 소프트뱅크 회장이다.

손 회장과 애플은 악어와 악어새와 같은 공생 관계에 있다. 애플이 가는 길의 길목에 손 회장이 있었다. 첫 선택은 대성공이었지만 이후의 선택은 부침이 심했다. 아이폰은 물론 아이폰의 영혼을 원했던 손 회장의 꿈을 따라가 보자.

손 회장은 세계적인 벤처 투자자로 알려졌지만 2000년 이후로는 통신 사업으로 승부수를 던졌다. 지금이야 비전펀드Visionfund라는 초대형 펀드가 소프트뱅크를 대변하지만, 소프트뱅크는 통신사다.

그의 투자 사업은 부침이 컸다. 알리바바, 쿠팡, 슈퍼셀, 샨다와 같은 기업에 투자해 대박을 낸 경우도 있었지만, 위워크와 같은 실패 사례도 적지 않다. 통신 사업도 무모한 도전으로 보였다.

손 회장은 2001년 초고속 인터넷 서비스에 이어 2006년 이동통신 사업에 뛰어들었다. 그는 일본 내에서 만년 하위권인 영국 통신사 보다폰의 자회사를 사들였다. 전 세계 어디서든 하위권 이동통신사가 전세를 역전시키는 것은 '계란으로 바위 치기'다. 물론 지금도 소프트뱅크의 일본 시장 점유율은 20% 정도로 업계 3위다. 그러나 소프트뱅크의 이동통신 업계 순위는 의미가 없다.

소프트뱅크는 2020년 초, 도요타를 제치고 일본 내 시가총액에서 1위를 기록했을 정도로 혁신의 상징이다. 위워크 등 투자 업체에서 발생한 손실로 손 회장과 소프트뱅크의 위상이 하락했다고는 하지만, 그가 '갈라파고스(자신들의 표준만 고집해 세계시장에서 고립되는 현상)'라고 불리던 일본 통신 시장에 아이폰을 도입해 혁신의 신호탄을 쏘았다는 것을 부인하기는 어렵다.

손 회장은 어떻게 아이폰의 유통권을 확보했을까. 손 회장은 2014년, 미 언론인 찰리 로즈Charlie Rose와의 대화에서 아이폰의 등장에 관한 깜짝 놀랄 과거를 털어놓았다.

손정의 소프트뱅크 회장(왼쪽)이 미 언론인 찰리 로즈(오른쪽)와 인터뷰하는 모습. 손 회장이 스티브 잡스 애플 창업자에게 자신이 들고 간 스마트폰 디자인 시안을 보여주려다 거절당한 사연을 밝히고 있다. © 찰리 로즈 홈페이지

손 회장은 보다폰을 인수하기 1년 전인 2005년, 잡스를 만났다. 아이폰 출시 2년 전이었다. 그는 잡스도 예상하지 못한 제안을 한다. 손 회장은 당시 세계 최대 휴대전화 업체인 노키아에서 부족함을 느꼈다. 대안이 필요했다. 손 회장은 통신 사업을 위한 최고의 단말기를 만들어줄 사람이 지구상에 단 한 사람뿐이라고 생각했다. 바로 잡스였다. 아이팟으로 MP3 플레이어 시장을 장악한 애플이 전화기를 제작할 적임자라고 판단한 것이다.

손 회장은 잡스를 기술과 예술을 접목할 수 있는 '현대의 레오나르도 다빈치'로 규정한다. 머뭇거림은 손 회장과는 어울리지 않는다. 즉시 잡스에게 전화를 걸어 미국으로 가겠다고 했다.

잡스와 만나는 날, 손 회장의 손에는 아이팟을 전화기로 수정한 디자인 시안이 들려 있었다. 손 회장은 디자인 시안을 잡스에게 내밀었다. 손 회장이 훗날 인터뷰에서 두꺼비같이 생겼다고 설명한 시안이다.

"마사(손 회장의 일본 이름 '마사요시'의 애칭), 그걸 볼 필요가 없어요. 이미 우리 것을 가지고 있답니다."

잡스는 이미 아이폰을 준비하고 있다고 말했다. 물론 잡스가 손 회장이 내민 디자인을 봤어도 맘에 들어 했을 리는 없다. 미니멀한 디자인에 집착하는 잡스가 손 회장이 들고 온 배 나온 두꺼비 모양의 디자인을 맘에 들어 했을 일은 당연히 없었을 것이다.

손 회장이 여기서 멈출 리 없다.

"애플이 전화를 만들고 제가 통신 사업을 하게 되면 우리가 일본에서 독점 판매하고 싶네요."

"제정신이 아니군요. 마사. 아직 아무에게도 이런 얘기를 하지 않았지만, 당신이 처음 찾아와서 요청했으니 그렇게 할게요."

"그럼 서류에 사인합시다."

"그럴 필요까지는 없습니다."

손 회장은 당시 애플이 스마트폰을 만들고 자신이 통신 사업을 하게 되면 일본 시장 독점 유통권을 달라고 요구했고, 잡스는 그렇게 하기로 약속했다.

이동통신사도 없으면서 아이폰을 달라고 하는 손 회장, 그리고 비장의 무기 아이폰을 주겠다고 약속한 잡스의 대화는 이렇게 끝났다.

두 사람의 대화는 현실이 됐다. 2006년, 손 회장은 약 20조 원을 투자해 보다폰을 인수하고, 소프트뱅크 모바일을 출범시켰다. 잡스는 2007년 아이폰을 공개했다. 그리고 2008년 소프트뱅크와 애플은 아이폰 공급 계약을 맺었다. 아이폰 두 번째 모델인 아이폰 3G는 2008년 11월, 일본에서 판매를 시작했다.

아이폰은 일본 시장에서 선풍적 인기를 끌었다. 당시 일본 기업들의 전화기가 장악했던 일본 시장에 균열이 생겼다. 아이폰은 일본 스마트폰 시장을 싹쓸이하다시피 했다.

아이폰을 보며 ARM을 꿈꾸다

손 회장의 질주가 여기서 끝났을 리 없다. 이번에는 미국 통신 시장까지 노린다. 소프트뱅크는 2013년 미국 3위 통신사인 스프린트를 216억 달러에 인수했다. 일본에는 NTT 도코모, 미국에는 버라이즌이라는 이동통신 시장의 절대 강자가 있지만, 손 회장은 주저하지 않았다.

소프트뱅크의 미국 통신 시장 진출은 또 다른 의미를 가진다. 이제 소프트뱅크는 스프린트를 통해 미국에서도 아이폰을 유통하게 됐다. 손 회장은 스프린트를 T모바일과 합병하며 미국 이동통신 시장 장악에 나섰다.

손 회장은 이후 미국 통신 시장에서 어려움을 겪는다. 그러면서 또 다른 꿈을 꾼다. 잡스와 만난 후 손 회장의 진정한 목표는 하나였다. 반도체다. 손 회장은 통신사를 인수했지만 10년이나 반도체를 지켜봤다. 기술 변화의 흐름을 꿰뚫어 보던 그는 전 세계 모든 스마트폰이 사용하는 반도체를 좌지우지하는 기술을 원했다. 목표는 ARM의 반도체 설계 기술이었다.

손 회장은 잡스와 만난 후 배터리 소모가 많은 인텔의 칩을 사용할 리 없다고 생각했다. 대안은 ARM뿐이라고 판단했다. 마침 구글도 안드로이드 OS용 칩의 설계기반을 ARM으로 정했다.

판단은 섰지만, 실행이 어려웠다. 소프트뱅크 모바일 인수 자금을 다 갚은 후에 미국 통신 시장 진출을 시도하느라 투자 여력이 없었다. ARM은 여전히 잠재적 투자 대상에 머물렀다.

잡스와 만난 지 10년 후인 2016년, 결단의 시기가 다가왔다. 손 회장이 잡스와 처음 대화를 나눴을 때보다 ARM의 몸값이 10배나 치솟아 있었다. 일찌감치 ARM에 투자했어야 했다는 아쉬움이 남았지만, 지금이 가장 저렴하다고 생각해 당시 주가에 43%나 되는 프리미엄을 얹었다. 310억 달러라는 막대한 자금이 투입됐다.

손 회장의 야심은 컸다. ARM의 설계는 모바일 기기들의 심장인 SoC의 근원이다. 사실상 모든 스마트폰을 자신의 영향력하에 두겠다는 결정이나 다름없었다. 자신이 아이폰을 개발하지는 못했지만 돈의 힘으로 그 근원을 손에 쥐겠다는 원대한 계획이었다.

손 회장은 ARM 투자에 대해 이렇게 설명한다.

"나에게 중요한 것은 예술이 아니라 정보 혁명Information revolution

이다."

손 회장은 잡스와 자신의 차이를 명확하게 규정했다. 잡스가 기술과 예술을 융합한다면, 자신은 금융과 기술을 융합하는 사람이라고 판단했다.

물론 우여곡절도 있었다. 2020년 손 회장은 ARM을 엔비디아에 매각하려고 했으나 미국·영국·유럽연합·중국 등 각국에서 국가 안보 위협 등을 이유로 반대해, ARM 매각은 결렬됐다. ARM은 매각 실패 후 2023년 미국 증시에 상장해 세간의 이목을 집중시켰다. ARM 주가는 2023년 연말에 엔비디아의 후광 효과와 숏스퀴즈*로 인해 폭등했지만 상장 초기에는 기대에 못 미쳤다. 왜 그랬을까. 손 회장도 놓친 것이 있었다.

● short squeeze: 공매도를 한 투자자가 주가가 오를 것으로 예상되면 손실을 줄이기 위해 다시 그 주식을 매수하는 것을 뜻한다. 그 결과 주식 가격의 급등으로 이어진다.

ARM 성장의 최대 변수, 중국

손정의 회장의 'ARM 드림' 파괴자

손정의 소프트뱅크 회장은 아이폰의 등장과 성장을 지켜보며 ARM 인수를 10년간이나 구상해왔다. 손 회장은 아이폰에 사용되는 A 시리즈 칩의 근간인 ARM을 손에 넣고 싶어 했다. 그리고 결심을 실행에 옮겼다. 손 회장은 2016년 튀르키예로 날아가 ARM 경영진과 만나 전격적으로 인수를 제안했고 결국 성사시켰다.

손 회장은 ARM 주가에 43% 프리미엄을 지불하고 주식을 모두 인수했다. 시장에서 거래되는 것보다 훨씬 비싼 값을 쳐주겠다는데 반대할 주주가 있을까. ARM 경영진들도 손 회장의 제안을 거절할 이유가 없었다. 그렇게 ARM은 증시에서 사라졌다.

손 회장이 인수하기 전 ARM은 런던과 뉴욕 증시에 상장해 있었다. 스티브 잡스가 애플에 복귀하면서 회사를 다시 일으키는 데 사용한 종잣돈도 ARM 상장 직후 애플이 보유한 지분을 매각하면서 마련한 것이다.

그런데 손 회장은 ARM 주식 상장을 폐지했다. 더는 ARM 주주들의 눈치를 볼 필요가 없었다. 상장 폐지는 소액주주의 간섭 없이 대주주가 기업 가치를 극대화하기 위한 다양한 조처를 할 수 있는 장점이 있다. 상장기업을 인수한 이들이 흔히 이런 선택을 한다. 향후에 다른 주주들의 간섭과 결별하기 위한 조치일 것이다.

스스로를 기술과 금융 전문가로 설명한 손 회장의 계획은 현실이 됐을까. 결론은 NO다. 손 회장은 ARM을 약 310억 달러에 인수해 겨우 410억 달러에 엔비디아에 매각하려다 실패했다.

ARM은 2023년 상반기에 미 증시에 상장했지만, 전체 유통주식의 8%에 달하는 공매도가 쏟아지며 주가를 압박했다. 투자은행 번스타인은 ARM 주식에 대해 매도 의견을 제시하기도 했다.

왜 이런 결과가 벌어졌을까. 일각에서는 손 회장이 기대했던 사물인터넷 시장의 확산이 기대에 못 미친 데다 인수합병에 대한 정부 규제 강화를 원인으로 거론하고 있지만, 가장 큰 이유는 다른 곳에 있었다는 진단이 나온다.

원흉은 바로 중국이었다. ARM은 중국이라는 늪에 빠졌다. 중국에서 더 많은 이익을 얻기 위한 '꼼수'가 소프트뱅크와 ARM을 겨냥한 칼날로 돌아왔다. ARM을 좌지우지할 만큼 거대해진 중국을 통해 또 다른 이득을 얻으려던 욕심은 '급체'를 일으켰다. 오히려 중국의 반도체 굴기(반도체로 우뚝 일어선다)의 발판만 깔아준 셈이다.

중국은 손 회장이 투자로 대박을 낼 수 있었던 기반이다. 그는 일본 포털 사이트 '야후 재팬', 핀란드 게임 업체 '슈퍼셀'에도 투자해 큰 성과를 냈지만, 진정한 성공의 근원은 '알리바바'로 대변되는 중국 투자였다.

중국에서의 성과에 대한 맹신이었을까. 손 회장은 ARM 인수 직후 의외의 결정을 내린다. ARM 중국 법인 지분 매각이었다. ARM은 해외 지사 설립 시 통상적으로 100% 자체 출자했다. 중국 법인도 100% 지분을 보유했다. 2002년 ARM의 결산 보고서는 중국 지사에 1명이 근무하고 있다고 공개했다. 당시 한국 지사 근무 인원이 6명인 데 비하면 중국의 비중이 크지 않았음을 알 수 있다. 미국, 일본, 한국 지사장을 사장President으로 표기했지만, 중국 책임자는 상하이에 소재한 ARM 컨설팅 이사Director로 표현했다.

ARM이 소프트뱅크로 매각되기 직전인 2015년 결산자료를 살펴보자. ARM은 인도를 제외한 아시아 지역에 324명의 직원이 있다고 공개했다. 이 중 상당수가 중국 지사 직원인 것으로 추정된다.

ARM은 중국 법인의 역할을 RISC 기반 마이크로프로세서와 그래픽 지적재산에 대한 마케팅, 연구, 개발로 규정했다. 반면 삼성전자를 담당할 한국 법인은 마케팅 조직으로 규정했다. 유럽과 미국을 제외하고 마이크로프로세서 연구개발 조직이라고 표현된 곳은 대만과 중국, 인도뿐이었다. 심지어 일본 법인조차도 마케팅만 담당했다.

ARM이 중국을 특별 대우한 데는 이유가 있다. 중국에 대한 의존도가 커졌기 때문이다. 중국은 '제조 2025' 계획을 통해 '반도체 굴기'를 추진했다. 화웨이와 같은 대형 기업이 탄생하면서 중국이 ARM 실적에서 차지하는 비중도 급격히 커졌다. 전체 매출의 25% 가량을 중국이 책임졌다.

중국 자회사 지배권을 포기한 소프트뱅크

2018년 6월 소프트뱅크는 전략적으로 ARM이 보유하던 ARM 차이나 지분을 현지 투자자에게 매각하고 47.3% 지분만을 남겼다. 매각 대금은 6억 3,720만 파운드였다. 이제 ARM 차이나의 신분은 자회사에서 조인트 벤처(joint venture, 합작투자)로 전환됐다.

ARM의 2019년 결산 자료를 살펴보면 ARM 차이나를 관계기업이라고 설명하고 5억 9,480만 파운드의 재평가 이익을 반영했다. 아울러 중국 조인트 벤처에 대해 중국 시장에서 성장을 가속하기 위한 (소프트뱅크) 그룹 전략의 일부라고 부연했다.

ARM이 미국 기업이었거나 미국 증시 상장사였다면 이런 일이 가능했을까. ARM 차이나 지분 매각은 미국 외국인 투자 위원회 CFIUS의 승인 대상이 아니었다. CFIUS는 싱가포르 자본에 인수된 반도체 업체 브로드컴이 미국 통신 칩 업체인 퀄컴을 인수하는 것을 차단한 적이 있다. CFIUS가 중국에 퀄컴의 기술이 넘어갈 것을 우려했다는 분석이 지배적이었다.

미 언론들도 소프트뱅크의 ARM 차이나 매각에 의문을 제기했다. 〈월스트리트 저널The Wall Street Journal〉은 ARM 매출의 25%를 차지하는 ARM 차이나 지분 매각 가격이 소프트뱅크의 ARM 인수 대금의 약 5%에도 미치지 못한 것이 정당한 가격 평가인지에 대한 의문이 있다는 투자분석가의 의견을 보도하기도 했다.

〈월스트리트 저널〉은 중국 기술 분야에 정통한 인사를 인용해, "이번 거래로 인해 중국이 반도체 산업을 구축하기 위한 칩 설계에 더욱 쉽게 접근할 수 있게 됐다"라고 전하며 향후 10년간 엄청난 영향이 있을 것이라고 부연하기도 했다.

왜 이런 결정을 했을까. 중국에서는 손 회장과 소프트뱅크가 ARM 매출의 25%를 차지할 정도로 급격히 성장한 ARM 차이나를 중국 증시에 상장시키려 했다는 설이 지배적이다. ARM과는 별도로 ARM 차이나를 통해 수익을 극대화하려던 전략인 셈이다.

손 회장은 ARM 차이나의 독자적 기술개발을 적극적으로 추진하던 앨런 우Allan Wu ARM 차이나 CEO를 적극적으로 후원했다. 손 회장의 계획대로였다면 ARM 차이나와 ARM이라는 쌍두마차는 세계 반도체 업계를 호령했을 것이다.

계획은 계획일 뿐이다. 마침 불거진 미국의 대중 반도체 규제가 발목을 잡았다. ARM 차이나는 자체적으로 운영되며 ARM 본사의 영향력이 미치지 않는다. 미국의 반도체 규제가 본격화되면서 엘런 우 ARM 차이나 CEO는 독자적인 기술개발을 강화했다. 그는 ARM 기술에 대해 이해 상충으로 이어질 수 있는 행보를 이어갔다. 2020년 ARM 본사가 그를 해고했지만, 자리에서 물러나지 않고 버텼다.

ARM 차이나에서 경영권 분쟁이 발생한 시점도 묘하다. 도널드 트럼프Donald Trump 미국 정부가 중국의 반도체 산업에 대한 규제를 시작한 직후다. 이 사안이 단순한 경영 분쟁이라기보다는 우 CEO가 중국 측에 ARM의 기술을 빼돌리려 했기 때문이라는 분석이 나오는 이유다. 우 전 CEO는 ARM 본사와의 갈등이 불거진 후 자체 기술개발을 더욱 독려하기도 했다. 심지어 ARM 차이나 직원들은 공개 성명을 통해 국가 전략자산인 ARM 차이나를 보호해달라고 정부에 요청하기까지 했다.

중국 정부도 ARM 상장의 발목을 잡았다. 중국은 엘런 우를 대신한 새로운 소프트뱅크 경영진의 선임에 대한 서류를 인정하지 않았다. 다분히 우의 배경에 ARM의 기술을 빼돌리려는 중국 정부가 있는 것 아니냐는 의문이 들 수밖에 없다.

최고의 위험 요인, ARM 차이나

ARM 차이나의 리스크는 ARM 재무제표에서도 확인할 수 없다.

ARM의 지적재산권을 중국에서 판매하는 기업에 대해 ARM은 아무런 영향력도 발휘할 수 없게 됐다.

미 증시 상장기업은 자회사와 투자사에 대한 경영실적을 공시해야 한다. ARM 차이나는 실적을 공개하지 않는다. 어떻게든 회계적인 정리가 필요했다. 그러던 중 묘안이 나왔다. 소프트뱅크는 ARM이 가지고 있던 ARM 차이나 지분을 산하 펀드로 옮겼다. 이에 대해 중국 당국은 소프트뱅크가 ARM과 ARM 차이나의 관계를 끊을 수 있는 사안이라고 보고 우려를 표명해왔다. ARM은 또다시 중국 달래기에 나서야 했다.

ARM이 미 증시 상장을 위해 증권거래위원회SEC에 제출한 신고서는 ARM 차이나를 위험 요인으로 규정하며 이렇게 설명했다.

"ARM 차이나는 당사의 단일 최대 고객이다. 당사가 10%의 무의결권 지분을 가지고 있는 소프트뱅크 자회사 아세톤 리미티드가 ARM 차이나 지분 48%를 소유하고 있다."

ARM 차이나는 ARM의 관계사에서 고객으로 신분 세탁을 했다. 신고서는 더 나아가 ARM 차이나가 ARM에 지불할 비용을 제때 지급하지 못하거나 심지어 아예 지불하지 않을 수 있는 위험요인이 있다고 설명한다. 아울러 ARM의 중국 내 라이선스 사업권을 가진 ARM 차이나가 거래중단을 선언하면 대응할 방법이 없다고 했다. 자체 IP까지 개발 중인 ARM 차이나가 ARM의 설계를 사용하지 않겠다고 선언해버릴 경우 속절없이 당할 수밖에 없다는 뜻이다. 심지어 양사가 독점 공급계약을 맺은 만큼 다른 대안을 마련하기도 어렵다. 이러한 사정은 ARM이 중국에 종속됐다는 것을 의미한다. ARM은 ARM 차이나가 자사에 지불해야 하는 수수료 지급이 지연되어 애를 태우기도 했다. 수수료 지급을 위한 실적 역시 중국 측이 보여주는 것을 믿는 것 외에는 방법이 없다. ARM은 ARM 차이나 경영정보 공개가 정상화되었다고 했지만 언제든 상황은 달라질 수 있다.

어렵게 정리된 ARM 차이나 경영권 문제의 불씨도 다시 살아날 수 있다. ARM 차이나 대표 자리에서 물러나는 것을 거부한 앨런 우가 제기한 소송은 일단은 ARM 차이나 쪽에 유리하게 전개됐지만, 우가 항소해 향후 ARM 차이나에 불리한 판결이 나올 경우 상황은 다시 악화할 수 있다.

심지어 ARM 차이나가 ARM의 경쟁사로 둔갑할 수도 있다. ARM은 ARM 차이나가 자체적으로 마이크로프로세서 설계를 개발하는 것을 금지했지만 이런 약속이 지켜질지는 확답하기 어렵다.

이는 미국이 규제한 ARM의 최신 코어 설계(예: 네오버스)를 제외하고는 중국이 ARM IP를 바탕으로 자체 개발한 새로운 설계를 만들어내는 데 문제가 없다는 뜻이다.

ARM 차이나는 이미 중국 쪽으로 경영권이 넘어간 후 인공지능, CPU, 정보 보안, 멀티미디어 처리 등 4대 분야를 핵심 연구개발 분야로 규정해 연구에 박차를 가했고 일부 성과도 낸 것으로 알려졌다. 새로운 경영진들도 신제품 개발을 독려하고 있다.

ARM은 여전히 중국의 눈치를 보고 있다. 르네 하스Rene Haas

ARM CEO는 상장 직후 중국에 대한 지원을 지속할 것임을 천명했다. 그는 ARM이 상장기업이 된 후에도 ARM 차이나와 협력하는 전략을 바꾸지 않을 것이며 과거와 동일하게 협력할 것이라고 했다. 하스 CEO는 상장에 앞서 2023년 6월 중국을 방문해 당국자와 만나 중국에 대한 적극적인 협력도 약속해야 했다.

중국은 ARM의 목줄을 쥐고 있다. 꼬리가 몸통을 흔드는 격이다. 이는 중국의 늪에 빠진 ARM의 상황을 보여준다. 아무리 손 회장이라도 쉽게 빠져나오기 어려울 정도다. 엔비디아가 ARM을 포기한 후 삼성전자, SK하이닉스가 ARM을 인수했더라도 어땠을까. 아마 상황은 달라지지 않았을 가능성이 크다.

그래도 손 회장은 억세게 운이 좋은 사람이다. 위기를 겪을 때마다 반전의 기회가 찾아왔다. 이번에는 엔비디아가 손 회장을 구원했다. AI 반도체 판매가 늘며 ARM의 실적도 동반 호조를 보이자 주가도 급등했다. ARM을 엔비디아에 팔지 못했던 것이 오히려 손 회장에게는 엄청난 반전이 됐다.

ARM 이후,
스마트폰용 반도체의 미래

애플 반도체 설계의 대안, RISC-V

PC 시대에서 스마트폰 시대로 넘어오면서 저전력 모바일 칩을 설계하는 ARM의 독주가 계속되고 있다. ARM의 독주는 언제까지 계속될까. 대항마는 없는 것일까.

M1 칩을 기점으로 비약적으로 상승한 애플의 반도체 설계가 예전만 못하다는 지적이 이어지고 있다. 애플 실리콘, 즉 애플이 자체 설계한 반도체가 모든 아이폰과 맥 PC, 아이패드에 탑재되기 시작한 지는 이제 만 3년이 지났다. 그사이 아이폰용 칩은 'A17 프로'까지 발전했고, PC와 아이패드용 칩은 'M3'으로 진화해왔다(물

론 각 기본 모델 외에 다양한 종류의 고성능 칩들이 추가로 등장했다).

M1 칩이 기존 A12Z 칩과 비교해 비약적인 성능 향상을 이룬 것은 애플이 인텔의 칩을 버리고, ARM으로 반도체 설계의 근간을 전환하는 중요한 포인트다. 인텔에 비해 적은 전력을 소비하는 ARM이 설계한 칩을 통해 애플은 모바일 분야 칩 제작에서 시장의 터줏대감 인텔과 AMD를 단번에 넘어서는 저력을 보여줬다. 아이폰에 쓰이는 A 칩의 급성장 후 등장한 M 시리즈는 시장을 장악했던 인텔 x86 계열의 추락과 ARM 계열의 부상을 보여주는 결정적 계기가 되었다. 마침 코로나19 시기에 등장한 M 시리즈는 기업과 개인의 PC 수요 급증 속에 큰 성과를 냈다. 특히 인텔 기반 CPU를 사용한 PC에 비해 성능과 배터리 사용 시간 면에서 우위를 점하고도 저렴한 맥북은 반도체 시장에 활력을 주는 '메기'와 같은 존재였다.

그런데 애플 실리콘의 성장이 주춤해졌다는 평가가 나온다. M2에 이어 새롭게 등장한 M3 칩도 애플을 추격하는 기업들과의 간격이 벌어지기보다는 오히려 좁혀지는 모양새다. 아이폰15 프로에 사용된 A17 프로의 상황도 비슷하다. 특히 애플이 TSMC의 3나노 공정을 사실상 독점하고 경쟁사 대비 최소 1세대 이상 앞선 공정의 반도체를 선보였음에도 '드라마틱한 변화'라는 평가는 찾아보기 어렵다. 맥북 PC와 아이패드, 아이폰 판매량도 감소세다.

성능 향상을 위한 공정 진화 결과가 부족했다면 다른 대안은 있을까. 대안은 있다는 게 반도체 업계의 예상이다. 미국 캘리포니아대학교 버클리 캠퍼스(이하 UC 버클리)에서 개발한 'RISC-V(리스크 파이브)'다. 오픈 소스 기반의 반도체 설계 지적자산IP으로, 소비 전력은 적으면서 성능 효율이 좋은 RISC-V는 사실상 ARM을 대체할 수 있는 유일한 대안으로 꼽힌다. 앞으로는 시스템 반도체가 x86, ARM, RISC-V 세 진영의 경쟁의 장이 될 가능성이 크다.

ARM의 설계도 RISC 기반이다. RISC란 Reduced Instruction Set Computer(축소 명령어 집합 컴퓨터)의 약자이다. 축소된 명령어 세트를 통해 x86 계열이 사용하는 CISCComplex Instruction Set Computer보다 구조를 간단하게 할 수 있다. ARM이라는 기업명도 Advanced RISC Machine의 줄임말로, RISC에서 유래했다.

RISC-V 칩은 비슷한 성능의 ARM 칩에 비해서도 칩 사이즈가 30~50% 정도 작고 전력을 최대 60%나 적게 사용한다. 칩 구현상 해결해야 하는 문제도 있지만 반도체 기업으로서는 무시하기 힘든 장점이다. 특히나 소비자 기기용 단말기가 아닌 서버용 칩에서는 RISC-V가 중요한 역할을 할 수 있다는 기대감이 크다.

RISC-V는 ARM도 두려워하는 존재다. 애플이 제조하는 모든 아이폰과 맥 PC, 아이패드에서 ARM 설계가 빠진다고 상상해보자. ARM은 전 세계에서 가장 많이 팔리는 스마트폰인 아이폰을 잃게 된다. 퀄컴, 미디어텍 등 안드로이드폰용 애플리케이션 AP 제조사들도 애플의 행보를 따라갈 수 있다.

이 때문에 ARM은 증시 상장을 위한 신고서에서 사업의 핵심 위험요인으로 ARM 차이나로 대표되는 중국 시장의 불안정성과 함께 RISC-V의 부상을 꼽았다.

ARM 증시 상장, RISC-V의 성장 앞당길까

아이러니하게도 ARM의 증시 상장은 RISC-V로의 전환을 앞당기는 계기가 될 수 있다. 상장기업이 되면 실적 확대에 대한 주주들의 요구가 거셀 수밖에 없다.

주가 상승의 기반은 실적이다. ARM의 실적을 높이기 위한 가장 쉬운 방법은 스마트폰 등 ARM 설계에 기반한 반도체를 사용한 제품이 많이 팔려 라이선스 비용을 더 받는 것이다. 2024년 초의 ARM 주가 급등은 이런 이유가 작용했다. 실적 확대를 위한 다른 방법도 있다. 라이선스 비용의 인상이다. 이미 ARM이 칩 단위가 아닌 단말기 단위로 라이선스 비용을 받을 것이라는 예상도 나왔다. ARM은 퀄컴이 인수한 누비아의 라이선스 계약이 무효라며 소송을 제기했다. 누비아가 체결했던 라이선스 계약이 퀄컴이 기존에 ARM과 체결했던 계약보다 작은 규모인 것이 소송이 벌어진 계기였을 것으로 추정된다. ARM 입장에서는 누비아를 인수한 퀄컴이 더 많은 라이선스 비용을 지불하기를 바랄 것이다.

국제 정세의 변화도 RISC-V의 미래를 좌지우지할 수 있다. RISC-V의 발전으로 가장 큰 이익을 얻을 수 있는 국가가 중국이기 때문이다. RISC-V는 오픈 소스인 만큼 누구나 사용할 수 있다. 미국 등 서방 국가들이 중국 반도체 산업의 성장을 제한하기 위해 최신 ARM 아키텍처가 중국 기업에 판매되는 것을 제한하고 있는 현실과 어긋난다.

ARM 차이나는 이미 본사와는 별도의 기업으로 나아가고 있다. 여기에 오픈 소스인 RISC-V마저 중국이 장악하게 된다면 서방의 대중 반도체 규제에는 구멍이 뚫리게 된다. 이미 알리바바 그룹, 바이두 등 중국의 빅테크와 반도체 기업들은 RISC-V 특허 동맹을 만들어둔 상태다. 이 때문에 미 정치권에서는 RISC-V도 대중 규제에 포함해야 한다는 목소리가 확산하고 있다.

오픈 소스 RISC-V를 사용하면 ARM이 설계한 칩을 사용하는 것보다 비용이 줄어든다. 이는 대단히 매력적인 요인이다. 비록 적은 금액이라 하더라도 ARM에 지불하는 비용이 줄어들면 실적이 개선된다.

최근 미국 금리가 치솟으면서 IT 분야 기업들도 구조조정을 하는 등 비용 감축이 화두다. 성능만 받쳐준다면 RISC-V를 도입할 수 있는 환경이 형성되고 있는 셈이다. 애플보다는 안드로이드 진영이 RISC-V에 먼저 가까워지고 있다. 안드로이드 OS를 제공하는 구글이나 안드로이드폰용 AP 칩의 대표주자 퀄컴은 RISC-V 도입을 위해 잰걸음을 보이고 있다. 퀄컴과 인피니언, NXP, 노르딕 세미컨덕터, 보쉬는 2023년 8월 RISC-V 기반의 새로운 기업에 공동으로 투자한다고 발표했다.

안드로이드를 만든 구글도 2023년 10월 30일 오픈 소스 블로그에 "RISC-V와 안드로이드: 당신이 알아야 하는 것들"이라는 제목의 글을 올렸다. 이를 통해 구글은 2024년까지 안드로이드 개발자용 에뮬레이터(Emulator, 다른 프로그램이나 장치를 모방하는 컴퓨터 프로그램)를 제공한다는 시간표도 제시했다. 이는 RISC-V용 안드로이드 앱과 단말기를 선보이는 환경이 구축될 것임을 예고한 것이다. 구글은 앞서도 RISC-V가 ARM과 같은 1순위 Tier 1가 되기를 희망한다고 밝혔고, 이번 발표를 통해 RISC-V에 대한 대응이 가속화하고 있음을 보여줬다. 구글의 발표는 퀄컴과 함께 RISC-V에 기반한 스마트 워치용 칩을 2024년에 출시한다는 발표와도 연계해볼 수 있다.

안드로이드 진영의 핵심인 삼성도 RISC-V를 연구 중이다. 삼성은 2023년 5월 오픈 소스 비영리단체 리눅스재단이 발족한 오픈 소스 소프트웨어 개발 프로젝트 'RISE(RISC-V Software Ecosystem, 라이즈)'의 운영 이사회 멤버로 활동한다고 발표했다. RISE는 RISC-V를 활용한 소프트웨어를 개발하기 위해 출범한 조직이다. 삼성 외에 구글, 인텔, 엔비디아, 퀄컴 등이 참여 중이다.

애플 역시 RISC-V 준비를 하고 있다는 정황은 포착되지만, 도입 시점은 안드로이드에 비해 늦어질 수 있다. ARM 상장 신고서에 따르면 애플과 ARM은 2040년 이후까지 협력 관계를 연장했다. ARM의 탄생에 애플이 주춧돌 역할을 한 데다, ARM의 상장에도 애플이 앵커 투자자로 나선 만큼 양사의 관계는 다른 기업들과 동일선상에서 볼 수 없다. 그렇다 해도 안드로이드 진영이 치고 나간다면 애플도 RISC-V를 무시할 수 없다.

무엇보다 애플은 변화를 두려워하지 않는다. 애플은 이미 수차
례 핵심 칩 공급선을 교체한 경험이 있다. 모토로라, 인텔 등 애플
이 버린 칩 회사는 매번 하락세를 면치 못했다. 애플이 RISC-V를
사용하더라도 CPU가 아니라 AI 분야에 적용할 것이라는 전망도
제기되고 있다.

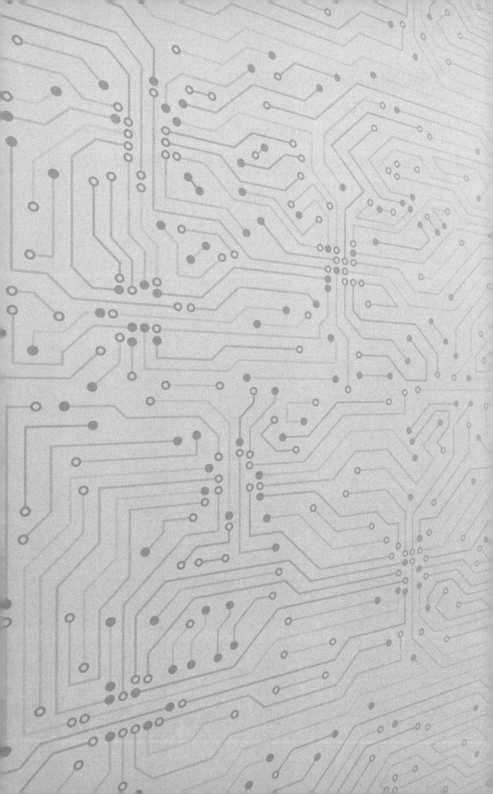

5장

애플 · TSMC,
동맹 시장을 바꾸다

애플 혁명의 비결은 'TSMC 동맹'

"우리는 모든 칩을 TSMC에서 생산하기로 했고,
TSMC는 11개월 만에 90억 달러를 투자해 6,000명이 24시간 일했다.
멋진 파트너십이었다."

제프 윌리엄스(애플 COO)

TSMC에 칩 생산을 맡긴 팀 쿡의 한 수

애플 실리콘, 즉 애플 반도체는 이제 모바일 분야에서는 업계 최고라는 평가가 어색하지 않다. 애플은 스마트폰용 모바일 SoC이라는 영역을 PC로 확대하며 단단한 성을 쌓아 가고 있다.

애플 실리콘은 애플이 설계하고 대만 TSMC가 제작했다. 아이폰은 물론 맥북, 아이패드, 에어팟, 애플 워치 등 대부분의 애플 제품에 A, M, W, H 시리즈 칩이 들어 있다. 애플 실리콘이 애플 제품의 성능을 끌어올리면서 반도체 업계는 물론 PC, 스마트폰 시장도 후폭풍에 휘말렸다. 이제 애플을 추격할 수 있는 기업은 살아날 것이고, 그렇지 못하면 도태될 것이다. 승리를 위한 경쟁은 아직 끝나지 않았다.

지금 애플에는 팀 쿡 CEO 외에는 '스타' 임원이 보이지 않는다. 과거 애플의 상징이나 다름없던 스티브 잡스 창업자, 아이폰의 아버지라 불리던 스콧 포스톨Scott Forstall, 잡스와 함께 애플의 혁신을 주도한 디자이너 조너선 아이브는 애플에 없다. 잡스가 구성했던 '어벤져스급' 드림팀은 이제 없다. 남은 인물은 쿡 CEO뿐이다. 인원 구성으로 보면 쿡의 애플은 하락세에 접어들어야 했다. 시장의 예상도 그랬다. 쿡이 애플 경영을 책임진 직후 부정적 시선이 긍정적 신호보다 컸다. 일시적으로 주가도 하락했다. 신형 아이폰이 나올 때마다 혁신이 없다는 비판이 이어졌다.

그러나 쿡의 '마법'은 자신을 향한 의구심을 지웠다. 혁신이 부족하다는 비난을 받던 쿡이 꺼내든 '최후의 집행검'은 애플 실리콘이었다. 애플이 만든 심장이 삼성과 인텔을 압도했다. 애플 칩을 쓴 아이폰과 노트북 PC가 경쟁 제품을 앞서기 시작했다.

애플은 칩을 직접 제작하지 않는다. 물류 전문가 팀 쿡은 애플과 경쟁하지 않는 대만 파운드리(위탁생산) 업체 TSMC에 칩 생산을 맡겼다. 성과가 나오자 애플은 삼성의 칩, 인텔의 칩을 자사 제품에서 삭제했다. 새로 이식된 'Designed by Apple, Made in Taiwan(애플 디자인, 대만 생산)' 칩은 애플을 세계 최고 가치의 기업으로 이끌었다. 애플 스토어 앞에는 길게 줄이 늘어섰고 실적은 연일 치솟았다. 과거 386, 486, 펜티엄, 코어2 듀오 등 인텔 CPU 브랜드를 이야기하던 소비자들이 이제는 애플의 M과 A 시리즈를 기억한다.

애플의 급부상은 반도체 생태계를 뒤바꿔 놓았다. 애플의 성과가 커질수록 애플 반도체를 생산하는 TSMC도 덩달아 몸집을 키웠다. TSMC가 반도체 장비 업계의 '슈퍼 을'로 불리는 ASML 장비를 선제적으로 설치하고 첨단 미세공정을 적용할수록 애플 실리콘의 성능은 좋아졌다. 애플과 TSMC의 결합은 시가총액 3조 달러 기업과 반도체 매출 세계 1위 기업이라는 성과로 이어졌다. 그사이 세계 최대 반도체 업체였던 인텔은 주저앉았다. 삼성은 메모리 반도체 1위를 지키고 있지만 파운드리에서는 TSMC에 밀리고 있다.

애플 실리콘의 또 다른 이름은 '메이드 인 아메리카' 반도체의 미래다. 미국 정부가 추진하는 반도체 공급망 회복은 '최첨단 Cutting edge' 칩을 미국에서 제조하는 것이 목표다. 미국이 차량용 저급 반도체만을 생산하기 위해 반도체 법을 제정해 527억 달러라는 막대한 보따리를 푼 것일까. 그럴 리 없다. 쿡 CEO는 '메이드 인 아메리카' 칩을 사용하겠다고 했다. 이미 애리조나, 오하이오, 아이다호, 텍사스에서 삼성, TSMC, 인텔이 미국 정부의 지원 속에 반도체 생산라인을 세우고 있다. 이들 반도체 기업의 목줄을 쥐고 있는 게 애플이다.

TSMC의 운명을 바꾼 모리스 창의 선택

애플 실리콘은 삼성전자에 의해 세상에 모습을 드러냈다. 아이팟용 플래시 메모리 반도체 대량 공급으로 시작된 삼성과 애플의 관계는 인텔이 거부한 아이폰용 칩을 삼성이 설계, 제작해 공급하면서 급물살을 탔다. 하지만 삼성과 애플의 특허 분쟁 소송과 함께 SoC 협력 관계는 결렬됐고, 삼성이 지원했던 애플 반도체는 TSMC에게로 넘어갔다.

연간 2억 대 이상 팔리는 아이폰 칩을 모두 제조하는 기회는 쉽게 잡을 수 없다. 애당초 TSMC는 그 기회를 놓쳤다. 파운드리 사업을 처음 세상에 선보인 TSMC도 애플과 삼성의 협력관계가 부담스러울 수밖에 없었다. 아이폰 출시 초기 TSMC에는 엔비디아, 퀄컴, AMD라는 걸출한 고객이 있었지만, 애플은 무조건 확보해야 할 고객이었다. 특히 타도 삼성을 공공연하게 말하던 모리스 창 TSMC 창업자에게 애플 칩 수주는 숙명의 과제였다.

아이폰이 등장하던 당시는 모리스 창이 경영에서 물러나 있던 때다. 50대에 미국에서 대만으로 돌아온 창은 2005년, 70대에 회장직에서 물러났다. 창이 경영에서 물러나 있었을 때, 애플은 삼성의 손을 잡았다. 자체 설계 능력이 없던 애플이 삼성의 손을 잡는 것도 당연했다. TSMC 입장에서도 삼성의 애플 수주를 바라보고만 있을 수밖에 없었다.

이어 불거진 2008년 금융위기가 전 세계를 덮쳤다. 위기는 투자

위축을 부른다. 창이 없는 TSMC는 투자 축소와 인원 감축을 선택했다. TI 재직 당시 대규모 투자를 통해 경쟁자들을 무너뜨리는 전략을 처음 선보이며 시장을 장악했던 창은 이런 선택을 용납할 수 없었다. 창은 2010년 경영에 복귀했고 기회를 노렸다. 창은 애플의 칩을 수주하기 위한 틈을 호시탐탐 노렸다. 기회는 곧 찾아왔다.

2010년 어느 날, 애플의 현 COO(최고 운영책임자)인 제프 윌리엄스Jeff Williams가 모리스 창, 소피 창 부부와 함께 식사했다. 2010년은 애플과 삼성의 특허 분쟁이 시작되기 전이지만 삼성 '갤럭시 S'가 아이폰의 강력한 경쟁자로 부상한 때다.

윌리엄스가 2017년 TSMC 설립 30주년 기념행사에 참석해서 한 발언은 TSMC와 애플이 혈맹 수준으로 이뤄졌음을 시사한다.

"애플과 TSMC 사이의 파트너십에 첫 씨앗이 뿌려진 것은 2010년이었다. 나는 모리스 창 부부의 대만 집에서 멋진 저녁 식사를 했다. 당시 우리는 TSMC와 사업을 하고 있지 않았지만 좋은 대화를 나눴다. 우리는 함께 일할 수 있는 가능성에 관해 이야기했고 첨단 기술과 우리의 야망을 결합할 수 있다면 가능성이 클 것이라는 것을 알았다. 지금 보면 당연해 보이는 일이지만 당시만 해도 매우 위험한 일이었다.

우리는 함께 도약하기로 결정했고 애플은 아이폰, 아이패드의 모든 AP를 TSMC에서 제조하기로 했다. TSMC는 11개월 만에 90억 달러를 투자했고 6,000명의 직원이 24시간 내내 일했다. 우리는 그 짧은 기간 동안 5억 개 이상의 칩을 함께 배송했다. 지구상에 자본금이 90억 달러인 회사도 거의 없다. 대단한 투자였다. 닥터 창과 TSMC의 모든 분께 감사한다."

대만 기업인 TSMC는 당연히 대만인들에 의해 성장했다. 대만 출신 개발자들이 주도했고 대만 정부도 전폭적인 지원을 아끼지 않았다. 대표적인 예가 폭스콘Foxconn 창업자 궈타이밍(郭台銘, Terry Gou)이다. 폭스콘은 애플 아이폰, 아이패드를 조립하는 기업이다. 애플과 관계가 밀접할 수밖에 없다.

궈타이밍은 애플과 TSMC가 연결되는 데도 결정적인 역할을 했다. 모리스 창 TSMC 창업자의 부인 소피 창이 궈의 사촌 동생이라는 인연도 한몫했다. 우연이지만 궈는 애플과 TSMC 사이에 사다리를 놓기에 최적의 인물이었다.

TSMC 법률 고문을 지낸 리처드 서스턴Richard Thurston에 따르면 궈타이밍은 삼성과 애플의 특허 분쟁이 벌어지자 애플과 TSMC에 서로 힘을 합칠 것을 권했다. 애플과 TSMC가 서로 필요한 관계임을 직감했던 것이다. 애플은 삼성이 아이폰의 특허를 침해했다고 여겼고, 삼성이 아이폰에 칩을 공급하는 것에 불만을 품고 있었으니 궈타이밍의 진단은 정확했다.

2010년 제프 윌리엄스 애플 COO와 모리스 창, 소피 창 부부가 식사하면서 시작된 애플과 TSMC의 관계는 이내 팀 쿡 애플 CEO까지 관여하면서 급속도로 발전하기 시작한다. 궈 회장은 애플과 TSMC의 협상에도 참여했다고 한다. 애플과 TSMC는 대만 인맥을 통해 'C 레벨'급 교류를 하며 신뢰를 키워가기 시작했다.

삼성전자가 스마트폰 사업 대신 애플용 반도체와 디스플레이 공급에 주력해 지금껏 독점 공급업체로 남았다면 현재 반도체 업계의 지형은 크게 달라졌을 것이다. 물론 삼성이 애플의 독점 공급업체 자리를 유지했으리라는 보장은 없다. 특허 분쟁소송을 두고 일어난 삼성과 애플의 갈등이 모리스 창 TSMC 창업자에게는 행운이었다는 건 분명하다. TSMC의 주가와 기업 가치를 보면 왜 행운이라고 했는지 이해하기 쉽다.

2007년 삼성이 아이폰의 첫 칩을 공급한 당시 TSMC의 시가총액은 약 500억 달러 정도였다. 삼성의 시가총액은 700억 달러대였다. 2014년 TSMC가 아이폰6용 칩을 애플에 공급했을 때는 TSMC 시가총액이 약 1,000억 달러였다. TSMC는 2016년 아이폰용 단독 칩 공급업체가 되면서 시가총액 1,200억 달러를 돌파했다. 이후 거침없는 질주가 이어졌다.

특히 2017년 아이폰 10주년 모델 아이폰X의 등장과 애플 실리콘의 성능이 급격히 향상된 시점이 TSMC 주가 상승 흐름과 거의 일치한다. 아이폰X 출시 이후인 2018년 TSMC 시가총액은 2,000억 달러를 넘어섰다. 코로나19를 계기로 반도체 공급난이 장기화되고 TSMC의 위상이 급상승하면서 주가도 덩달아 치솟았다. TSMC가 2022년 기록한 최고 시가총액은 7,290억 달러였다.

2017년 TSMC가 약 2,000억 달러로 인텔의 시가총액을 넘어선 당시 삼성전자 시가총액은 3,000억 달러 정도였다. 양사의 격차는 50%나 됐다. 하지만 현재 상황은 정반대다. TSMC는 엔비디아가

AI 반도체로 그야말로 '떡상'하기 전인 2021년 초반에는 반도체 업계 시가총액 1위에 오르기까지 했다. 2023년 잠시 부진한 듯하던 TSMC 주가는 엔비디아 주가가 질주를 계속하면서 함께 치솟았다. 삼성전자 주주라면 TSMC 주주가 부러울 만하다.

애플과 협력한 지 약 10여 년 만에 TSMC는 예전과는 급이 다른 회사가 됐다. 엔비디아는 애플에 이어지는 TSMC의 '화룡정점'이다. 2022년 기준 애플은 TSMC 매출의 약 23%를 차지하는 최대 고객이다. 애플과 엔비디아의 관계가 1993년경부터 시작됐다는 것을 감안하면 애플과 TSMC의 관계는 오래되지는 않았지만 동맹 수준이다. TSMC의 최대 고객 애플 덕분에 엔비디아의 생성형 AI 학습용 GPU도 최신 3나노 공정에서 생산이 불가능할 정도다.

TSMC와 엔비디아는 1990년대 초반부터 함께 성장해온 관계지만 애플과 TSMC의 관계에 비교하면 열등한 관계인 셈이다. 물론 AI 시대에 TSMC가 엔비디아를 2중대로만 남겨 두지는 않을 것이다. 애플과 엔비디아 사이에서 적절한 조합을 찾으려 할 것이 분명하다.

위기를 기회로 삼은 모리스 창

"세상에는 성공한 사람들이 많지만 진정한 영웅은 드물다.
성공과 임팩트에는 차이가 있다. 경력과 철학, TSMC, 전략, 핵심 가치를
고려하면 모리스는 산업 혁명이라는 학문이다."•

젠슨 황(엔비디아 CEO)

텍사스인스트루먼트에서 밀려난
모리스 창의 '굴욕'

1983년, 20년 이상 희망해온 꿈을 잃은 남자. 모든 것을 잃고 밀려나듯 회사를 나온 반도체 엔지니어 겸 경영자는 약 30년 후인 2012년 모교 스탠퍼드대학교의 엔지니어 영웅이 됐다. 모리스 창 TSMC 창업자 이야기다. 스탠퍼드대학교 엔지니어 영웅 전당

• https://engineering.stanford.edu/news/stanford-engineering-hero-morris-chang-honored-revolutionizing-chip-making

에 오른 동양계 인사는 창과 젠슨 황 엔비디아 창업자뿐이다. 반도체 분야로 확대해도 크레이그 배럿Craig Barrett 전 인텔 회장, 최초의 마이크로프로세서인 인텔 4004를 설계한 마르시안 테드 호프Marcian E. Ted Hoff 정도다. 창과 배럿은 같은 해 스탠퍼드대학교 엔지니어 영웅 전당에 나란히 이름을 올렸다. 로버트 노이스, 고든 무어, 앤디 그로브에 이어 CPU 시대를 주도한 인텔의 CEO와 파운드리라는 새로운 업을 만든 창이 동일선상에서 평가받았다.

실리콘밸리 인재 배출의 기반이자 반도체 산업의 대표 인사들을 배출해온 스탠퍼드대학교가 창에 대해 이런 평가를 함부로 내리진 않을 것이다. 스탠퍼드대학교는 창에 대해 이렇게 설명했다.

"집적회로 파운드리 모델의 개척자A pioneer of the dedicated integrated circuit foundry model."

스탠퍼드대학교는 창이 반도체 시장에서 두 번의 전설을 썼다면서 다음과 같이 덧붙였다.

"창은 스탠퍼드에서 학업을 마치고 TI에 들어가 초기 이익을 포기하고 점유율을 늘려 장기적인 이익을 추구하는 반도체 전략을 도입했다."

반도체 시장에서 초기에 대규모 투자와 물량 공세, 그리고 가격 인하를 통해 경쟁자를 제압하는 '치킨 게임'을 처음 도입한 이가 창이라는 말이다. 1960년대에도 시작된 이 전략은 반도체 업계의 기준이 되었다. 창은 그렇게 TI를 그 시대의 가장 크고 가장 수익성 높은 칩 제조업체로 만들었다.

창은 1958년 TI 입사 이후 CEO라는 목표를 향해 끝없이 전진했다. 그가 TI의 반도체 생산 수율을 급격히 끌어올리며 고속 승진이라는 엘리베이터에 탄 것은 잘 알려져 있다. 거물 IBM과의 경쟁에서 승리하고 반도체 부문 부사장까지 맡았던 그가 왜 TI를 떠났는지에 대해서는 자세히 알려져 있지 않고 있다.

TI의 본사는 텍사스주 댈러스에 있다. 텍사스는 미국 내에서도 가장 독특한 주다. 텍사스 주민들은 자존심이 강하기로 유명하다. 텍사스주에서는 성조기만큼 주 깃발인 '론스타'가 더 많이 휘날린다. 2005년 AMD의 팹 탐방을 위해 텍사스주 오스틴을 방문했을 때도 론스타 깃발에 놀랐던 기억이 생생하다.

텍사스에 타 인종이 많이 유입됐음에도 백인 중심의 보수 성향은 달라지지 않았다. 원유를 생산하는 텍사스는 주 재정도 탄탄하다. 자존감이 높을 수밖에 없다. 이런 지역적 여건에서 1980년대 초반 포천 500대 기업에서 아시아계, 일본도 아닌 중국계 CEO가 탄생하는 것은 불가능한 현실이었다. 창이 방황하던 시절인 1982년 포천 500대 기업 순위 100위권에 포함된 정보기술 업체는 IBM(8위), AT&T(22위), 제록스(42위), TI(91위) 정도였다. 실리콘밸리 기업은 순위에 없었다. '실리콘밸리의 아버지' HP가 110위, 휴대폰을 처음 만든 모토로라가 126위였다. 당시 TI의 위상이 얼마나 컸는지 미루어 짐작할 수 있다. 그런 TI에 동양인 CEO의 자리는 없었다.

TI에 근무하는 동양인은 사내 정치에서 패했다. 하버드, 스탠퍼드와 같은 미국 최고의 학교에 다녔고 큰 성과를 냈지만 보수 성향이 강한 미국 남부, 그것도 텍사스에서 동양인이 미국 대표 기업의 CEO가 되는 것은 '계란으로 바위 치기'였다.

창은 반도체 전문가로 TI의 CEO를 꿈꿨지만, 현실은 냉정했다. 잭 킬비가 최초의 IC를 개발했을 당시 팀장이었던 마크 셰퍼드 회장의 위상을 뛰어넘는 것은 불가능했다.

창이 TI에 근무하던 말년의 상황은 더욱 안타깝다. 창은 소비자 기기 부문 책임자로 이동했다. 반도체 전문가가 계산기 사업을 맡게 된 셈이다. TI도 반도체를 활용한 소비재 산업으로 눈을 돌리기 시작하던 때지만 소비자용 제품 사업부와 반도체 사업부는 부서 규모부터 엄청난 차이가 났다. 반도체 개발과 생산에 전념하던 이가 하루아침에 계산기 생산을 책임지게 됐을 때 느꼈을 패배감은 이해하기 어렵지 않다.

TI는 반도체 외에 소비자용 기기도 생산한다. 1970년대 말부터 TI는 반도체에서 소비자용 기기에 공을 들이기 시작했다. 자체적으로 만든 반도체를 활용해 스스로 소비자용 기기를 만들었다. 계산기가 대표적인 예다. TI 계산기는 미국 고등학생들이 필수적으로 구입해야 하는 준비물이다. 미국에서는 수학 수업에 계산기를 사용한다. 이 시장을 초기에 선점한 TI 계산기는 교육계의 표준이 됐다. 미국의 대학수학능력시험 SAT 시험장에도 TI 계산기를 들고 들어가야 한다. 계산기의 칩을 TI가 만들다 보니 계산기도 만든 셈이다. 칩을 만들거나 설계하는 애플이나 삼성이 PC와 스마트폰을 만드는 것과 같다.

TI가 반도체를 이용해 만든 완구도 있다. 스피크 앤 스펠Speak & Spell이다. 스피크 앤 스펠은 키보드에 단어를 입력하면 음성을 들려준다. TI가 1978년 생산한 음성 합성 반도체를 활용하기 위해 만든 완구다.

스피크 앤 스펠은 영화 〈ET〉에서도 중요한 역할을 한다. 영화 속 ET가 인간, 나아가 자신의 고향과 소통하는 도구로 등장하는 완구가 스피크 앤 스펠이다. 영화와 함께 스피크 앤 스펠은 큰 주목을 받았지만, 최첨단 반도체 생산에 평생을 바쳐온 창이 이런 기기에 쏠리는 주목을 즐길 수 있었을까? 창은 이 완구가 꽤 성공했다고 말했지만, 당시 얼마나 낙담했는지는 여러 강연이나 인터뷰에서 확인할 수 있다.

"나는 황무지에 내던져진 것 같았다."

창은 아무런 미래 계획 없이 무작정 TI를 떠났다. TI 입사 시점에 결혼한 아내와도 이혼했다. 새 출발을 할 이유가 충분했다. 반도체 엔지니어로서 창의 TI 시절 20년은 영광의 순간이었지만 마지막 몇 년은 잊고 싶은 순간이었을 것이다. 창은 글로벌 인스트루먼트라는 회사에 잠시 적을 뒀지만 이내 사직하고 대만 정부의 권유를 받아들여 낯선 땅으로 향했다.

만약 창이 TI의 CEO 자리에 올랐고 대만으로 돌아가지 않았다면 지금 반도체 업계는 어떤 모습일까. 아마도 지금의 파운드리 산업은 존재하지 않을 가능성이 크다. 퀄컴, 엔비디아는 반도체 설계

를 제조해줄 팹을 찾지 못했을 수도 있다. 자금력이 부족한 AMD
는 여전히 팹 투자 금액이 부족해 인텔에 밀려 2류 업체로 전전했
을 수 있다. 애플 실리콘의 모습도 지금과는 달랐을 것이다.

TSMC 인력을 스카우트한 SMIC

"중국은 2나노 반도체도 성공할 수 있다."

중국 파운드리 업체 SMIC는 미국의 규제를 정면 돌파해 7나노
공정을 성공시켰다. 이에 대해 한 반도체 업계 관계자의 예상은 충
격적이다. 대다수 전문가가 7나노도 불가능할 것으로 보았는데 2
나노라니. 이게 가능할까. 시간이 걸릴 것이라는 전제를 달았지만
가능하다는 분석이다. 그는 중국 정부와 공산당의 반도체 산업 육
성을 위한 집착과 막대한 자금 지원, 해외에 산재한 중국계 반도체
인재들에 대한 적극적인 스카우트가 중국 반도체 산업 발전의 밑
거름이 되고 있다고 진단했다.

중국 반도체의 전진을 예상한 건 그만이 아니었다. TSMC 초기
기술 발전을 주도한 '6인의 기사' 중 노광 분야 전문가인 린번젠Lin
Benjian 역시 SMIC가 5나노 공정도 성공할 것이라고 예상했다. 미
국이 중국 수출을 금지한 EUV 노광기 없이 생산하는 7나노 이하
최신 공정 칩의 경제성과 성능은 논외다. 중국이기에 가능한 일이
다. 모리스 창은 대만에 '반도체 방패'를 안겼지만, 중국에는 방패
를 찌를 창을 넘겨주었다. 반도체 인력 이동이 낳은 나비 효과다.

TSMC와 SMIC의 기술개발은 적극적인 인재 영입이 있었기에

가능했다. TSMC에서 SMIC로 이어지는 인력의 계보는 사실상 모리스 창의 과감한 투자에서 비롯됐다. SMIC는 TSMC 인력을 노골적으로 스카우트했다.

ASML의 EUV 노광기가 없어 막대한 비용이 투입된다는 주장은 의미가 없다. 중국은 지금 저렴하게 반도체를 생산하는 것이 목표가 아니다. 대가를 치르더라도 미국이 막으려던 반도체를 생산할 수 있다는 것을 과시하는 게 중요하다. 핵폭탄 개발에 비용이 문제가 아닌 것과 같다.

반도체 파운드리의 삼두마차 중 하나인 미국 인텔이 EUV를 활용한 첫 7나노 공정 모바일 CPU인 '메테오 레이크Meteor Lake'를 발표한 게 2023년 12월이다. 메테오 레이크는 AMD에 밀린 인텔이 심혈을 기울인 '작품'이다. 하지만 SMIC의 7나노 공정으로 생산된 기린 9000S를 사용한 화웨이 메이트60 프로에 뒤처졌다. 비록 많은 희생을 치렀지만 SMIC가 인텔에 앞서 7나노 공정 칩을 생산했다는 것은 분명하다.

반도체 전문가 확보가 TSMC의 성공 요인

모리스 창은 반도체 설계 전문가라고 보기 어렵다. 창은 트랜지스터 시기 반도체 제조 공정 전문가다. 10% 정도이던 IBM 납품용 트랜지스터의 수율을 20%까지 끌어올린 인물이다. 당연히 창은 마이크로프로세서 시대의 반도체 설계와 관련한 특허와는 큰 연관이 없다.

대신 창은 '파운드리'라는 새로운 산업의 미래를 예견했고 인력 확보에 혜안을 발휘했다. 익명을 요구한 한 업계 관계자는 "경영자가 최고의 기술자일 필요는 없지 않은가. 애플의 스티브 잡스나 TSMC의 모리스 창이 최고의 기술자는 아니지만, 경영 능력을 겸비해 최고의 자리에 올랐다"고 설명했다.

창은 인력 확보가 TSMC의 미래라는 것을 직감했다. 그의 주도로 장상이Jian Shangyi, 량멍쑹Liang Mengsong, 쑨위안청Sun Yuancheng, 린번젠, 유진화Yu Zhenhua, 양광레이Yang Guanglei 등 TSMC '6인의 기사'로 불리는 인사들이 속속 TSMC에 합류했다. 이 중에서 량멍쑹, 장상이, 양광레이는 SMIC에서도 일한 적이 있거나 지금도 근무 중이다. 량멍쑹은 현재 SMIC의 CEO이며, 양광레이도 TSMC, SMIC를 거쳐 인텔의 자문으로 옮겼다. 양광레이가 이번에는 인텔의 청부사로 TSMC에 칼날을 겨눌지도 지켜볼 일이다.

창의 인재 영입의 절정은 이들이 아니다. 그가 영입한 첸밍 후Chenming Hu UC 버클리 교수는 지금도 TSMC 석좌교수라는 직함으로 불린다.

후 교수는 미국 반도체 업계에서 '핀펫의 아버지'로 불린다. 핀펫을 통해 100나노 이하 반도체의 등장을 견인한 게 후 교수다. 후 교수가 핀펫 기술을 혼자 개발한 것도 아니다. 그는 일본 기술진들이 시도한 핀펫 기술을 수면 위로 끌어올렸다. 핀펫FinFET이라는

TSMC 6인의 기사들. 왼쪽부터 린번젠, 양광레이, 장상이, 쑨원청, 량멍쑹, 유진화 © Disk Manu
facturer

첸밍 후 교수와 버락 오바마 전 미국 대통령 © UC 버클리 홈페이지

애플 엔비디아 쇼크웨이브

용어도 후 교수가 처음 명칭을 붙였다.

후 교수는 2016년에 핀펫 개발의 성과로 버락 오바마Barack Obama 미국 대통령이 수여하는 국립 기술혁신 메달National Medal of Technology and Innovation도 받았다. 국립 기술혁신 메달은 미국 과학자, 엔지니어, 발명가가 미국 정부로부터 수여받는 최고의 명예다.

국제전기전자기술자협회(이하 IEEE)는 2020년 후 교수에게 명예 훈장Medal of honor을 수여했다. IEEE 명예 훈장은 전기전자 분야 최고의 인재들이 받아왔다. 반도체 분야에서는 윌리엄 쇼클리, 잭 킬비, 고든 무어, 앤디 그로브, 로버트 노이스, 모리스 창이 받았다. 후 교수는 쟁쟁한 반도체 분야의 선구자들과 어깨를 나란히 했다. 핀펫의 아버지가 누구인지 잘 보여주는 대목이다.

후 교수는 미국 국방 고등연구계획DARPA 자금을 지원받아 1999년에 핀펫 프로토타입을 완성했다. 그런데 후 교수는 핀펫 관련 특허를 내지 않았다. 후 교수는 특허를 내지 않은 이유를 이렇게 밝혔다.

"우리는 (핀펫에 대한) 특허를 출원하지 않기로 결정했습니다. 우리는 미래에 핀펫이 반도체 구조의 주류가 되기를 원합니다."●

후 교수는 핀펫 특허를 내지 않았지만 의외의 결정을 내렸다. 그는 2001년 학교에 3년의 휴직을 요청했다. 후 교수가 향한 곳은 TSMC였다. CTO(최고 기술책임자)라는 직함이 후 교수에게 부여됐

● https://www.itweb.co.za/article/calif-engineers-report-chip-breakthrough/o1Jr5MxEZaoqKdWL

다. 후 교수는 그 전에도 1년의 안식년 동안 학교 인근에 있는 반도체 업체인 내셔널 세미컨덕터에서 일한 적이 있지만, 3년이나 휴직하고 대만으로 향한 것은 의외였다.

당시 TSMC에는 이미 장상이라는 거물이 자리 잡고 있었다. TI와 HP 출신인 장상이는 1997년 가족들을 미국에 두고 홀로 대만에 돌아와 TSMC에 입사했다. '파파 장'으로 불리던 그는 연구개발 부사장으로 일하며 TSMC의 기술개발에 앞장섰다. 장은 TSMC 마이크로패터닝 기술을 맡을 쑨원청과 IBM 출신의 노광기술 전문가 린번젠도 영입했다.

장상이와 후 교수는 국립대만대학교 전기공학과 동창이기도 하다. 미국 실리콘밸리를 떠나 대만에서 재회한 두 사람은 경쟁하기보다는 협력하며 TSMC의 쌍두마차로 부상했다.

후 교수의 초빙은 모리스 창이 주도한 것으로 알려졌다. 창은 최고의 인력을 영입하기 위해 각별히 공을 들였다. 삼고초려도 마다하지 않았다고 전해진다. 후 교수가 핀펫을 발표한 1999년에는 UC 버클리 TSMC 석좌교수 타이틀도 안겼다.

후 교수는 CTO로 근무하면서 TSMC에 핀펫 기술을 전수했다. 후 교수가 TSMC에서 일하는 동안 이종호 과학기술정보통신부 장관(당시 원광대학교 교수)은 후 교수팀이 고안한 핀펫 기술의 문제점을 보완한 '벌크 핀펫' 특허를 신청했다.

후 교수가 2009년 학부 강의 자료를 모아 발간한 책《현대 반도체 소자 공학Modern Semiconductor Devices for Integrated Circuits》은 국내

대학에서도 교재로 쓰인다. 이 책 번역자 중 한 명이 이 장관이다. 이 장관은 책의 역자 머리말에서 "후 교수의 전문가다운 설명에서 큰 즐거움을 발견하기 바란다"고 밝혔다.

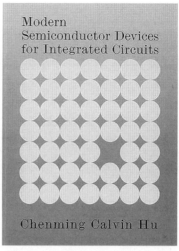

체밍 후 교수의 저서 《현대 반도체 소자 공학》

업계에 따르면 후 교수는 TSMC에 근무할 때 핀펫 기술을 전수하는 데 전력을 다했다고 한다. TSMC는 핀펫의 아버지에게서 직접 핀펫 기술을 확보한 것이다. 창이 핀펫 기술의 등장 직후 수년간 자문 역할을 해왔던 후 교수를 아예 영입했다는 것은 핀펫 기술의 중요성을 파악했음을 보여주는 예다. 2011년 인텔은 반도체 업계 최초로 핀펫을 이용한 공정을 시작했지만, 결국 핀펫 경쟁에서 승리한 것은 TSMC였다.

지금도 젠슨 황, 리사 수 등 중국계 인사들이 반도체 업계를 주름잡고 있지만, 초기 미국 반도체 업계에 중국 인사들이 있었고 이들이 후학에게 영향을 미쳤다. 후 교수도 1960년대 대만에서 대학을 다니던 중 방문교수로 온 프랭크 팡Frank Fang(IBM 왓슨 연구소 연구원)이 "미래에는 반도체에 의해 벽에 걸 수 있는 TV가 등장할 것이다"라고 말한 것을 가슴에 새기고 유학길에 올라 반도체를 연구했다. 그 역시 고향 대만을 위해 핵심 반도체 기술을 후학들에게 전수했다. SMIC 량멍쏭도 '핀펫의 아버지' 후 교수의 제자다.

후 교수는 자신의 영웅으로 모리스 창 TSMC 창업자를 꼽는 것을 주저하지 않는다. 창이 반도체 기술 발전에 대한 확실한 후원자였음을 인정한 것 아닐까.

삼성이 TSMC의 아성을
무너뜨릴 수 있을까

"우리가 (삼성에) 뒤처졌다."

모리스 창(TSMC 창업자)

최고의 거래처를 빼앗긴 삼성의 굴욕

TSMC의 모리스 창 창업자가 삼성에 뒤처졌다고 인정한 적이 있다. TSMC 역사에서 보기 드문 위기였다. 애플 칩을 수주하며 대약진의 발판을 마련한 TSMC에 어떤 일이 있었던 걸까.

2007년 스티브 잡스의 손에서 첫선을 보인 아이폰에 삼성이 절대적 기여를 한 것은 부인할 수 없는 사실이다. 애플은 당시 시장을 주도하던 인텔의 엑스케일Xcale, TI의 오맵Omap이 아닌 삼성 칩을 선택했다.

삼성이 2005년부터 시스템LSI 사업의 일환으로 파운드리 사업에 손을 댄 게 2005년이다. 파운드리는 당시 기준으로 삼성반도체 내에서는 소규모 조직이었다. 그런데도 삼성반도체가 아이폰의 칩을 공급했다는 것은 스마트폰 역사에서 지울 수 없는 중요한 역사다.

애플이 처음 자체 설계한 A4 칩은 삼성 엑시노스 칩 개발을 지원한 인트린시티Intrinsity를 애플이 인수한 후 등장했다. 애플은 앞서 인수한 PA세미PAsemi와 인트린시티까지 품에 안으며 칩 설계를 위한 기반을 마련했다. 애플이 칩을 자체 설계했더라도 제조사를 바꾸는 것은 모험을 감수해야 하는 일이었다. 애플이 설계한 A4도 삼성 파운드리를 사용했다.

아이폰에 들어가는 AP 칩에 대한 애플과 삼성의 관계는 양사의 특허 분쟁 소송과 함께 갈라지기 시작했다. 파운드리 업계 1위를 차지하고서도 애플과 거래가 없던 TSMC에는 절호의 기회였다.

창은 애플을 놓칠 수 없었다. 창은 삼성이 애플 아이폰 칩을 설계해주고 생산까지 하는 것을 못마땅해했다. 삼성은 디지털이큅먼츠코퍼레이션DEC의 알파 칩 생산을 통해 축적한 기술력으로 AP 개발을 해왔다. 삼성은 자체 반도체 생산시설을 활용해 파운드리 사업에까지 손을 뻗었다. 파운드리라는 산업을 만든 창은 삼성이 급부상하는 것이 불편했다.

창은 애플이 원하는 것이 무엇인지 정확히 알고 있었다. 바로 애플의 지식재산권에 대한 철저한 보호였다. 애플은 TSMC가 약속한 지식재산권 보호에 대해 철저히 확인했다. TSMC에서 일하는 직원, 협력사, 고객은 모두 정보 비공개 협약을 맺어야 한다. 해킹을 통한 반도체 디자인 유출을 방지하기 위해 TSMC의 모든 팹Fab 사이에는 강력한 파이어월(firewall, 방화벽)이 있다.

복사나 인쇄를 통해 반도체 디자인 정보가 유출되는 것을 막기 위해 일부 프린터는 금속 성분을 포함한 용지를 사용했다. 인쇄한 정보를 외부로 반출하면 금속탐지기가 적발해낼 수 있기 때문이다. 서스턴은 〈포천Fortune〉과의 인터뷰에서 "우리는 애플이 요구하지 않은 수준까지 보안을 강화했다"고 설명했다.

TSMC는 수많은 고객이 의뢰한 반도체 설계를 칩으로 구현한다. 서로 다른 기업의 반도체 디자인을 다루는 만큼 보안이 필수다. TSMC는 애플을 고객으로 확보하기 위해 애플이 원하는 수준 이상의 보안과 파이어월을 가동했다.

3년여에 걸친 검증과 시제품 생산을 통해 애플과 TSMC는 서로를 확인했다. 그리고 2013년, 애플은 TSMC에 아이폰용 A 시리즈 칩 생산 주문을 했다. A8 칩은 TSMC가 만든 첫 애플 실리콘이라는 의미가 있다. A8은 2014년 등장한 아이폰6의 힘의 원천이 됐다.

A8은 20나노 공정에서 제조됐다. TSMC가 급부상하면서 애플 칩 수주를 위한 삼성과의 미세공정 경쟁도 본격화했다.

삼성 vs TSMC, 최후의 대결 된 아이폰6s

2015년, 애플은 아이폰6s에 삼성과 TSMC의 칩을 모두 사용하는 특이한 시도를 했다. 두 회사의 공정을 저울질해보는 것이라는 추측까지 등장할 만큼 특이한 시도였다. 어찌 보면 애플이 TSMC를 선택하기 위한 마지막 관문이었다. 삼성과 TSMC가 정면으로 대결한 'OK 목장의 결투'였다.

결투가 벌어지기 전까지는 TSMC가 수세에 몰리는 상황이었다. 2015년은 TSMC에 위기였다. 삼성이 TSMC보다 앞서 14나노 공정을 시작했기 때문이다. 삼성이라는 '먹구름'이 TSMC에 드리웠다.

2015년 1월 TSMC는 미세공정 경쟁에서 삼성에 뒤처졌다는 것을 인정했다. 애널리스트들은 실적 발표회에서 집요하게 창을 물고 늘어졌다. 창은 "우리가 약간이지만 (삼성에) 뒤처졌다"고 말했다. TSMC가 삼성에 추월당했다고 인정하자 반도체 업계는 물론 투자업계도 소동이 벌어졌다. 창의 고백 이후 투자 은행들은 TSMC 목표주가를 낮추고 매도 의견을 제시했다. 크레디트 스위스는 5년 이상 긍정적으로 평가했던 TSMC에 대해 처음 비관론을 제시했다.

TSMC와 대만 언론들은 삼성의 약진이 변절자에 의해 만들어진 것이라는 비난을 퍼부었다. 그들이 지목한 변절자는 량멍쑹이었다. 그는 자신의 특기인 3D 핀펫 기술로 제대로 TSMC에 타격을 입혔다. 삼성은 28나노 공정 이후 발목을 잡아 온 정체된 상황에서 벗어나 14나노 공정까지 단숨에 질주했다.

TSMC는 량멍쑹이 약속을 어기고 삼성에서 맹활약하자 대만에서 취업 금지 소송을 제기했고 승소하기도 했다. 그러나 TSMC는 삼성을 상대로는 소송하지 않았다. TSMC는 앞서 중국의 파운드리 업체 SMIC가 자사의 기술을 그대로 베낀 것을 확인한 후 미국에서 소송을 제기해 2억 달러의 배상금과 10%의 지분을 챙긴 적이 있다. 이후 SMIC는 TSMC의 적수가 되지 못했다.

TSMC는 삼성을 상대로 한 소송은 쉽지 않다는 점을 알고 있었다. SMIC와 비교해 삼성은 반도체 업계의 거물이었다. 함부로 소송에 나섰다가 상황이 더욱 꼬일 수 있다고 판단했다. 당시 TSMC의 법률 고문이었던 실비아 팡Sylvia Fang은 "항상 준비하더라도 성급하게 행동에 나설 수는 없다"고 에둘러 말했다.

아이폰6s에 삼성과 TSMC에서 만든 칩이 무작위로 사용됐다는 사실은 제품 출시 이후에야 알려졌다. 삼성은 14나노, TSMC는 16나노 공정에서 칩을 제조했다. 소비자들은 칩의 성능 비교 결과에 주목했다. 애플 역시 마찬가지였을 것이다.

TSMC 칩이 삼성 칩과 대등하거나 소폭이나마 우위에 있다는 결과가 나오기 시작했다. 공정이 더 미세한 삼성의 칩이 더 좋은 결과를 얻는 게 정상적인 상황이지만 그렇지 않았다. 예상과 다른 결과였다. 삼성 칩이 TSMC 칩을 성능에서 앞설 것이라는 애초의 전망은 사라졌다. 애플과 삼성 사이에 끼어든 대만 TSMC는 결국 대어를 낚았다.

A9 칩은 삼성이 제조한 마지막 애플 반도체다. TSMC는 이제 애플의 반도체를 전량 생산한다. 애플이 모든 물량을 TSMC에 몰아줬기 때문이다. 생산하는 칩의 범위도 늘어났다. 아이폰, 아이패

드는 물론 에어팟, 맥북 등 애플이 자체 설계한 모든 반도체의 설계도가 TSMC로 향했다. 협력 초기 TSMC 매출에서 약 8% 선이던 애플의 비중은 어느덧 23%로 치솟았다.

애플과 TSMC의 무서운 협공은 영원할까. 역공은 시작됐다. 삼성은 자체 설계한 칩 '엑시노스'를 갤럭시 S23에서 배제했다. 큰 상처만 남긴 엑시노스를 위한 자비는 없었다. 자식도 버린 삼성의 결연한 의지가 엿보인다. 증권가는 삼성이 시장 점유율 유지를 위해 반도체 감산에 나서지 않는 데 주목했지만, 삼성이 자체 설계 칩을 전략 스마트폰에 쓰지 않은 것도 감산 못지않은 도전이었다.

삼성은 절치부심 끝에 오랜 우군인 미국 반도체 업체 퀄컴과 팀을 짰다. 타도 애플을 위한 전략이다. 퀄컴이 삼성 파운드리 대신 TSMC로 거래처를 바꿨음에도 삼성의 선택은 퀄컴이었다. 삼성도 퀄컴만을 믿지는 않았다. 삼성이 절치부심하고 준비한 온디바이스 AI 스마트폰 갤럭시 S24에는 엑시노스 2400 칩이 다시 사용됐다. 삼성의 칩이 아직 애플, 퀄컴의 성능에 미치지는 못하지만 자체 칩을 가지고 있다는 것이 어떤 의미인지는 애플이 남긴 교훈을 보면 알 수 있다.

이제 공은 애플로 넘어왔다. 수비해야 하는 애플-TSMC 진영이 삼성-퀄컴 진영과의 격차를 유지하려면 진화가 필요하다. 자칫 주춤하다가는 삼성-퀄컴의 추월을 허용할 수도 있다. 인텔도 이대로 밀려날 수 없다. 과거 반도체 시장의 역사가 이를 입증한다. 영원한 승자는 없다.

TSMC를 위협하는 중국, SMIC와 화웨이

> "2021년 9월 25일, 멍완저우가 중국으로 돌아왔다.
> 2023년 9월 25일, 화웨이는 신제품 발표회를 연다.
> 화웨이는 2년 만에 다시 돌아왔다."
>
> **후시진**(전 〈글로벌타임스〉 편집장)

TSMC의 배신자 량멍쑹, 미국을 뒤흔들다

2023년 8월, 미국의 반도체 수출 규제 대상이 된 중국 화웨이 Huawei가 7나노 공정으로 생산한 SoC와 5세대 통신5G 칩을 사용한 스마트폰 '메이트60 프로'를 선보였다.

화웨이는 애플이 TSMC에서 생산한 최초의 3나노 공정 칩을 사용한 아이폰15 출시에 앞서 선수를 쳤다. 미국이 발칵 뒤집힐 정도의 사건이었다. 중국은 이런 상황을 즐기고 있다. 지나 러몬도Gina Raimondo 미 상무부 장관의 방중에 맞춰 등장한 메이트60 프로는 중국 반도체 산업의 힘을 미국에 과시하기 위한 히든카드였다. 메이트60 프로의 등장에 힘입어 화웨이는 중국 스마트폰 시장에서 부활했다.

시장조사 업체 카운터포인트리서치의 조사에 따르면 화웨이는 2024년 첫 2주 동안 중국 내 스마트폰 판매량 1위에 올랐다. 미국의 반도체 제재로 인해 추락했던 상황을 반전시킨 것이다. 화웨이는 2023년 4분기에도 중국 스마트폰 시장 내 점유율 13.9%를 기록했다. 전체 4위의 기록이다. 화웨이의 상승세가 이어지고 있음을 통계가 보여준다.

메이트60 프로는 중국의 자신감을 한껏 끌어올렸다. 중국 정부는 공무원과 국유기업 직원들에게 업무상 아이폰을 사용하지 말라는 지침을 내리고 있다고 한다. 이 여파로 애플은 물론 TSMC의 주가는 흔들릴 정도였다.

시계를 되돌려 2015년으로 가보자. 당시 삼성이 TSMC를 추월하고 14나노 공정을 시작해, 전 세계 반도체 업계를 놀라게 한 일이 있었다.

이 두 사건의 이면에도 반도체 업계의 풍운아가 자리 잡고 있다. TSMC 출신인 량멍쏭 중국 SMIC CEO다.

량멍쏭은 한국에서는 양몽송이라는 이름으로 활동했다. TSMC에서 삼성으로 이적해 부사장까지 지낸 인물이다. TSMC 내부 권력다툼에서 밀려난 량멍쏭은 아내의 나라 기업인 삼성으로 향했다.

량멍쏭은 삼성으로 이적해 모리스 창을 좌절시켰던 인물이지만, 어쩌면 창이 량멍쏭에게 빚을 진 것일 수도 있다. 창이 TSMC를 지금의 위상으로 만드는 데 량멍쑹이 큰 역할을 한 것도 분명한 사실이다.

량멍쑹은 앞에서 이야기한 후 교수의 제자다. 1984년 량멍쑹의 박사 논문을 지도한 게 첸밍 후 교수다. 후 교수와 량멍쑹의 이름이 함께 올라간 특허도 많이 있다. UC 버클리에서 인연을 맺은 두 사람의 관계는 TSMC로 이어졌다. 후 교수가 TSMC CTO였던 당시 량멍쑹은 구리를 이용한 130나노 공정을 개발해 세계를 놀라게 했다.

TSMC 6인의 기사 중 한 명인 양광레이는 량멍쑹에 대해 "삼성에서 일하든 SMIC에서 일하든 온 마음과 영혼을 바쳐 일에 전념했다"고 말했다. 이러한 집념 덕분에 미국의 압박 속에서도 량멍쑹이 합류한 SMIC가 자체적으로 7나노 공정에 성공했을 것임을 미루어 짐작할 수 있다.

반도체 집적화에 집착한 량멍쑹

반도체 생태계에서 혁명가 수준의 천재들은 한 기업에서만 머물지 않았다. 최초의 트랜지스터가 탄생한 벨 연구소를 나온 '8인의 배신자'가 페어차일드를 세웠고, 페어차일드는 다시 인텔과 AMD를 탄생시켰다.

애플 실리콘의 '캡틴' 조니 스루지도 IBM과 인텔 출신이다. 최근 삼성의 투자를 받은 텐스토렌트의 짐 켈러의 이력서는 화려하기 그지없다. 그는 DEC, 브로드컴, PA세미, 애플, AMD, 인텔, 테슬라를 거치며 수십 년째 반도체 업계의 풍운아로 명성을 얻고 있다. TI 출신인 모리스 창 TSMC 창업자도 미국에서 확보한 기술력과 인맥을 총동원해 TSMC를 탄생시켰다. 창은 TI에서 반도체 전문가로 우뚝 섰지만 정말 그럴까. 반도체 업계에서 TI의 위상은 1970년대 중반 이후 급변했다. 창이 주력했던 게르마늄 트랜지스터와 TTL은 반도체 시장의 주연에서 조연으로 밀려났다.

집적회로 시대에 등장한 새로운 칩이 세상을 지배하기 시작했다. 인텔이 1971년 4004, 1974년 8080, 1976년 8086 마이크로프로세서를 내놓으며 새로운 시대를 열었지만, TI는 제자리걸음에 그쳤다. 반도체 사업의 흐름이 꺾이면서 창도 TI에서 계산기와 완구를 생산하는 한직으로 밀려났다. 이러한 사정을 고려했을 때 창을 마이크로프로세서 시대의 전문가라고 부를 수는 없다. 그런 그가 미국 반도체 업계에서 밀려난 것도 당연할 수 있다. 창의 혁신성은 팹리스의 성장을 내다보고 파운드리라는 신산업을 만들어낸 혜안에 있을 것이다.

그렇다면 TSMC의 기술 기반은 누가 닦은 것일까. 2003년 TSMC가 IBM을 제치고 130나노 공정에서 업계 선두로 치고 나갈 수 있었던 데서 힌트를 찾을 수 있다. 바로 량멍쑹이다. 량멍쑹과 TSMC는 IBM이 기술을 제공하겠다고 제안한 것을 거절하고 자체 개발에 성공했다.

IBM에서 알루미늄을 대체한 반도체 구리 배선 공정을 발전시킨 이는 리사 수 AMD CEO다. 수가 만든 반도체 공정에 날개를 단 건 량멍쑹을 보유한 TSMC였다. 팹에 집착하던 AMD가 지금은 수가 만든 구리 공정을 발전시킨 TSMC에 칩 제조를 맡기고 있다는 것도 반도체 산업 변화의 흐름을 보여주는 예로 볼 수 있다.

량멍쏭은 창의 낙점을 받지 못하고 TSMC 경영자 경쟁에서 밀려난 후에는 삼성으로 넘어와 2015년 세계 최초로 14나노 반도체 공정을 성공시켰다. 량멍쏭은 2017년에는 중국 SMIC로 향했다. 그는 그곳에서 자신에게 반도체를 알려준 미국에 제대로 된 경고장을 날렸다.

그에 대해 〈월스트리트 저널〉은 다음과 같이 말했다.

"그는 마법의 손길을 지닌 칩 마법사다. 부실한 사람들도 챔피언으로 만들 수 있다. 고집이 세서 갈등을 일으키고 다시 (반도체 업계에서) 자유계약 선수FA가 되곤 한다."•

량멍쏭은 미국의 규제에 발맞춰 중국 반도체에 사형선고를 내리려던 TSMC와 창에도 진정한 도전장을 던졌다. TSMC 법률 고문을 지낸 리처드 서스턴Rechard Thurston은 WSJ과의 인터뷰에서 "그는 매우 재능 있는 과학자이자 엔지니어였다. 기억력이 뛰어나고 체계적이었다"라고 설명했다.

SMIC, 미국 규제의 빈틈을 찾아내다
화웨이가 애플도 어려움을 겪는 5G 통신용 칩을 개발하고 EUV

• https://www.wsj.com/articles/a-70-year-old-taiwanese-chip-wizard-is-driving-chinas-tech-ambitions-11659956404

장비가 없이도 7나노급 반도체를 생산한 배경을 살펴보자. 량명쑹은 반도체 업계에 투신한 이후 미세공정 진화에 매진해왔다. 모리스 창과 TSMC는 한때 태양광 발전 등에 한눈을 팔기도 하며 량명쑹과 갈등했다.

화웨이와 SMIC는 량명쑹의 손을 들어줬고 결국 일을 냈다. 한때 SMIC 주주들도 량명쑹에게 반발했지만, 반란은 성공하지 못했다. 량명쑹이 SMIC에서 밀려났다는 보도는 사실이 아닌 것으로 드러났다. 만약 량명쑹이 CEO에서 물러났다면 화웨이가 메이트60 프로를 선보일 수 있었을 것이라고 생각하기 어렵다.

메이트60 프로에 들어간 칩 '기린 9000S'는 화웨이의 반도체 설계 자회사인 하이실리콘Hisilicon이 설계하고 파운드리 업체인 SMIC가 생산을 맡았다. 당초 계획은 TSMC 생산이었다. 미국 국적도 있는 창은 미국의 대중 반도체 규제에 부응했다. 화웨이가 미국의 대중국 5G 칩 수출 규제를 뚫고 초고속 5G 통신이 가능한 전화기를 선보이려면 자체 설계 외에는 방법이 없다. 메이트60 프로의 배터리 사용 시간을 늘리고 성능을 높이려면 10나노 이하 공정이 필요했다.

7나노 공정은 통상 10나노 공정의 연장선으로 여겨진다. 당연히 미세한 회로 선폭을 웨이퍼에 그릴 수 있는 네덜란드 ASML의 EUV 노광기가 필요하다. 네덜란드 ASML은 10나노 이하 반도체 생산에 필수적인 EUV 장비를 독점적으로 공급하는 업체다. 미국은 중국이 14나노 이하 반도체를 생산하는 것을 막겠다면서 ASML

의 EUV 장비 수출을 규제했다.

그런데 SMIC가 7나노 공정 칩을 생산했다는 신호는 이미 포착됐다. 2022년 7월 SMIC가 가상화폐 채굴에 쓰이는 칩을 7나노 공정으로 생산했다는 캐나다 분석기관 테크인사이츠의 분석이 나왔다. 당시에도 미국에서 우려가 나왔지만 기린 9000S가 메이트60 프로에 사용되면서 우려는 현실이 됐다.

반도체 분석기관 세미애널리틱스의 딜런 파텔Dylan Patel 창업자는 중국이 보유한 장비로도 7나노 이하 제품을 생산할 수 있다고 진단했다. 구형 심자외선DUV 노광기로 여러 번 작업하면 7나노급 반도체 회로를 그릴 수 있기 때문이다. TSMC도 활용하는 '멀티패터닝' 기술이다. SMIC는 과거 TSMC가 했던 것처럼 노광 작업을 4번 이상 시행해 7나노급 공정을 성사시킬 수 있었던 것으로 파악된다.

중국은 DUV를 집중적으로 사들였다. 화웨이와 SMIC는 중고 DUV 장비도 사들였다고 한다. 사우스차이나모닝포스트SCMP에 따르면 2023년 1~7월 사이 중국은 ASML의 DUV 장비를 25억 달러어치나 수입했다. 전해 같은 기간보다 약 65%나 급증한 규모다. 이쯤 되면 사재기라고 해도 무방하다. 중국 기업들이 DUV 장비를 끌어모은 데는 그만한 이유가 있었다.

미국의 규제는 ASML과 일본 도쿄일렉트론이 생산한 새 장비에만 미쳤다. 중고 장비는 규제에서 빠져 있었다. ASML은 DUV 장비가 연말까지만 중국에 인도될 것이라고 밝혔지만 소 잃고 외양

간 고치는 격이다. 이미 중국이 충분한 규모의 DUV를 확보한 뒤라 규제의 실효성이 떨어진다. ASML이 기존 장비에 대한 ASML의 애프터 서비스를 규제했다면 상황이 달라질 수도 있었지만, 이역시 공염불이었다.

미국이 강력한 규제에도 발전한 중국 반도체에 놀랐다고 하지만 이쯤 되면 미국의 오판이었다는 것을 알 수 있다. 이 정도면 될 거라는 규제는 중국에 통하지 않았다. 한 반도체 전문가의 집착이 미국을 뒤흔든 셈이다.

화웨이의 비장의 무기, '칩의 여신' 황첸첸

"우리에게는 칩의 여신이 있다."

미국과 중국의 반도체 경쟁이 점입가경이다. 화웨이는 전격적으로 7나노 반도체를 사용한 메이트60 프로를 공개한 데 이어 이번에는 대대적인 신제품 발표회를 예고했다. 발표회는 9월 25일이었다. 이날은 런정페이任正非 화웨이 창업자의 딸 멍완저우孟晚舟가 미국의 규제로 캐나다에 억류됐다가 귀국한 날이다. 멍완저우의 귀국 2년이 되는 날 화웨이는 미국을 상대로 역습을 예고했다.

화웨이의 발표회는 애플의 아이폰15 발표회에 앞서 예고됐다. 미국과 중국을 대표하는 핵심 IT 기업인 애플과 화웨이의 경쟁이지만 반도체 경쟁이기도 하다. 미국과 TSMC에 맞서는 중국의 도

전이다.

화웨이의 발표회에 대해 중국 정부와 공산당의 입장을 전달하는 관영 〈글로벌타임스Global Times〉의 편집장을 지낸 후시진胡錫進은 멍완저우의 귀환과 화웨이의 스마트폰 시장 복귀를 교묘하게 연결했다. 후시진은 멍완저우가 돌아온 지 2년 만에 화웨이도 다시 돌아왔다고 힘주어 강조했다. 후시진의 관심은 이번 사안이 기업 간의 경쟁에만 그치지 않음을 시사한다. 미국과 중국의 자존심이 걸린 문제다.

화웨이의 반격 배경에 량멍쑹 SMIC CEO만 있다고 볼 수 없다. 막대한 자금을 연구개발에 쏟아부어 미국의 압박에 도전하려는 런정페이와 멍완저우의 의지를 무시할 수 없다는 분석이다. 2020년 화웨이의 연구개발 투자비는 약 30조 원에 달하는 것으로 알려졌다.

량멍쑹이 미세화 공정을 통해 중국 반도체 성장에 기여했다면 화웨이는 자회사 하이실리콘의 설계 능력을 키워 반격을 도모한 것으로 추정된다.

하이실리콘의 역량을 키운 것은 누구일까. 꼭 누구라고 규정할 수는 없지만 최근 중국의 동향은 한 명에게 쏠린다. 중국은 공산주의 국가라서 선전에 능하다. 선전에는 대상이 필요한데, 중국이 지닌 비장의 무기가 있다. 이름하여 '반도체 여신Chip Goddess'이다. 주인공은 황첸첸Huang Qainqain 베이징대학교 지도교수다.

런정페이 화웨이 회장은 황첸첸에 대해 이렇게 말했다고 중국 언론과 네티즌들은 전한다.

"황첸첸은 화웨이 칩의 빛이다."

30대 초반인 황첸첸은 중국이 젊은 반도체 전문가로 선전하는 인물이다. 17세에 베이징대학교에 입학해 해외 유학 없이 최고의 반도체 전문가로 성장했다고 한다. 그가 보유한 특허도 상당하다. 2019년에는 전기전자공학자협회Institute of Electrical and Electronics Engineers가 선정한 얼리 커리어early career 상을 받았다.

중국 언론들은 황첸첸이 해외 유학 경험 없이 자국 내에서 반도체 산업 발전에 기여하고 있음을 강조한다. 반도체 기술 자립을 강조하려는 의도로 보이지만, 이를 곧이곧대로 믿을 수는 없다. 중국 특유의 과장법도 고려해야 할 것이다. 애국심과 경쟁력을 강조하기 위한 선전일 수도 있다.

정확한 것은 알 수 없지만 황첸첸은 화웨이 자회사인 하이실리콘에 첨단 칩 스태킹 기술을 전수한 것으로 전해진다. TSMC가 패키징 기술을 통해 경쟁자들의 추격을 따돌리고 있는 것을 의식한 행보로 풀이된다.

막대한 투자와 인력풀을 가동해
재기를 노리는 중국

런정페이 회장은 메이트60 프로 발표 후 홈페이지에 올린 글에서 첨단 기술과 전문 분야 인재의 중요성을 거론했다.

"화웨이는 달러가 아니라 인재를 비축한다. 최종적인 목표는 스스로의 인재 풀을 갖추는 것이다. 우리는 인재가 성장할 수 있는 토양을 창조해야 하며 고급 전문가들에게 자유를 주고 에너지를 발산할 수 있도록 해야 한다."

런정페이의 자신감은 주가로도 이어진다. 7나노 칩 이슈가 불거지면서 SMIC 주가는 부진에서 벗어나 상승을 모색했다. 메이트60 프로 등장 후 서방 진영 반도체 업체의 주가가 부진했던 것과 대비된다.

아이폰15 프로에 들어간 3나노급 애플 'A17 프로(애플은 A17에서 바이오닉이라는 이름을 프로로 변경했다)' 칩과 메이트60 프로의 7나노급 '기린 9000S' 칩 간의 벤치마크 결과는 애플의 압승이나 다름없었다.

중국이 개발한 7나노 칩의 성능은 2018년 7나노 공정으로 생산된 첫 AP인 애플 A12 바이오닉 칩 수준이다. 상당한 성능 격차에도 아이폰15와 메이트60 프로 출시를 둘러싸고 불거진 갈등과 논란은 향후 반도체 업계에 상당한 후폭풍이 일 것임을 예상하게 한다. AP는 미국이 앞섰지만 최소한 5G 칩 분야에서는 화웨이가 애플을 앞섰다.

중국 정부가 공무원과 국유기업 직원들의 아이폰 사용을 규제하기로 했다는 미국발 보도가 있고 난 뒤 발끈한 미국 백악관이 추가 규제의 목소리를 내자, 중국 외교부는 아이폰 사용 규제는 금시초문이라는 공식 입장을 내놓기까지 했다. 중국 측은 중국의 아이폰 규제 방침을 전한 미국 언론의 보도가 가짜뉴스라고 주장한다. 누구의 말이 맞는지는 알 수 없지만, 기술이 아닌 수 싸움에서 미국이 중국의 전략에 말려들고 있는 것은 부인하기 어렵다.

반도체 산업에서 장비의 중요성은 두말하면 잔소리다. 초기 반도체 업체들이 자체적으로 장비를 만들었다면 이제는 전문 분야의 기업들이 파운드리나 종합반도체 업체를 지원 사격한다. 미국의 어플라이드 머티리얼즈, 램리서치, 일본의 도쿄일렉트론과 캐논, 네덜란드의 ASML 등이 대표적인 장비 거인이다. 장비 업체들은 서방 진영이 중국에 쓸 수 있는 '무기'다. 중국의 성장을 견제하려면 중국 수출 금지령을 내리면 된다.

아무리 장비가 중요하다 해도 사람의 중요성을 앞설 수는 없다. 기계도 사람이 만들고, 반도체 최종 결과물을 완성하는 것도 사람이다. 엔지니어의 이동이나 연구개발을 원천 차단하지 않는다면 중국 반도체 굴기를 무조건 제한하기는 어렵다는 의견이 나오는 이유다.

량멍쑹 SMIC CEO의 예도 그렇다. 미국은 자국 기업이 중국에 투자하는 것은 규제했지만 대만인이 중국 반도체 분야에서 일하는 것까지는 규제하지 않았다. 황첸첸의 경우처럼 중국이 스스로 인력을 육성하는 것도 막을 수 없다.

중국이 믿는 것은 막대한 투자와 인력풀이다. 화웨이가 매년 연구개발에 사용하는 막대한 자금을 반도체 분야에 사용하면서 역습에 나선다면 다소간의 시간이 필요하겠지만 미국이 지금의 지위를 고수하는 것도 쉽지 않을 수 있다. 첨단 반도체 생산의 필수 조건인 네덜란드 ASML의 노광기 대중 수출을 틀어막으면 중국이 자체 개발을 시도할 것이라는 게 업계의 관측이다.

젠슨 황 엔비디아 CEO도 중국에 대한 반도체 수출 규제가 오히려 자체 개발 독려로 이어져 중국 반도체 산업의 수준을 키울 수 있다는 경고를 한 적이 있다. 오히려 수출 규제로 중국이라는 중요한 거래처를 잃어버린 미국 기업이 피해를 입을 것이라는 게 황의 우려였다. 마치 한국에 대한 일본의 반도체 재료 수출 규제가 우리 정부와 기업의 반도체 관련 산업 육성을 자극한 것과 같은 일이 벌어질 수 있다.

중국계 인사들이 반도체 분야에 대거 포진하고 있다는 점도 무시할 수 없다. 과거에는 TSMC가 미국에서 공부한 중국계 반도체 인사들의 덕을 봤지만 향후에는 중국이 중국계 인재들을 스펀지처럼 빨아들일 수 있다.

'메이드 인 아메리카' 칩 삼국지,
그리고 트럼프

절체절명의 위기를 맞은 반도체 업계의 공식

미국의 칩 설계와 대만의 칩 생산이라는 반도체 업계의 공식은 2024년 절체절명의 위기를 맞고 있다. 도널드 트럼프 전 미국 대통령이 다시 권좌에 오르는 순간 TSMC에 대한 대대적인 공격이 예상된다. TSMC에 대한 트럼프의 공격이 현실화하면 코로나19로 인한 반도체 공급망의 대혼선을 넘어서는 카오스가 벌어질 수 있다는 우려가 나온다.

2024년 대선을 앞두고 트럼프의 공격 대상은 중국이 아니다. 바이든 정부와 밀착했던 대만이다. 대만 경제를 좌지우지하는

TSMC는 첫 번째 공격 목표다.

트럼프는 대만을 거론하면서 "미국의 반도체 산업을 대만이 무너뜨렸다. 예전에는 우리가 모든 칩을 직접 만들었지만, 지금은 90%가 대만에서 생산된다"고 주장한다. 트럼프는 대중 유세나 경선, 인터뷰를 가리지 않고 이 말을 되풀이한다. 사실 여부는 관계없다. 트럼프 지지자들에게 TSMC는 공공의 적이라는 세뇌 효과가 생긴다. TSMC를 단죄해야 한다는 학습 효과가 남는다.

하지만 우리가 주한미군 방위비 분담금 문제로 트럼프에게 당했던 과거는 트럼프가 재집권했을 때 대만과 TSMC에 어떤 영향이 미칠지를 보여주는 거울이다. 지금의 발언은 선거용이고 협상 전술이다.

2019년 외교부를 출입하며 지켜본 한미 방위비 협정 협상에서 트럼프가 벌였던 술수들이 대만에서도 재현될 것이 분명하다. 한국이 겪어야 했던 혼란을 지켜본 대만 언론이 트럼프의 주장에 반박하는 것도 당연하다. 대만 〈디지타임스DigiTimes〉 발행인 콜리 황Colley Hwang은 "트럼프는 농담하지 마라. 대만과 한국이 얻어낸 것이다"라는 제목의 칼럼을 통해 대만은 위엄과 미덕, 자신감을 바탕으로 역사적 선례에 기반해 입지를 정당화해야 한다고 주장했다.●

TSMC에 이어 대만 2위 파운드리 기업인 UMC의 잭슨 후Jackson

● https://www.digitimes.com/news/a20230728VL201/semiconductor-south-korea-taiwan.html

Hu 전 CEO는 "트럼프는 반도체 산업에 대해 완전히 무지하다"고 일갈한다. 그는 대만이 파운드리 투자를 책임지면서 (미국) 고객이 스스로 자본 부담을 짊어질 필요가 없게 됐다고 주장했다. 트럼프는 이런 반응에 미동조차 하지 않는 인물이다. 오로지 '마이웨이'다.

반도체 업계의 변화를 파악하고 있다면 트럼프의 말이 거짓임을 쉽게 파악할 수 있다. 인텔이 일본 D램 업체들의 공세에 결국 사업을 포기한 것은 맞지만 이후 탄생한 TSMC가 파운드리라는 사업 모델을 들고나온 것은 미국에게도 이익이었다. 반도체 생산으로 인한 환경오염은 물론 대규모의 생산시설 투자 없이 미국의 팹리스 반도체 업체는 전진을 계속했다. 애플, 엔비디아, AMD, 퀄컴은 TSMC에 생산을 맡긴다. 직접 생산시설에 투자하는 것보다 제조를 의뢰하는 것이 더 저렴하고 재무적 리스크도 적다는 것을 잘 안다.

트럼프의 주장이 사실이라면 TSMC로 인해 미국의 반도체 산업이 몰락했어야 했지만 상황은 정반대다. 미국은 반도체 설계, 제조는 TSMC라는 현대 반도체 산업 모델은 TSMC가 파운드리라는 새로운 산업을 만들면서 생겨났다. 막대한 비용이 드는 반도체 생산을 포기하고 저렴한 아웃소싱을 원한 것은 미국 반도체 업체들이다. TSMC는 트럼프의 임기 말기에도 미국 공장을 추진했고 바이든 정부하에서 250억 달러를 투자해 두 곳의 팹을 세우고 있지만, 여전히 트럼프의 먹잇감이다.

트럼프의 성향과 지지층을 감안하면 그의 전략이 보인다. 미국 제조업의 몰락으로 일자리를 잃은 백인층의 지지를 받는 트럼프는

지지자들이 원하는 말로 재집권을 노린다. 2016년 대선 당시 트럼프는 자동차, 철강, 조선업 몰락으로 쇠락한 '러스트 벨트Rust Belt' 지역을 집중 공략했다. 과거 경제 호황을 누렸던 미국 러스트 벨트 지역은 상당히 광범위하다. 오대호 연안 도시는 물론 뉴욕주 북부, 옛 수도 필라델피아, 워싱턴DC에 인접한 볼티모어 등이 기반 산업 몰락과 함께 가난한 노동자와 노숙자들이 거리를 점령한 도시로 전락했다. 이런 유권자들에게 반도체를 바탕으로 잘살게 된 대만은 트럼프 지지세력 집결을 위한 희생양이 되기에 충분하다. 트럼프는 중국이 대만을 침공해 TSMC가 무너지면 미국이 다시 반도체를 생산할 수 있다는 도박을 하고 있다. TSMC가 차지하는 위상을 고려한다면 대혼란으로 이어질 것이 분명한 일이다.

트럼프의 영향력은 경선을 지나 공화당 대선후보 지명, 대선 운동 시작과 함께 증폭될 수밖에 없다. 트럼프가 TV 인터뷰나 경선 연설에서 대만과 TSMC를 거론하는 것과 공식 대통령 후보로 선거전에서 하는 발언은 영향력이 다르다. 트럼프의 당선 여부와 관계없이 미국 대선이 치러지는 2024년 11월 5일까지는 혼란이 불가피하다. 만약 트럼프가 당선된다면 그가 퇴임하는 2029년 1월까지도 혼란은 이어질 것이다.

트럼프는 TSMC를 지키기 위해 대만을 방어하지 않겠다고 강조한다. 바이든과는 완전히 반대의 주장이다. 트럼프가 처음 대선에 나선 8년 전도 지금 같았다. 트럼프는 2016년 선거운동 당시는 물론 취임 직후 우방부터 때렸다. 한국에는 주한미군 방위비 분담금

대폭 인상을 요구하며 벼랑 끝 협상을 벌였다. 요구 인상 폭이 무려 5배였다. 트럼프는 유럽의 나토 우방국에도 공세를 퍼부었다. 트럼프는 우방국 정상 대신 김정은 북한 국무위원장, 푸틴Vladimir Putin 러시아 대통령, 시진핑習近平 중국 국가주석과 '브로맨스'를 벌였다.

미국은 중국의 대만 침공 가능성을 우려한다. 워런 버핏 버크셔 해서웨이 회장이 TSMC 주식을 매수한 지 3개월여 만에 모두 매각해버리면서 한 말은 미국이 대만을 보는 시각을 대변한다. 버핏은 "TSMC는 세계에서 가장 중요한 기업 중 하나지만, 나는 위치가 마음에 들지 않는다"고 말했다. 이런 인식에 트럼프의 압박이 더해진다면 대만과 TSMC도 영향을 받을 가능성이 크다.

트럼프 캠프 측 인사들도 TSMC에 박하기는 매한가지다. 트럼프 집권 시 유력한 국무부장관 후보인 로버트 오브라이언Robert O'Brien 전 백악관 국가안보 보좌관은 "중국이 대만을 침공한다면 TSMC를 파괴해야 한다"고 말했다. TSMC를 중국에 빼앗기느니 없애버려야 한다는 주장이다.

미국식 제조 환경의 한계 극복이 관건

TSMC는 미국 반도체 산업의 문제를 잘 아는 기업이다. TSMC는 이미 1990년대에 미국 워싱턴주에 반도체 생산시설을 세웠지만 미국식 제조 환경의 한계를 경험한 기억이 남아 있다. 모리스 창

TSMC 창업자가 미국의 반도체 생산 비용이 대만의 50% 이상 비싸다고 주장한 것도 워싱턴주 공장에서의 경험이 담겨 있다. SK하이닉스도 TSMC와 비슷한 시기에 미국 오리건주 유진에 생산시설을 세웠지만 결국 포기했다.[•]

트럼프에게 정권을 넘겨받은 바이든은 TSMC를 미국으로 유인하는 데 주력했다. 그 결과가 애리조나주 피닉스에 세워진 TSMC의 반도체 공장이다. 미국의 강력한 의지를 안 TSMC도 어쩔 수 없는 선택이었다. 친중 대만 야당인 국민당의 비판도 감내해야 했다. TSMC의 공장 설비 반입식에는 바이든은 물론 팀 쿡 애플 CEO, 젠슨 황 엔비디아 CEO, 리사 수 AMD CEO도 참석해 다가올 '메이드 인 아메리카' 칩 시대를 반겼다. 바이든이 백악관에서 최태원 SK그룹 회장 등 한국 재계 인사들을 일으켜 세워 박수를 쳐준 것도 삼성과 SK하이닉스의 투자가 있었기에 가능했다. 바이든은 반도체를 설계하는 기업이 아니라 생산해줄 기업을 원했다. 바이든 정부는 반도체법으로 보조금을 지급하겠다고 했지만, 미국에서 반도체를 생산할 때 발생하는 막대한 기회비용 부담과 인력 문제는 풀기 어려운 숙제다.

미국 언론들도 트럼프의 TSMC 깎아내리기가 위험한 도박이라고 우려한다. 미국 언론가, 전문가들은 트럼프가 TSMC에 대해 관

• https://www.semafor.com/article/03/13/2023/the-us-would-destroy-taiwans-chip-plants-if-china-invades-says-former-trump-official4

세를 부가할 가능성을 경고한다. 트럼프는 앞서 중국산 수입품에 대해 그랬던 것처럼, 대만산 제품에 관세를 부과하겠다고 이미 선언했다. 〈뉴욕타임스〉는 그렇게 되면 오히려 미국에도 혼란을 불러올 수 있다고 경고했다. 〈뉴욕타임스〉는 트럼프가 당선하면 동맹과의 조율을 통해 중국을 압박하던 미국의 정책이 무너지면서 '심판의 날'이 올 것이라고 경고했다.

트럼프 정부에서 미 무역대표부 대표를 지낸 로버트 라이트하이저Robert Lighthizer는 중국산 수입품에 대해서 기본 관세에 더해 보편적 관세를 추가해 부과해야 한다는 주장도 펼쳤다. 그는 심지어 중국에 대한 미국 기업의 투자도 전면 통제해야 한다고 주장했다.

바이든 정부와 달리 속도 조절 없는 맹폭은 중국을 자극할 것이 분명하다. 중국의 희토류 수출 금지를 이에 대한 대응으로 예상해볼 수 있다. 〈뉴욕타임스〉는 미국과 중국의 경제적 총격전은 세계 경제에 큰 피해를 남길 가능성이 크다고 우려했다. 또한 정책 전문가 에드 타노프스키Ed Tarnowski는 "트럼프가 민주당은 중국에 약하다고 하면서 자신이 당선된다면 중국이 미국의 보복 없이 대만을 침공할 수 있도록 눈감아주겠다는 청신호를 공공연히 주고 있다"고 우려했다.

보수 성향의 변호사이자 반 트럼프 비영리단체 '원칙 우선Principles First'의 설립자인 히스 메이요Heath Mayo도 "트럼프가 당선되면 대만은 사라지고 우리 반도체 생산능력의 상당 부분도 사라질 것이다"라고 경고했다.●

이처럼 도널드 트럼프 전 미국 대통령이 미국 대선에 당선될 경우 TSMC에 끼칠 후폭풍과 세계 반도체 시장에 끼칠 지각 변동은 또 다른 변수가 될 것이다. '메이드 인 아메리카' 칩 삼국지인 TSMC·인텔·삼성이 기회비용 부담과 인력 문제라는 미국식 제조 환경의 한계를 극복하는 것도 관건이다.

● https://www.nytimes.com/2023/10/11/opinion/biden-trump-economic-weapons.html;
https://www.newsweek.com/donald-trumps-taiwan-remarks-spark-fury-concern-1862602

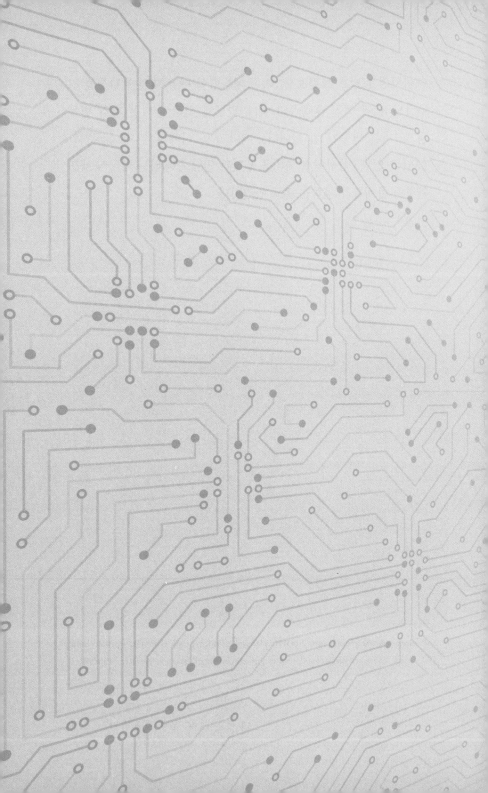

6장

새롭게 도전하는
반도체 강국들

아이폰15와 비슷한 시기에 등장한
구글 스마트폰

"모바일이 우선인 세상에서 AI가 우선인 세상으로 나아갈 것이다."

순다르 피차이(구글 CEO)

애플의 아이폰15 vs 구글의 픽셀8

최신 3나노 칩 'A17 프로'를 경험할 수 있는 애플 아이폰15 프로에 대한 소비자들의 평가는 엇갈린다. 칩 제조공정이 4나노에서 3나노로 진화함에 따라 기대됐던 발열과 성능 개선이 기대 이하라는 평가가 쏟아졌다. 3나노로 진입하면서 배터리 사용 시간이 많이 늘어나고 성능이 대폭 향상될 것이라는 기대는 사라졌다. 전작인 아이폰14 대비 소폭의 성능 향상에 그쳤다.

이 과정에서 애플은 이례적인 행보를 보였다. 애플이 직접 발열 문제에 대해 성명을 발표하고 칩의 문제가 아니라고 밝혔다. 콧대 높은 애플에서는 보기 드문 일이다. 과거 밴드 게이트, 전화가 휘는 이슈를 겪어봤던 애플은 이번 사안이 심상치 않다고 판단하고 과거와는 다른 신속한 대응을 보였다.

발열 문제는 애플이 언급한 대로 iOS 업데이트를 통해 어느 정도 해소됐다는 것이 일반적인 평가다. 물론 여전히 아이폰15 프로는 아이폰14 프로보다 다소 높은 수준의 발열을 보인다는 평도 있지만 대부분 사용자는 사용에 문제가 없다는 의견을 내놓고 있다.

일각에서는 애플이 발열 문제를 해소하기 위해 칩에 성능 제한을 걸 것이라는 예상도 내놨지만, 정작 개선된 버전에서 아이폰은 더 뛰어난 성능을 발휘했다. 삼성이 갤럭시 S22에서 칩에 성능 제한을 걸었던 일은 애플에서는 일어나지 않았다.

이쯤 되면 반도체나 OS 설계상의 이슈라기보다는 최적화의 관점에서 이번 이슈를 바라봐야 한다. 실제로 칩 제작사 TSMC와 밀접한 관계에 있는 애플 전문가 궈밍치 애널리스트는 이번 사안이 TSMC의 잘못이 아니라는 분석을 내놓기도 했다. 다만 3나노 공정으로의 진화가 기대했던 만큼의 성과를 내지 못한 것은 분명하다. 반도체 기업들의 공정 진화를 위한 노력이 급격한 성능 향상으로 이어져 소비자들의 호감을 얻어내기가 쉽지 않아졌다는 뜻이다.

반도체 업계는 5나노, 4나노, 3나노, 2나노로 이어지는 치열한 미세공정 진화에 관심을 두지만 정작 상당수 소비자는 아이폰의 칩 성능보다는 그립감이 좋은지, 카메라 화질이 좋은지, 인스타그램에 올릴 사진이 잘 찍히는지에 더 열중한다.

애플의 아이폰15에 시선이 몰린 사이, 구글도 조용히 최신 스마트폰 '픽셀8'과 '픽셀8 프로'를 선보였다. 애플과 구글의 스마트폰이 비슷한 시기에 등장하면서 여기에 사용된 반도체 기술도 극명하게 대비되고 있다. 국내에서는 구글폰을 찾아보기 어렵지만 미국에서는 '베스트바이' 등 주요 스마트폰 판매처에서 쉽게 구글폰을 만날 수 있다.

구글폰은 안드로이드 스마트폰의 교과서라고 볼 수 있다. 전체 안드로이드 스마트폰 시장을 주도하는 것은 삼성이지만 구글도 '레퍼런스' 스마트폰을 통해 안드로이드 스마트폰의 원형을 제시했다. 바로 '넥서스Nexus'다. 스마트폰 제조사의 입김이 전혀 들어가지 않은 순정 그 자체의 안드로이드 OS를 경험할 수 있었던 전화기였다. 넥서스는 다양한 제조사에서 제조했다. 대만 HTC, 미국 모토로라, 중국 화웨이도 넥서스를 제조했다. 삼성전자, LG전자도 넥서스 생산에 큰 기여를 한 제조사였다.

넥서스 이후 구글은 2016년부터 '픽셀Pixel'이라는 새로운 브랜드로 스마트폰 사업을 하고 있다. 이제 픽셀은 마니아들만이 아닌 일반 소비자를 위한 스마트폰이다. 픽셀의 변화는 2021년 본격화됐다. 구글은 픽셀6에 삼성과 협업해 만든 텐서Tensor 칩을 탑재했다. 이 칩은 삼성의 엑시노스 칩을 활용해 만들어졌다. 삼성의 CPU 설계에 구글이 설계한 NPU가 들어갔다.

당시만 해도 픽셀폰은 사진에만 방점을 찍었다. 2021년 구글이 뉴욕 맨해튼에서 연 첫 오프라인 상점에서 픽셀폰을 사용해볼 수 있었다. 구글은 맨해튼의 관광지로 유명한 '첼시 마켓' 건물을 매입해 사무실로 쓰고 있으며, 첫 구글 스토어도 이곳에 열었다. 이 매장을 장식한 첫 주자가 픽셀6이었다. 구글은 픽셀의 카메라 성능을 강조하는 데 주력했지만 둘러보는 이들이 드물었다.

'미트패킹Meatpacking 구역'이라고 불리는 이 지역에는 애플 스토어도 있다. 세계적으로 애플, 구글, 삼성 스토어가 모인 곳은 이곳이 유일하다. 그중에서도 소비자들이 제일 많이 몰리는 매장은 단연 애플이다.

픽셀6이 첫 텐서 칩을 사용한 후 2년이 지난 2023년 10월, 구글은 픽셀8을 출격시켰다. 픽셀8에는 텐서G3 칩이 담겨 있었다.

논란을 불러일으킨 구글의 신형 칩

구글도 애플, 퀄컴, 삼성이 주도하는 스마트폰 AP 경쟁에 동참하고 있다. 구글의 텐서G3 칩을 사용한 구글 픽셀8은 아이폰15에 비해 20여 일 늦은 2023년 10월 4일 등장했다. 구글은 이 전화기가 AI 기능을 강화한 칩을 사용했다고 홍보했다. 그러나 구글이 야심 차게 선보인 픽셀8의 성과는 기대에 미치지 못했다.

픽셀8에 들어간 '텐서G3' 칩이 중요한 이유는 제조사가 삼성이기 때문이다. 구글 텐서는 삼성의 엑시노스 칩에 기반한다. 칩을 생산한 것도 삼성 파운드리다. 과거 애플이 삼성이 설계하고 생산

구글 픽셀8 ⓒ 구글   구글 텐서G3 칩 ⓒ 구글

한 칩을 아이폰과 아이폰3G, 아이폰3GS에 사용한 것과 같은 상황이다.

기대를 모았던 텐서G3 칩의 성능은 애플, 퀄컴에 비해 크게 뒤처졌다. 2020년 출시된 아이폰12에 사용된 A14 칩 수준이라는 지적이 나온다. 발열 문제로 논란이 됐던 퀄컴 스냅드래곤8 1세대보다 느리다는 비판도 있다. 텐서G3 칩의 발열도 전작인 텐서G2보다는 나아졌지만 여전히 많다. 배터리 성능 역시 논란거리다.

이를 두고 과연 구글의 반도체 설계와 전화기 발열 해소 설계의 문제인지, 삼성의 제조공정이 문제인지 사용자들 간에 갑론을박이 벌어졌다. 칩을 제조한 삼성의 4나노 공정의 수율이 향상된 만큼 이번에는 구글의 문제라는 분석이 더 크다.

더 큰 문제는 구글이 픽셀8에 성능 테스트 앱인 '긱벤치6' 설치를 강제로 막았다는 사실이다. 구글이 앱스토어를 운영하고 있기에 가능한 일이다. 이는 매우 이례적인 일이다. 구글은 왜 이런 결정을 내렸을까. 소비자들은 물론 업계 관계자들도 부진한 성능이 드러나는 것을 원하지 않았기 때문이 아니냐는 추측을 하고 있다.

논란이 확산되자 구글 측은 이렇게 답했다.

"우리는 텐서 개발에 속도나 전통적인 성능을 우선시하지 않았다. 우리는 새로운 모바일 컴퓨팅 경험을 강화하려 했다. 텐서G3 칩은 온디바이스 생성형 AI의 길을 닦을 것이다."

소비자들이 원하는 답은 아니다. 궁색한 변명이었다.

구글의 자신감은 픽셀8과 픽셀8 프로 출시 3개월 뒤인 2023년 12월, 야심 차게 준비한 AI '제미나이'와 함께 회복됐다. 그리고 2024년 시작과 함께 등장한 갤럭시 S24는 구글 AI 부활의 신호탄을 쏘아올렸다.

구글과 삼성의 협력은 대단히 중요하다. 구글과 삼성은 연합전선을 구성해 안드로이드 스마트폰 생태계를 형성했다. 화웨이, 샤오미, 오포 등 중국 스마트폰 기업들이 급격히 성장했지만, 여전히 구글은 안드로이드폰에서 삼성과의 협력을 우선시한다. 구글 픽셀은 칩을 삼성에 의존했고, 삼성은 안드로이드 OS에 의존한다. 이러한 협력관계는 픽셀이 아니라 삼성 갤럭시 S24에서 빛을 발했다. 구글의 제미나이가 처음 적용된 것은 픽셀8 프로지만 소비자들의 시선을 제대로 받은 것은 갤럭시 S24였다. 삼성의 하드웨어와 구글 제미나이의 결합은 '온디바이스 AI 스마트폰'이라는 화려한 막의 장을 열었다.

구글도 삼성의 도움이 필요하다. 사용자가 적은 픽셀8 프로에 온디바이스 AI를 적용해도 변화를 체감할 수 있는 소비자는 극히 한정적이다. 반면 삼성 갤럭시 S24를 통한 온디바이스 AI의 등장은 파급력이 다르다. 강력한 마케팅 능력을 보유한 삼성을 통해 온디바이스 AI 폰의 등장을 홍보하고 많은 이용자를 확보할 수 있기 때문이다. 구글은 제미나이의 전신인 바드에서 오픈AI에 완패한적이 있다. 그러나 제미나이는 삼성의 협력 속에 챗GPT에 대한 도전장을 제대로 내밀 수 있었다.

삼성과 구글의 협력은 또 다른 성과도 냈다. 삼성은 갤럭시 S24 이전에 출시한 갤럭시 S23에도 온디바이스 AI를 적용한다고 발표했다. 칩 성능이 다소 떨어지는 구형 스마트폰도 온디바이스 AI를 지원할 수 있음이 확인됐다. 구글도 처음에는 픽셀8 프로에만 제미나이 나노를 지원한다고 했지만, 삼성이 갤럭시 S23에 제미나이 나노를 지원한다고 발표한 후 뒤늦게 픽셀8에도 제미나이 나노를 적용한다고 발표했다.

이런 흐름은 칩 분야에도 영향을 미칠 수 있다. 애초에 구글은 텐서G4를 삼성이 아닌 TSMC에서 생산하려 했다는 후문이다. 다만 TSMC에서 제때 원하는 수준의 물량을 확보하지 못하자, 텐서G4는 여전히 삼성에서 생산할 것으로 알려졌다. 구글이 텐서G5부터는 TSMC에서 생산할 것이라는 보도도 나왔지만, 현재 구글과 삼성의 협력관계를 감안하면 변화가 있을 여지는 충분하다.

모바일 통신 칩의 절대 강자 퀄컴

통신 사업에 이어 CPU 시장에 진입한 퀄컴

퀄컴은 이동통신용 모뎀 칩의 대표 기업이다. 코드분할 다중접속에서 시작한 퀄컴의 모뎀 칩은 5G 시대에도 굳건하다. CDMA를 세계 최초로 상용화한 한국이 키운 기업이라는 말도 있지만, 퀄컴은 통신을 넘어 반도체 기업으로 우뚝 섰다. 퀄컴의 위상은 세계 반도체 기업 시가총액 순위에서도 확인할 수 있다. 2024년 3월 기준 퀄컴의 시가총액은 인텔보다도 높은 7위에 올라 있다. 애플도 직접 모뎀 칩을 생산하려 하지만 수년간 실패를 거듭하고 퀄컴의 칩을 사용 중일 정도다.

퀄컴은 통신 관련 사업에만 집착하지 않았다. 퀄컴은 통신용 모뎀을 반도체로 만들었고 이후 조금씩 반도체 기업으로 변신했다. 이제는 엄연한 미국의 대표적인 반도체 회사다. 퀄컴은 스마트폰 시대가 열린 후 안드로이드 스마트폰용 AP 시장에서도 선두 업체로 자리매김했다. 삼성이 갤럭시 S23에서 자체 개발한 엑시노스 칩을 배제하고 사용한 것도 퀄컴이 설계한 스냅드래곤8 2세대였다. 여러 경쟁사가 퀄컴에 도전했지만 안드로이드 진영에서 가장 강력한 AP를 꼽는다면 여전히 퀄컴이다.

TI가 스마트폰 시장 초기 가장 널리 쓰였던 오맵Omap 칩 생산을 중단한 후 안드로이드용 AP 시장은 퀄컴, 삼성, 미디어텍이 주도했다. 그중에서도 선두주자는 퀄컴이었다. AP 성능은 물론 통신과의 연동성을 고려하면 퀄컴의 '스냅드래곤'이 우세를 보이는 것은 이상하지 않다. CDMA에 이어 롱 텀 에볼루션LTE, 5G에 이르기까지 통신 모뎀 시장을 주도하는 퀄컴의 위상이 AP 시장에서도 재현되고 있다.

퀄컴은 의외의 분야에서도 강세를 보인다. 바로 GPU 분야다. 스냅드래곤의 그래픽 성능은 경쟁사보다 강세를 보여 왔다. 퀄컴의 최신 스냅드래곤8 3세대는 애플 A17 프로보다도 GPU 성능이 오히려 앞선다는 평가다. 스냅드래곤8 3세대의 GPU 성능이 A17 프로보다 50%가량 앞선다는 성능 평가도 나와 있다. AP의 성능이 CPU와 GPU의 조합을 통해 이뤄진다는 점을 감안하면 퀄컴의 경쟁력이 두드러진다. 퀄컴은 CPU 성능에서도 지속해서 애플을 추격 중이다. 애플이 다소 주춤한 사이 절치부심한 퀄컴은 무서운 속도로 애플을 추격했다. 퀄컴의 발전은 안드로이드 스마트폰이 아이폰과 경쟁하기 위한 가장 큰 무기다.

퀄컴의 칩은 이제 스마트폰만을 목표로 하지 않는다. ARM 기반 PC는 퀄컴의 새로운 공격대상이다. 퀄컴이 인텔과 애플에 내민 또 다른 도전장이다.

애플이 선보인 M1 칩은 적은 전력을 소비하면서도 뛰어난 성능을 발휘해 특히 노트북 PC 시장에서 돌풍을 일으켰다. M1 칩은 M2를 거쳐 M3까지 진화했다. M계열 칩은 PC에 주로 사용되지만 인텔의 x86 설계에 기반을 두지 않는다. ARM의 설계에 바탕을 둔 칩이다. 데스크톱 PC급의 CPU에서는 여전히 인텔 칩의 성능이 우세하지만, 모바일 분야에서는 애플 칩이 위력적이다. 애플은 자체 개발한 칩을 TSMC에 위탁 생산해 칩 단가를 낮춰 비슷한 성능의 인텔 칩을 사용한 노트북 PC와 비교해 가격과 성능에서 우위를 점해 소비자들을 놀라게 했다. 가격 대비 성능에서 뒤처진다는 애플의 오랜 전통이 애플 실리콘의 등장 이후 오히려 애플 PC를 '가성비' 제품으로 둔갑시켰다. 2020년 M1 칩을 내장해 등장하자마자 파란을 일으킨 맥북 에어 노트북은 2024년 M3 맥북 에어가 나오고서야 애플 매장에서 단종됐다. 단일 PC가 4년 가까이 단종 없이 판매됐다는 것은 그만큼 가성비가 뛰어났기 때문이다.

이런 전략을 추종하기에 가장 유리한 기업이 퀄컴이다. 애플의 M 칩도 결국에는 아이폰용 A 칩의 설계에 기반한다. 스냅드래곤 칩 역시 ARM이 기반이다. 애플이 주도하는 맥북 진영과 맞서기 위한 ARM 기반 노트북 PC를 위한 저전력 고성능 칩 개발에 퀄컴이 나서기 위한 조건은 이미 마련된 셈이다.

퀄컴이 최근 선보인 '스냅드래곤X 엘리트' 칩에 시장의 관심이 쏠리는 것도 이런 변화를 반영하기 때문이다. 퀄컴은 노골적으로 애플을 견제하는 행보도 보였다. 이 칩은 애플의 A 칩을 설계한 인력들이 독립해 설립한 누비아의 오라이언Oryon CPU에 의존한다. 퀄컴은 누비아를 인수하며 PC용 칩 시장 진출을 꾀하고 있다.

퀄컴의 공격 대상은 명확하다. 애플 출신 개발자들이 만든 설계를 활용해 PC 시장을 노리고 있지만 애플이 퀄컴의 칩을 사용한 PC를 만들 리가 없다. 당연히 퀄컴의 목표 대상은 인텔 PC다. 인텔의 CPU 대신 퀄컴의 스냅드래곤X 엘리트를 사용한 노트북이나 태블릿 PC의 등장을 기대한다. 2024년이면 이 칩을 사용한 PC를 살 수 있을 전망이다.

2023년 미국 하와이에서 열린 '스냅드래곤 서밋 2023'에서 공개된 영상에서 임지훈 삼성전자 MX 사업부 브랜드마케팅 그룹 상무도 "퀄컴 스냅드래곤X 엘리트는 뛰어난 AI, 5G 성능을 갖춘 만큼 삼성전자도 강한 흥미를 느끼고 있다"고 밝혔다. 퀄컴의 예고대로 퀄컴 스냅드래곤X 엘리트가 훌륭한 성능과 우수한 전성비(전력 대비 성능 비율), 낮은 발열을 보인다면 PC 업계가 이를 마다할 리 없다. 이미 삼성이 스냅드래곤 칩을 사용한 갤럭시 북 프로 360 PC를 선보였던 만큼 신형 칩을 사용한 신제품 등장은 그리 어렵지 않은 일이다. 레노버, MS, 델, HP도 이 칩을 사용한 PC를 선보일 전망이다.

퀄컴 PC의 등장은 인텔, AMD, 애플의 칩을 사용한 PC 시장의 구도가 4자 구도로 변화할 것을 예고한다. 멀리는 세계시장의 변화도 불러올 수 있다.

마침 스냅드래곤X 엘리트의 성능이 애플 M1의 싱글코어 성능 수준까지 나온다는 분석도 나왔다. 멀티코어 성능은 M2 고성능 버전 수준에 육박했다. 비록 애플에서 현역으로 사용 중인 M2와 M3까지의 성능은 아니더라도 어느 정도 대결해볼 수 있는 수준까지는 올라섰다는 뜻이다. 발열만 잡힌다면 인텔 칩이 아니라 애플 맥북과도 성능을 겨뤄볼 수 있다는 기대도 나온다.

여기서 관건은 OS를 틀어쥔 MS의 움직임이다. MS가 ARM 기반 윈도를 사용한 PC를 적극 지원해야 퀄컴의 칩이 PC에서 제대로 된 성능을 발휘할 수 있기 때문이다. 아무리 칩의 성능이 뛰어나도 소프트웨어 측면에서 충분한 지원이 이뤄지지 않는다면 퀄컴 PC, 나아가 ARM 기반 윈도 PC의 발전은 더딜 수밖에 없다. 애플은 자체 칩으로 전환하며 기존 인텔 칩에 기반해 설계된 프로그램들을 활용할 수 있는 방법을 제시해 소비자들의 불만을 최소화했다.

이 문제는 MS가 윈도12를 통해 ARM 기반 칩을 지원하면 해결된다. MS는 2024년 선보일 '윈도12' 운영체제에서 스냅드래곤X 엘리트를 지원할 것으로 예상된다. MS가 제조하는 PC인 서피스도 스냅드래곤X 엘리트 사용이 유력한 상황이다. MS가 움직이기 시작한다면 시장의 흐름은 크게 요동칠 수 있다. 온디바이스 AI가 대세로 부상한 상황에서 MS의 낙점을 받으려면 뛰어난 NPU를 확보해야 한다. 인텔과 퀄컴 중 누가 MS의 낙점을 받을 것인지는 향후 PC 시대의 흐름을 바꿀 수 있는 중요한 포인트다.

애플 역시 퀄컴과 MS의 협공에 대한 대응을 시작했다. 애플의 대응은 M3 칩이다. 애플은 M3 칩을 사용한 맥북 프로에 이어 맥북 에어를 출시했다. 통상 맥북 에어에서 시작해 고가인 프로를 선보이던 것과 정반대다. M3은 아이폰에 사용된 A17 프로 칩에 이어 두 번째로 등장한 소비자용 3나노 기반 칩이다. 애초 2023년 말에는 M3 칩 공개가 2024년으로 미뤄질 것이라는 전망이 지배적이었지만, 애플은 전격적으로 2023년 10월 31일 '할로윈데이'에 '겁나게 빠른Scary Fast'이라는 행사를 통해 이례적으로 M3의 출전을 선언하며 공세를 강화했다. 퀄컴이 애플의 인력을 확보해 경쟁 칩을 만든 상황에서 맞불을 놓겠다는 전략이다. 애플도 M4 칩에서는 AI 기능을 대폭 강화해 이에 대응한다고 한다.

애플과의 갈등에서 승리한 반도체 기업

퀄컴은 애플과 삼성의 치열한 스마트폰 경쟁에서 빼놓을 수 없는 반도체 기업이다.

퀄컴은 1세대 아날로그 이동통신에 이은 2세대 CDMA 시절부터 삼성과 협력해 한국의 디지털 이동통신 전환을 성공시킨 장본인이다. CDMA의 원천 기술을 가진 퀄컴은 한국 이동통신 시장과는 분리해 생각할 수 없는 기업이 됐다. 국내 휴대폰 업체들은 어쩔 수 없이 퀄컴의 칩에 의존해야 했고 퀄컴은 막대한 이익을 거두는 핵심 반도체 업체로 급성장했다. CDMA는 한국을 발판으로 중국에 진출했고 퀄컴은 그야말로 돈방석에 앉았다. 특허를 앞세운 퀄컴에 대항하기는 쉽지 않았다.

삼성전자, LG전자 등 휴대전화 제조업체들은 퀄컴의 모뎀 칩 등을 휴대전화에 사용하면서 로열티를 지불했다. 통상 전화기 값의 5~6.5%가 퀄컴에 로열티 명목으로 지급됐다. 퀄컴의 칩을 사용하지 않으면 더 많은 로열티를 내야 했다. 퀄컴이 CDMA 특허를 보유하고 있기에 가능한 일이었다. 어찌 보면 갑질이지만 휴대전화 제조사들은 갑질을 당할 수밖에 없었다. 로열티 규모가 눈덩이처럼 불어났다. 퀄컴은 국내 기업보다 판매량이 월등히 많은 중국 휴대전화 업체들에는 적은 로열티를 받아 차별 논란이 불거지기도 했다.

퀄컴은 삼성이나 LG의 이탈을 막기 위해 리베이트도 지급했다. 이 사실이 우리 공정거래위원회 조사에서 드러나 1조 원에 이르는 막대한 과징금을 부과받기도 했다.

퀄컴은 애플이나 삼성도 함부로 손을 끊을 수 없는 독특한 위치를 점하고 있다. 퀄컴은 반도체를 넘어 미국 통신기술의 자부심이기도 하다. 도널드 트럼프 전 미국 대통령이 브로드컴의 퀄컴 인수를 승인하지 않은 것도 퀄컴의 연구개발 투자가 부진해질 것을 우려했기 때문일 정도로 퀄컴의 미국 내 위상은 상당하다.

퀄컴은 애플과의 갈등에서 승리한 반도체 업체다. 모토로라, 인텔, 포털플레이어, 삼성도 애플과 갈등 끝에 결별했지만, 퀄컴은 오히려 공급을 중단하겠다고 애플을 위협하고도 여전히 애플과 거래하고 있다. 애플은 5년 넘게 모뎀 칩을 개발하고 있지만 퀄컴의 대안을 만들어내지 못했다. 오히려 퀄컴의 기만 더 살려준 꼴이 됐다.

스마트폰 시장이 빠르게 5G로 이동하면서 애플도 퀄컴의 손을 잡는 것 외에는 방법이 없었다. 애플은 퀄컴과의 모뎀 공급 계약을 계속해서 연장하고 있다. 애플이 퀄컴을 상대로 제기했던 270억 달러, 약 30조 원 규모의 소송은 없던 일이 됐다.

애플은 퀄컴 5G 칩을 사용한 아이폰12로 대박을 터뜨렸다. 어찌 보면 서로에게 필요한 부분을 긁어준 것이지만, 반도체 산업에서 연이어 큰 성과를 낸 애플로서는 뼈아픈 결과다. 애플에서 무선 부분을 담당했던 제이딥 라나데Jaydeep Ranade는 "애플이 지구상에서 가장 좋은 반도체를 만들 수 있다고 해서 모뎀도 만들 수 있다고 생각하는 것은 터무니없는 일"이라고 말했을 정도다.●

이 말은 CPU보다 모뎀을 만들기가 더 어렵다는 뜻이다. 각종 특허가 걸려 있고 국제 표준을 지켜야 하는 모뎀을 일반적인 반도체의 영역으로 봐서는 안 된다는 의미이기도 하다.

● https://www.wsj.com/tech/apple-iphone-modem-chip-failure-6fe33d19

'동맹' 퀄컴의 이탈로 도전에 직면한 삼성

퀄컴은 삼성에게도 고민거리다. 퀄컴과 삼성의 관계는 애플과의 관계보다 더 복잡하다. 퀄컴은 삼성에 스마트폰용 AP 칩을 공급하지만 그 칩은 삼성의 파운드리에서 만들었다. 퀄컴이 설계한 칩을 삼성이 제조해 삼성 스마트폰에 사용하는 사슬이 형성됐다.

그러나 퀄컴과 삼성의 협력은 결정적인 국면을 맞는다. 삼성이 제조한 퀄컴의 스냅드래곤8 1세대 칩이 발열 문제에 휩싸이면서다. 삼성전자의 4나노 공정에서 제조한 스냅드래곤8 1세대가 발열 문제를 일으키자 퀄컴은 의외의 결정을 내린다. 퀄컴은 칩 제조업체를 TSMC로 바꾸어 버렸다. 이는 삼성으로서는 최악의 시나리오가 됐다. 삼성이 경쟁사인 TSMC가 제조한 퀄컴 칩을 사용한 갤럭시 S를 만들어야 한다는 의미이기 때문이다.

아울러 삼성 파운드리는 TSMC에 애플의 칩 생산을 빼앗긴 데이어 퀄컴까지 넘겨주며 가장 강력한 모바일 칩 생산에서 배제됐다. 퀄컴이 누비아를 인수하며 PC 분야까지 애플의 아성에 맞서는 경쟁사로 급부상하는 모습을 삼성은 바라만 보고 있다. 칩의 발열 현상만 없었다면 이는 모두 삼성의 차지였을 것이다.

삼성은 갤럭시 S23을 준비하며 자체 설계한 엑시노스 칩을 배제하고 퀄컴의 스냅드래곤8 2세대만 사용하는 강수까지 뒀다. 갤럭시 S22에서의 실패를 만회하기 위한 결정이었지만 상처도 깊었다. 퀄컴은 갤럭시 S24에 들어갈 스냅드래곤8 3세대의 생산도 TSMC

에 맡겼다. 아마도 퀄컴이 삼성으로 돌아오기는 쉽지 않아 보인다. 스마트폰 제조사로서 삼성은 퀄컴의 고객이지만 파운드리에서는 퀄컴이 삼성의 고객이다. 엑시노스 칩이 있다고는 하나 퀄컴 칩은 삼성 스마트폰 제조에 꼭 필요하다. 반면 퀄컴은 TSMC와 삼성 중에서 선택할 수 있고 결국 TSMC를 선택했다. 스냅드래곤8 4세대도 TSMC가 생산할 것이라는 게 업계의 예상이다. 퀄컴이 삼성과 TSMC를 모두 사용할 것이라는 예상은 이번에도 어긋날 가능성이 커지고 있다. 이는 3나노 공정 경쟁에서 TSMC가 삼성에 앞서는 것임을 보여주는 예가 될 수 있다는 점에서 더욱 우려스럽다.

삼성은 대형 파운드리 고객이 필요하지만 TSMC로 넘어간 기업들은 쉽사리 마음을 돌리지 않는다. 퀄컴을 사이에 둔 TSMC와 삼성의 경쟁은 2나노에서도 벌어지고 있다. 누가 퀄컴의 2나노 수주를 독차지할지, 분할할지는 각 파운드리의 성과에 달려 있다. 삼성으로서는 이번에도 퀄컴을 되찾아오지 못한다면 TSMC에서 생산한 칩을 갤럭시 S에 넣어야 하는 상황이 고착화될 수 있다.

최근의 반도체 분야에서는 후발주자의 역전이 연이어 등장했다. AMD가 인텔을 앞섰고, 애플도 인텔을 일찌감치 밀어냈다. 삼성 파운드리는 퀄컴을 빼앗겼고 메모리 사업부는 엔비디아의 AI용 칩에 공급할 HBMHigh Bandwidth Memory를 SK하이닉스에 내주었다. AMD와 인텔에서 벌어졌던 일이 SK하이닉스와 삼성에서 벌어지지 말라는 법은 없다. 삼성의 분발이 절실하다. 최근 5G 신규 모뎀 칩을 앞세워 퀄컴 추격에 나선 삼성의 추이를 지켜볼 필요가 있다.

늙어가는 안드로이드 사용자,
삼성의 희망은 AI?

안드로이드의 위상에 적신호가 켜지다

미국의 중학교에 다니던 아들이 찌푸린 얼굴을 한 채 학교에서 돌아왔다. 이유를 물었더니 "배터리가 떨어졌지만 친구들에게 충전기를 빌릴 수 없었어요. 안드로이드 전화기를 쓰는 건 저뿐이라고요."라고 답했다. 아이폰15 이전까지 애플의 충전 단자는 아이폰과 달리 13핀 단자였다. 아이폰15 이후로는 애플도 USB-C 단자를 적용해 충전기 호환이 가능해졌지만, 여전히 아이폰 이용자와 안드로이드폰 이용자가 충전기를 공유하기는 쉽지 않다.

아들의 불만은 아이폰을 사용하고 싶다는 항변이었다. 아빠가

물려준 안드로이드폰을 사용하던 아들은 결국 크리스마스 선물로 아이폰을 받았다. 물론 전화기 값 절반은 그동안 아들이 모은 용돈으로 부담했다. 10대 아이들 사이에서 아이폰이 대세임을 실감하는 순간이었다.

2023년 초, 한 유명 틱톡커 압둘 챔벌레인Abdoul Chamberlain이 스마트폰 업계를 뜨겁게 달궜다. 팔로워가 370만 명인 이 흑인 청년은 전 세계 50대 이상의 스마트폰 사용자들을 단번에 '디스'했다.

"2023년에도 드로이드(안드로이드의 줄임말) 스마트폰을 쓴다면 아마도 50대 이상일 것이다."

그러고 나서 그는 한마디 덧붙였다.

"부모들이 안드로이드를 쓴다."●

안드로이드와 아이폰은 상호 경쟁관계에 있다. 아이폰이 터치형 스마트폰의 시대를 열었다면 안드로이드는 저가부터 고가까지 다양한 가격대에 수많은 제조사가 제품을 쏟아내면서 여전히 전 세계 스마트폰 시장에서 주도적인 위치에 있다. 그런데 안드로이드의 위상에 적신호가 켜졌다.

수치로 자신의 주장을 뒷받침했기에 챔벌레인의 주장은 설득력이 있었다. 〈월스트리트 저널〉은 그의 발언을 토대로 안드로이드 진영의 고민을 분석한 기사를 작성했다.●● 〈월스트리트 저널〉과

● https://www.tiktok.com/@abdoulupnext/video/7217577441265470763

●● https://www.wsj.com/tech/personal-tech/why-teens-hate-android-phones-30005a9c

인터뷰한 한 부모는 딸이 안드로이드를 사용하는 이상한 사람The odd one이 되고 싶지 않다고 했다고 밝혔다.

챔벌레인의 말은 사실이었다. 미국 투자은행 파이퍼샌들러의 조사에 따르면 미국 10대의 87%가 아이폰을 보유하고 있었다. 아이폰을 사용하는 미국 10대들은 안드로이드폰으로 교체할 계획이 없다고 했다. 10대 아이폰 점유율은 미국 전체 점유율 57% 수준(스탯카운터 기준)을 크게 웃돈다.

요즘 10대들의 이분법은 간단하다. 아이폰 사용자와 안드로이드폰 사용자다. 이들은 대학에 진학하거나 취업하더라도 아이폰을 계속 사용할 것이다. 안드로이드 사용자는 계속 줄어들 것이고 아이폰 사용자는 지속해서 늘어나리라는 것을 쉽게 유추할 수 있다.

그야말로 안드로이드 진영의 위기다. 칩과 OS, 전화기를 모두 만드는 애플은 모두 제각각인 안드로이드 진영보다 최적화 등에서 유리하다. 반면 안드로이드는 AP 칩을 공급하는 회사가 다양하다. 전화기마다 메모리의 용량도 다르다. 이렇다 보니 스마트폰 제조사는 다양한 경우의 수를 고려해 설계해야 한다. 삼성과 같은 회사는 안드로이드를 자체적으로 개선해 적용하기도 한다. 사실상 표준화가 어렵다. 새로운 OS가 등장하면 일괄적으로 적용 대상 아이폰이 일제히 업데이트되는 애플이 분명 유리한 대목이다. 특히나 애플은 아이폰16과 함께 등장할 iOS 18에서 AI를 포함한 대대적인 변신을 예고하고 있다. 아마도 상당수 구형 아이폰도 AI 기능을 동시에 지원받을 가능성이 크다. 안드로이드 사용자로서는 이 부분만큼은 아이폰 이용자가 부러울 수밖에 없다.

아이폰을 탄생시킨 배경, 애플과 삼성의 협력

지금은 아이폰보다 부진한 성적을 내고 있지만, 삼성은 한때 애플과 협력했으며 애플의 위상을 위협하는 존재이기도 했다. 아이폰4에 들어가는 애플의 자체 설계 칩 A4는 삼성 파운드리에서 제작했다. 애플과 삼성의 협력이 아이폰을 탄생시킨 배경이었던 셈이다.

아이폰은 잡스의 작품이다. 잡스는 아이폰을 처음 공개하며 "애플이 오늘 휴대폰을 재발명 reinvent 한다"라고 했다. 그런데 애플은 불과 3~4년 만에 위기감을 느꼈다. 삼성 때문이다. 삼성은 윈도 모바일 OS를 사용한 '옴니아' 스마트폰의 대실패를 경험했지만, 이내 구글 안드로이드를 사용해 애플을 위협하는 존재로 급부상했다.

갤럭시 S3의 출시는 삼성이 애플을 추월했다는 신호탄이었다. 애플과 삼성의 플래그십 스마트폰 경쟁을 다룬 2012년 9월 〈테크크런치Tech Crunch〉 보도를 살펴보자. 〈테크크런치〉는 갤럭시 S3이 판매 100일 만에 2,000만 대를 판매했다면서 삼성이 노키아를 제치고 애플을 급격히 추격했다고 전했다. 조약돌의 모습을 차용했다는 갤럭시 S3의 디자인은 물론 기기 자체의 성능도 좋았다는 호

평이 이어졌다. 반면 애플은 아이폰5까지 출격했음에도 삼성의 추격을 걱정하는 처지였다. 2010년 애플 아이폰4 수신 불량 문제, 즉 '안테나 게이트' 논란도 있었고 아이폰에 설치된 애플 지도가 장애를 일으킨 적●도 있었다. 아이폰의 심장인 AP의 성능은 여전히 기대 이하였다.

애플은 아이폰의 반도체를 삼성에 의존했다. 애플은 처음 출시한 아이폰부터 삼성이 설계한 AP를 썼다. 왜 삼성이었을까. 애플이 아이폰에 칩을 공급할 기회를 처음 준 곳은 인텔이었다. 인텔은 이 세기의 거래를 포기했다. 아이폰이라는 '로켓'을 탈 티켓을 받았는데 탑승을 거부한 결과는 지금껏 인텔의 발목을 잡고 있다. 공은 삼성에게 넘어왔다. 애플은 아이팟용 낸드플래시 메모리를 통해 거래를 튼 삼성의 AP를 썼다. 애플은 첫 아이폰에 이어 아이폰3GS까지 삼성이 설계하고 제작한 칩을 사용했다.

애플이 설계한 첫 칩인 A4는 아이폰4에 들어갔다. A4는 애플이 설계하고 삼성 파운드리에서 제작했다. 애플과 삼성의 협력이 아이폰을 탄생시킨 배경이었던 셈이다.

● 애플 지도는 애플이 구글 지도와 경쟁하기 위해 만든 지도 애플리케이션이다. 아이폰의 아버지라 불리던 스콧 포스톨이 주도해 만들었다. 자신만만한 포스톨은 주변의 우려에도 지도 공개를 강행했다. 결과는 대혼란이었다. 서비스 개시 직후 엉뚱한 곳으로 길 안내를 받았다는 불만이 폭주했다. 포스톨은 끝까지 고객에 대한 사과를 거부했다. 쿡은 이를 계기로 자신의 자리를 가장 강력하게 위협하던 포스톨을 해임했다.

온디바이스 AI로 아이폰 추월 가능할까

시장조사 업체 스탯카운터에 따르면 2024년 1월 전 세계 모바일 OS 시장에서 애플 iOS는 29.27%로 30% 돌파를 눈앞에 뒀다. 반면 안드로이드는 69.98%로 60%대로 진입했다. 안드로이드는 침체 상태에 있고 아이폰은 계속 사용자가 늘고 있다. 애플은 중국에 이어 인도에 정성을 들이면서 점유율을 끌어올렸다.

미국 투자은행 파이퍼샌들러가 2023년 10월 공개한 보고서에 따르면 미국 10대 87%가 아이폰을 이용하고 있다고 답했다. 2013년 아이폰을 사용하는 10대 비율은 55% 수준이었으나 10년 사이에 32%나 오른 것이다.

스마트폰 시대 초기에는 안드로이드의 입지가 지금 같지 않았다. 애플에 뒤처졌던 삼성은 갤럭시 S를 앞세우면서 애플도 앞섰다. 갤럭시 S3은 전 세계에서 약 7,000만 대나 팔렸다. 경쟁제품인 아이폰4S보다도 많이 팔았다. 배터리 게이트, 노이즈 게이트 등 논란이 이어진 아이폰4S는 애플의 고민거리였다. 삼성은 대표 선수 격인 '플래그십' 스마트폰은 물론이고 저가형 스마트폰 시장도 장악하며 세계 1위를 차지했다.

당시 삼성 갤럭시의 위상은 영화에서도 확인할 수 있다. 2014년 선댄스 영화제 심사위원 대상, 제87회 아카데미 시상식 남우조연상, 편집상, 음향상을 수상한 영화 〈위플래시Whiplash〉에 갤럭시가 나온다. 전 세계적으로 크게 히트한 이 영화에서 주인공은 스마트폰으로 유명 드럼 연주자 버디 리치의 영상을 시청한다. 주인공의 손에 들린 휴대전화는 삼성의 전화기였다. 영화 촬영 시점인 2013년 9월 뉴욕 맨해튼에서도 갤럭시가 많이 사용됐음을 알 수 있다.

고등학교를 갓 졸업한 주인공이 안드로이드폰을 사용한다는 것은 지금의 현실과 큰 차이를 보여준다. 아마 지금 영화를 촬영했다면 협찬이 없다는 전제하에 자연스럽게 미국 관객의 공감을 얻을 수 있는 아이폰을 사용했을 가능성이 크다.

영화 〈위플래시〉가 개봉한 지 10년이 지났다. 당시 스마트폰의 주요 고객이던 30대, 40대 직장인들의 나이도 많게는 50대로 들어섰다. 2000년대, 블랙베리Blckberry 전화기로 업무를 보던 이들은 삼성, LG전자, 모토로라가 만든 안드로이드 스마트폰에 이어 갤럭시 등 안드로이드폰을 사용했다. 스탯카운터도 이제는 시장에서 도태된 블랙베리폰과 윈도폰의 점유율을 차지한 것은 안드로이드폰이었다고 분석한다.●

이제 스마트폰 시장에 남은 OS는 iOS와 안드로이드뿐이다. 애플을 제외한 스마트폰 대부분이 구글이 만든 안드로이드를 OS로 쓰고 있다. 애플의 iOS와 삼성이 사용하는 구글 안드로이드는 서로 닮아갔다. iOS와 안드로이드는 점차 비슷한 기능으로 진화해왔다. 아무리 OS가 비슷해져도 많은 소비자가 아이폰으로 향하고 있는 것은 분명하다.

● https://gs.statcounter.com/os-market-share/mobile/worldwide/2014

2023년 11월 미국 여행을 하면서 같은 투어 그룹으로 만난 70대 백인 남성은 비교적 최신형인 갤럭시 S 전화기로 그랜드캐니언의 모습을 열심히 촬영했다. 주변의 다른 동행인들은 모두 아이폰을 쓰고 있어 더욱 대비됐다. 필자에게 사진을 찍어달라고 부탁하던 그의 모습에서 현재 안드로이드 진영의 고민이 무엇인지 쉽게 이해할 수 있었다.

더 뛰어난 칩과 OS로 무장한 아이폰을 추격하기 위해 안드로이드 진영도 칼을 빼 들었다. 삼성전자는 구글과 협력한 갤럭시 S24를 선보이며 온디바이스 AI 기능을 대대적으로 강화했다. 인터넷에 연결돼 있지 않아도 대화를 번역하고 사진을 자동으로 수정해주는 AI 기능은 아이폰보다 앞서며 모처럼 안드로이드의 위상을 높였다. 이 기능을 제공한 것은 구글이다. 정확히는 구글의 '제미나이'다. 퀄컴과 삼성의 칩이 제미나이를 활용해 온디바이스 AI를 구현했다. 구글의 스마트폰 픽셀에서 사진 위에 원을 그려 검색하는 '서클 투 서치'를 사용할 수 있는 것도 역시 안드로이드폰이기 때문이다.

구글이 안드로이드의 온디바이스 AI를 대폭 확대할 수 있다면 아이폰 추격을 위한 새로운 전기를 마련할 수도 있을 것으로 기대된다. 스마트폰 OS에 AI를 먼저 융합한 것은 분명 구글이다. 아이폰은 어쩌면 삼성의 갤럭시 S에 뒤처진 것이 아니라 구글에 뒤처진 것이다.

선공은 구글이 시작했다. '백어택'은 애플의 차례다. 애플은 이

갤럭시 S24에서 서클 투 서치를 이용해 사진을 검색하는 모습 © 삼성전자

미 AI 지원을 위한 충분한 성능이 있는 칩을 가지고 있다. OS에서도 안드로이드보다 우위에 있다. 부족한 것은 뒤늦은 AI 대응 정도다. 애플이 아이폰16과 함께 야심 차게 준비 중인 iOS 18은 진정한 스마트폰 온디바이스 AI 경쟁의 출발점으로 기록될 것이 분명하다. AI에서 이긴 쪽은 젊은 사용자층을 확보하겠지만 그렇지 못한 쪽은 젊은 층의 외면 속에 장기간 고전할 것이다.

칩 춘추전국 시대, AMD의 '메기 효과'

AMD 위상의 변화

30년이라는 세월 동안 반도체 시장의 흐름도 완전히 달라졌다. 대만 TSMC가 등장한 이후 팹과 팹리스●의 공존이 당연시되고 있으며 칩 시장의 공룡들 위상도 변화했다.

특히 애플 실리콘은 반도체 시장에 '탈 인텔' 흐름을 대세로 만들고 있다. 애플이 자체 개발한 아이폰용 AP에 이어 2020년 전격

● 앞에서도 언급했듯이 팹fab은 'fabrication'의 줄임말로 반도체 제품의 제조시설을 말하며, 팹리스fabless는 칩 설계를 중점적으로 하는 반도체 회사를 의미한다.

적으로 인텔의 CPU를 대체하는 M1 칩을 선보인 후 CPU 시장의 '춘추전국' 시대가 형성되었다.

과거 소비자들이 PC를 구매할 때 선택지는 단 한 가지였다. PC 제조사 브랜드를 선택했다면 인텔의 CPU와 AMD CPU 중 무엇을 사용할지만 결정하면 됐다. MS의 윈도 OS는 선택의 여지도 없었다. 그나마도 2010년 AMD가 급격히 성장한 이후 선택지가 넓어진 것이지 과거에는 인텔의 독점이라 해도 무방할 정도였다.

예를 들어 삼성전자가 AMD의 CPU를 사용한 노트북 PC를 선보인 게 10년이 조금 넘었을 뿐이다. 인텔의 CPU만 사용하던 삼성이 AMD CPU가 들어간 PC를 판매한다는 것이 뉴스가 될 정도였다. AMD 코리아의 핵심 경영 목표가 삼성에 대한 CPU 공급이었을 정도다.

물론 지금의 상황은 다르다. 첨단 미세공정 도입에서 시장을 주도하던 인텔이 2015년 이후 주춤한 사이 AMD는 변신을 거듭했다.

AMD의 최대 혁신은 CPU를 자체적으로 생산하는 것을 포기한 것이다. AMD의 제리 샌더스 CEO가 "진정한 남자라면 팹Fabs이 있어야 한다"라고 했지만, 약 30년 후 대런 그래스비 AMD EMED 대표는 "(인텔의 파운드리 사업 전략은) 절대 성공하지 못할 것이다"라고 말했다.

제리 샌더스의 말은 가뜩이나 자금력이 부족한 AMD의 발목을 잡는 시발점이었다. AMD는 창사 이래 인텔과 규모의 경쟁이 불가능한 수준이었다. 그나마 2000년 이후 옵테론Opteron, 애슬론Athlon

등 히트작들이 나오면서 인텔과 어느 정도 경쟁 관계가 형성됐지만, 그렇다고 해서 AMD가 '무어의 법칙'을 따르기 위한 대규모 공정 투자에 나설 만큼의 여유는 없었다.

AMD를 창업한 샌더스는 AMD가 50년 넘게 반도체 시장에서 생명력을 이어오는 데 지대한 공언을 했지만, 정작 AMD의 비상은 그의 지론을 백지화한 후 시작됐다.

팹 포기, 신의 한 수가 되다

2005년 방문한 텍사스주 오스틴에 소재한 AMD의 팹은 이미 경쟁력을 상실한 상태였다. 자회사 스팬션의 메모리 반도체 라인으로 운영됐지만 한계 상황에 직면해 있었다. 같은 해 방문한 뉴욕주 이스트 피시킬에 있는 IBM의 팹도 비슷한 상황이었다. 이들 팹은 결국 구조조정 대상으로 전락해 경쟁사에 매각됐다. AMD는 인텔의 '코어' 시리즈가 등장한 이후 더 큰 침체기에 빠졌다. 더 이상의 추격이 불가능해 보일 정도였다. 변화의 계기는 생각지도 못한 곳에서 나왔다.

AMD는 샌더스가 은퇴한 후 4년이 지난 2008년, 보유 중인 팹을 매각하기로 했다. AMD의 팹은 이후 글로벌파운드리라는 파운드리 전문 기업으로 성장한다. 글로벌파운드리는 현재 파운드리 업계 3위인 기업이다.

팹을 포기한 선택은 신의 한 수가 됐다. AMD는 글로벌파운드리 지분을 모두 정리한 후 생산을 TSMC에 맡겼다. 글로벌파운드리는 이미 10나노 이하 공정에 대한 투자 포기를 선언한 상태였다.

AMD의 리사 수 CEO는 IBM에서 구리 공정 도입을 성공시킨 적이 있다. 미세공정의 중요성을 잘 아는 그는 TSMC의 핀펫 기술에 기반한 CPU 개발에 적극적으로 나섰다.

TSMC와의 협력이 시작된 후 AMD는 자체 개발한 '젠Zen' 코어에 기반한 신제품 '라이젠Ryzen'을 선보였다. 인텔의 CPU보다 저렴하면서도 뛰어난 성능이 입소문을 타면서 AMD의 시장 점유율이 치솟기 시작했다.

2017년 말, AMD 주가는 겨우 10달러 선이었지만 2024년 3월 초에는 200달러를 넘어섰다. 불과 8년 만에 20배 올랐다. 비슷한 시점 인텔의 주가가 30달러 중반을 겨우 유지했다는 점과 비교하면 AMD의 성장세가 얼마나 드라마틱했는지 알 수 있다.

제조를 포기한 경험이 있는 AMD는 팻 겔싱어 CEO가 추진하는 인텔의 공격적인 파운드리 사업에도 회의적인 시선을 보내고 있다. 대런 그래스비 AMD EMED 대표는 경쟁사의 칩을 생산하겠다는 인텔의 파운드리 서비스IFS가 현대 칩 디자인 회사의 성공 방식을 벗어났다고 지적한다.[●] 그는 AMD의 팹리스 전환이 첨단 기술에 투자할 수 있는 여력을 만드는 전환점이 됐다고 진단했다.

● https://www.theregister.com/2023/10/05/intel_building_fabs_turnaround

"제품에 대한 전략적인 연구개발 투자가 결국 최고의 수익을 가져온다."

반도체 공정은 파운드리 업체에 맡기고 자체 칩 설계에만 주력한 것이 AMD 성공의 비결임을 강조한 것이다.

그는 인텔의 IFS 전략이 성공할 것으로 보느냐는 질문에 이렇게 답했다.

"절대 성공하지 못할 것이다Absolutely not."

인텔은 '메이드 인 아메리카 반도체'의 중책을 맡고 있어 막대한 투자가 불가피하다. 인텔의 주가가 정체 중인 것도 대규모 투자에 대한 투자자들의 경계심이 작용한 결과다.

인텔은 AMD의 추가 공격도 막아야 하는 과제를 안고 있다. AMD는 엔비디아에 가려져 있지만, GPU 분야의 강자다. 삼성전자도 AMD의 GPU를 엑시노스 칩에 사용할 정도다.

인텔과 AMD 모두 AI로의 전환을 강조하지만, 시장의 지지를 받는 곳은 AMD다. AMD에는 GPU의 피가 흐른다. AMD는 2006년 54억 달러를 투자해 ATI를 인수했다. ATI는 엔비디아와 GPU 분야를 양분하던 기업이다. 엔비디아에 지포스가 있다면 ATI의 간판주자는 라데온이었다. AMD가 ATI를 인수한 것은 인텔이 CPU와 함께 그래픽 칩을 판매하는 전략을 모방한 것이었다. 그러나 이 결정이 빛을 보기까지는 오랜 시간이 걸렸다. 2024년 시작과 함께 AMD는 엔비디아를 견제할 수 있는 GPU 기업이라는 기대를 받았다. 엔비디아의 후광을 업고 AMD는 사상 처음 주가 200달러 선을 넘어섰다.

AMD는 2023년 말 GPU 기술에 기반한 AI용 칩을 선보였다. 특이한 점은 챗GPT를 확보한 MS가 AMD의 AI 칩 개발에 협력하기로 했다는 점이다. 엔비디아의 독주로 막대한 칩 비용이 소요되는 것을 AMD를 통해 해소하겠다는 전략이 엿보인다.

AMD의 AI용 칩이 엔비디아의 칩을 당장 대체하기는 어렵다. 쿠다 기반의 엔비디아 생태계에 익숙한 AI 개발자들이 AMD의 칩을 대량으로 사들이기는 부담스러울 것이다. 그래도 AMD가 엔비디아의 견제 세력이 될 수 있는 기반이 있다는 것은 분명하다.

AI 칩으로 일석삼조 노리는
테슬라의 반도체 전략

AI 반도체까지 넘보는 전기차 회사

　테슬라는 단순한 전기차 회사로 단정 지을 수 없다. 배터리도 만들었고 자율주행이라는 영역도 개척 중이다. 테슬라의 CEO 일론 머스크는 우주발사체 기업 스페이스X도 운영한다. 테슬라는 2021년 슈퍼컴퓨터 개발을 밝혔다. 2년 후인 2023년에는 도조Dojo라는 슈퍼컴퓨터의 생산 작업을 시작했다. 테슬라는 2024년 말까지 도조의 처리 용량을 100엑사플롭스EF(1초당 100경京번 연산을 처리할 수 있는 능력) 확대할 것으로 알려졌다.

　테슬라가 슈퍼컴퓨터 확보에 나선 것은 처리해야 할 정보가 대폭 늘어났기 때문이라는 분석이다. 테슬라는 차량이 보내오는 막대한 운행정보를 파악하고 처리해야 한다. 이를 위해서는 데이터 처리에 필요한 컴퓨팅 능력이 필요하다.

테슬라는 과거에는 라이다 센서를 통해 확보하던 운행 정보를 카메라로 대체하고 있다. 센서가 아니라 영상을 통해 정보를 파악해야 하는 덕분에 처리해야 할 데이터양도 늘어났다. 테슬라 차량에 부착된 카메라가 확보하는 정보를 모두 처리해 자율주행 기능을 처리하는 것은 새로운 도전이다.

테슬라의 첫 슈퍼컴퓨터 설치를 지원한 엔비디아는 5대의 카메라를 가진 100대의 자동차가 매년 100만 시간 이상의 영상 녹화 자료를 만들 것으로 추정했다. 2023년 테슬라의 차량 판매가 180만 대가 넘는 것을 감안하면 상상하기 어려울 정도의 데이터가 쌓여가고 있음을 파악할 수 있다.

자체 설계한 칩을 사용한 슈퍼컴퓨터 '도조'

테슬라가 슈퍼컴퓨터를 제작한 것은 이번이 처음은 아니다. 2021년부터 엔비디아 A100 GPU 5,760개를 장착한 슈퍼컴퓨터를 만들어 사용했다. 테슬라의 AI 인프라 책임자인 팀 자만Tim Zaman은 X(옛 트위터)에 테슬라 첫 슈퍼컴퓨터의 성능을 공개했다. 그는 이 슈퍼컴퓨터가 200페타바이트PB 용량이라고 소개했다.

이는 시작일 뿐으로, 진짜는 따로 있다. 테슬라가 직접 설계한 칩을 사용한 슈퍼컴퓨터 '도조'다. 테슬라는 도조에 1억 달러를 투자하고 있다. 도조는 머스크와 테슬라가 숨겨놓은 비장의 무기로, 머스크가 직접 도조에 대한 투자를 발표했다. 테슬라가 자체 설계한 D1 칩은 도조 슈퍼컴퓨터의 핵심이다. 테슬라는 차량용 반도체를 설계하면서 반도체 설계를 시작했고 AI용 칩까지 만들어냈다. 1개의 도조 슈퍼컴퓨터에는 5만 3,100개의 D1 코어가 포함돼 있다. D1 칩은 엔비디아의 H100 칩보다 적은 전력을 소모하면서도 높은 성능을 보인 것으로 알려져 있다.

머스크는 도조가 신경망 학습에 필요한 비용을 크게 절감할 수 있도록 설계했다고 밝혔다. 영상을 보고 훈련한 것을 최적화한 것도 테슬라의 필요에 대한 맞춤식 해법이다.

머스크는 성격이 급하다. 차량 판매가 늘어 처리해야 할 데이터가 눈덩이처럼 불어나지만, 엔비디아는 제때 칩을 공급할 수가 없다. 머스크는 '엔비디아의 칩을 기다리느니 우리가 만들자'라고 생각할 만한 괴짜다. 테슬라는 TSMC에 도조용으로 자체 설계한 D1 칩 주문을 2024년까지 1만 개로 2배 늘린다고 발표했다. 이를 통해 엔비디아의 GPU에 대한 의존을 줄이겠다는 의도다.

"그들(엔비디아)이 우리에게 충분한 GPU를 제공할 수 있다면 도조가 필요하지 않을 수도 있지만 (GPU를 원하는) 고객이 너무 많아서 그럴 수 없다."

머스크가 직접 설명한 도조 탄생의 배경이다.

IT 매체 〈와이어드〉는 테슬라가 자체 AI 학습 칩을 개발하면서 비용을 크게 절약할 수 있게 됐으며 경쟁사를 앞서가는 데 큰 도움이 될 것이라고 추정했지만, 자율주행이나 컴퓨터 비전Computer Vision(컴퓨터로 시각 데이터를 처리하는 분야)의 변곡점을 돌파할 수 있을 것으로 예상하기는 쉽지 않다고 지적했다.[●]

그렇다 해도 테슬라가 자체 설계한 AI 학습용 칩을 운영한다는 것은 큰 의미가 있다. 챗GPT의 주인인 오픈AI의 샘 올트먼 CEO가 자체 반도체를 확보하기 위해 전 세계 각국을 누비고 있는 것은 머스크의 선제적인 대응이 옳았음을 보여주는 예다. 아울러 D1 칩을 통해 머스크가 설립한 AI 업체 X.AI와도 연계해 생각할 수 있다.

머스크에 따르면 도조는 NPU 회로를 적극적으로 활용한다. 머스크는 틀에 짜인 프로그램이 아니라 인간의 뇌처럼 반응할 수 있는 NPU를 통해야 인간과 같은 학습을 통해 자율주행의 성능이 향상될 수 있음을 정확히 예견했다.

머스크는 CNBC와의 인터뷰에서 향후 몇 년 내에 테슬라가 자율주행으로 챗GPT와 같은 모멘텀을 얻게 될 것으로 전망했다. 머스크는 도조에 10억 달러를 투자한다는 계획이 '롱 샷 베팅Long shot betting'이라고 표현했다.

테슬라의 도조 설치는 현실화하고 있다. 케이시 호컬Kathy Hochul

● https://www.wired.com/story/fast-forward-tesla-dojo-supercomputer-elon-musk-ai-revolution; https://www.slashgear.com/1516714/what-to-know-about-tesla-dojo-supercomputer

뉴욕 주지사에 따르면 테슬라는 5억 달러를 투입해 뉴욕주 북부 버펄로시 인근에 있는 공장에 도조를 설치할 예정이다. 낙후한 산업 지대 러스트 벨트인 버펄로시 등 노후화된 뉴욕주 북쪽을 첨단 AI 도시로 만들 수 있는 프로젝트다. 호컬 주지사도 도조 설치가 뉴욕주 AI 산업의 게임 체인저가 될 것으로 기대했다. 테슬라의 뉴욕 공장은 과거 태양광 패널을 생산했지만 기대에 못 미쳤다. 이제는 차량을 생산할 초대형 생산기지 기가팩토리Gigafactory로의 변신이 예정돼 있다.

머스크 역시 이번 도전이 고위험 고수익 투자인 것을 안다. 그렇다고 머스크가 엔비디아의 칩 구매를 중단한다는 뜻은 아니다. 머스크는 도조를 위해 1만 개의 엔비디아 GPU를 구입할 것이며 AMD의 칩도 사들일 것임을 공언했다. 엔비디아를 견제하면서 자체적인 AI 칩 개발을 통해 경쟁력을 강화하고자 한 것이다.

머스크는 5억 달러의 슈퍼컴퓨터 투자는 엔비디아 칩 기반의 슈퍼컴퓨터로 한 것으로, 도조에는 훨씬 더 많은 투자가 필요하다고 강조했다. 도조에 대한 투자 이상으로 엔비디아의 칩도 구매한다는 게 머스크의 계획이다. 테슬라는 2024년 AI 데이(테슬라가 최신 기술을 선보이는 연례 행사)에 D1 칩을 정식으로 공개할 것으로 예상된다.

투자은행 모건 스탠리는 도조가 테슬라의 시장가치를 6,000억 달러 이상 끌어올릴 것이라는 내용을 담은 분석을 발표해 시장을 깜짝 놀라게 했다. 도조의 등장은 이미 예고됐지만, 그 파급효과에 대해서는 크게 인식하지 않던 상황에 경종을 울린 것이다. 모건 스탠리는 "도조가 차량을 판매하는 것 이상으로 커다란 새로운 시장을 열 수 있다"고 전망했다.

지금까지 언급한 구글, 퀄컴, 삼성, 테슬라 등 빅테크 기업들 외에도 사피온, 리벨리온, 퓨리오사AI 등 국내 기업들이 자체 반도체 칩 개발에 나서고 있다. 반도체 시장에 영원한 승자가 없었던 것은 앞에서 살펴본 대로다. 약간의 빈틈을 파고들어 둑을 무너뜨리는 변화가 다시 벌어지지 말라는 법은 없다. 테크 기업들의 반도체 개발 경쟁도 더욱 가속화될 전망이다.

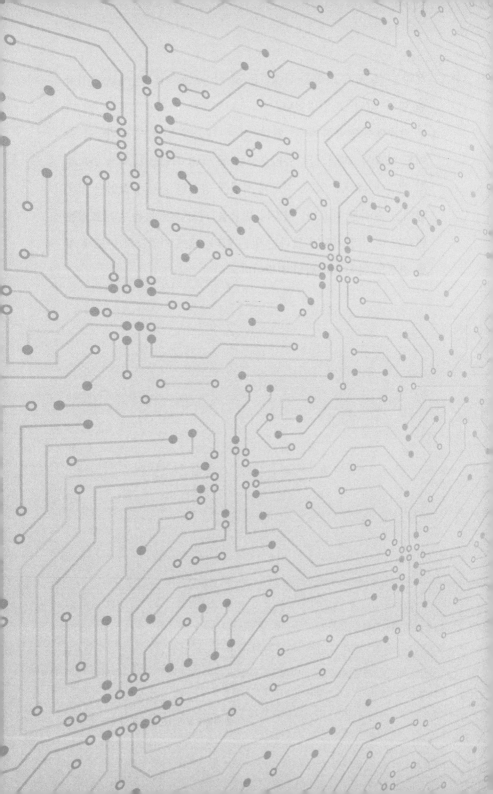

7장

반도체 왕국 인텔의 몰락,
'메이드 인 US 반도체'는 살아날 것인가

난공불락 반도체 기업의 추락

~~~~~~~~~~~~~~~~~~~~~~~~~~~

> "나는 데이터가 아니라 직감을 따라야 했다.
> 내 직감은 아이폰 사업을 승낙하라고 했다."
>
> **폴 오텔리니**(전 인텔 CEO)

인텔이 아이폰 칩 판매 기회 걷어찬 잔혹한 대가

영국 반도체 설계 업체 ARM은 애플 실리콘의 출발점이기도 하다. ARM이 애플 실리콘의 출발점이 되는 데는 한 기업의 판단 실수가 결정적 기여를 했다. 한때 세계 최대이자 난공불락의 반도체 업체였던 인텔이다. 인텔이 ARM과의 협력을 통해 아이폰용 칩을 개발했다면 지금 반도체, 정보기술 시장의 역학 구도는 전혀 다른 모습일 수 있다. 애플 실리콘 대신 인텔의 칩이 아이폰과 맥북, 아이패드에 사용될 수도 있다는 뜻이다. 물론 가정일 뿐이다.

스티브 잡스는 2000년대 초반까지 자체 육성한 반도체의 성능이 기대에 못 미치자 파격적인 결정을 내린다. 잡스는 애플의 숙적 MS의 파트너인 인텔과 손을 잡았다. 잡스는 2006년 1월 인텔의 x86 CPU를 사용한 PC를 선보여 반도체와 컴퓨터 업계에 파란을 일으켰다. 애플 발표회장에 등장한 인텔 CEO였던 폴 오텔리니는 환호했다. 애플과 함께 인텔은 숙적 AMD와의 경쟁에서 영원한 우위를 잡은 것만 같았다. 데스크톱 PC와 서버용 칩 시장의 우위로 승부가 끝났다는 판단이 섰다. 하지만 착각에 불과했다.

오텔리니는 엔지니어 출신이 아닌 첫 인텔 CEO다. 창업 이후 오텔리니의 전임 크레이그 배럿까지 인텔은 칩 설계와 생산에 관련된 이들이 회사를 이끌었다. 오텔리니의 등장은 인텔의 변화를 뜻했다. 오텔리니는 취임 1년을 즈음해 애플이라는 대어를 낚았다.

인텔 CEO 약사

- 1대 로버트 노이스(Rober Noyce, 1868~1975)
- 2대 고든 무어(Gordon Moore, 1975~1987)
- 3대 앤디 그로브(Andy Grove, 1987~1998)
- 4대 크레이그 배럿(Craig Barrett, 1998~2005)
- 5대 폴 오텔리니(Paul Otellini, 2005~2013)
- 6대 브라이언 크르자니크(Brin Krzanich, 2013~2018)
- 7대 밥 스완(Bob Swan, 2018~2021)
- 8대 팻 겔싱어(Pat Gelsinger, 2021~현재)

오텔리니 시대 인텔의 출발은 '코어' 시리즈 CPU의 대성공, 애플과의 협력과 함께 화려하게 불타올랐다. 세계 반도체 1위 인텔의 위상은 철옹성 같았다. 인텔은 미세공정에서도 추월을 허용하지 않았다. 삼성전자—IBM 연합이 인텔을 위협했지만, 힘에 부쳤다. 오텔리니가 CEO로 재직한 시기 인텔은 앞선 45년간보다 많은 이익을 거뒀다.

2012년 당시 반도체 업계 실적을 살펴보자. 2012년 인텔이 벌어들인 수익은 110억 달러였다. 현재 반도체 업계 시가총액 1위인 엔비디아가 겨우 5억 8,000만 달러의 이익을 내던 때다. 두 회사 간의 이익 차는 당시 인텔의 위상을 짐작하게 한다. 심지어 AMD는 대규모 적자에 시달릴 때였다. 10여 년의 세월이 흐른 지금, 인텔은 증시에서 엔비디아, AMD는 물론 TSMC보다 낮은 기업 가치로 평가받는다. 애플과 인텔의 시가총액 격차는 20배 이상이다. 달도 차면 기우는 것처럼 인텔도 내리막에서는 추락의 가속도가 붙었다.

오텔리니와 함께 환희의 순간을 경험한 인텔의 추락은 드라마틱했다. 추락의 계기는 의외로 빨리 찾아왔다. 애플과의 협력 거부가 발단이었다. 인텔 맥 PC가 시장에 등장하고 얼마 후인 2006년, 잡스는 오텔리니에게 아이폰용 반도체 공급을 제안했다. 물론 잡스와 쿡은 인텔에 많은 양보를 할 생각이 없었다. 인텔은 크게 고민하지도 않았다. 떼돈을 벌어주는 CPU가 있었기에 가능한 결정이었다.

DEC가 설계한 알파 칩
© DEC

인텔이 제조한 스트롱ARM 칩
© 인텔

인텔의 엑스케일 칩
© 인텔

　잡스가 인텔의 손을 잡으려 한 이유도 있었다. 인텔이 보유한 ARM 기반의 칩 때문이었다. 인텔은 치열한 소송을 거치며 DEC에서 개발한 '스트롱ARM'이라는 모바일 SoC을 품에 안았다.

　DEC는 '알파' 칩이라는 출중한 반도체를 탄생시킨 반도체 회사로 컴퓨터 업계의 중요한 플레이어 중 하나였다. 스트롱ARM은 이름에서도 알 수 있듯이 ARM 설계에 기반한 칩이다.

　DEC는 인텔이 자신들의 알파 칩을 카피해 펜티엄 CPU를 만들었다며 소송을 제기했다. 양사는 1997년 소송 취하에 합의했고 DEC는 인텔에 스트롱ARM 사업부를 매각했다. 인텔은 스트롱ARM을 '엑스케일Xcale'로 개명한 후 개인정보단말기PDA용 칩으로 판매했다. 2000년대 초반 팜, HP, 삼성전자에서 만든 PDA에 엑스케일 칩이 사용됐다. 2000년대 초반 PDA 사용자였다면 인텔이 생산한 칩 사용자였을 가능성이 크다.

　인텔은 아이폰용 반도체를 공급해달라는 잡스의 제안을 거절했다. 오텔리니는 2013년 시사잡지 〈디 애틀랜틱The Atlantic〉과의 인

터뷰에서 당시 상황을 상세히 소개했다.[*]

오텔리니는 아이폰용 반도체 공급을 하지 않은 이유에 대해 애플이 요구한 칩 가격이 도저히 인정할 수 없는 수준이었다고 설명했다. 그는 애플이 원한 가격은 원가에도 미치지 못했다고 밝혔다. 수백 달러짜리 CPU 사업으로 충분한 수익을 내는 인텔이 모바일용 칩을 저가에 애플에 바칠 이유가 없었다.

인텔의 선택은 애플이 반도체 개발로 방향을 전환하는 계기가 되었다. DEC의 주요 칩 설계를 주도한 다니엘 W. 도버풀은 인텔이 스트롱ARM을 인수한 직후 독립했고, 2003년에는 반도체 설계회사 PA세미를 설립했다. 저전력 모바일 칩을 개발하기 위해서였다. 이후 PA세미는 애플에 인수됐다. ARM의 설계를 바탕으로 DEC 출신들이 만든 SoC 설계회사를 애플이 품은 셈이다. PA세미 인수 후 애플은 반도체 설계에 집중했고 아이폰과 아이패드용 칩의 성능을 차근차근 높여갔다.

결국 인텔이 버린 카드가 연이어 인텔을 겨냥한 부메랑이 된 셈이다. ARM 계열의 칩이 약진을 거듭하는 동안 인텔이 엑스케일 대신 선보인 x86 기반의 '아톰Atom' 칩은 소비자들의 외면을 받았다.

심지어 인텔은 2006년에 엑스케일 사업 부문을 매각해버렸다. 매각대금은 겨우 6억 달러(약 7,200여억 원)로, 아이폰이 출시되기

●   https://www.theatlantic.com/technology/archive/2013/05/paul-otellinis-intel-can-the-company-that-built-the-future-survive-it/275825

불과 1년 전의 결정이었다. 인텔은 모바일 시대의 새벽에서 결정적인 기회를 놓쳐버렸다.

인텔과 달리 애플은 삼성전자에서 제조한 ARM 기반 칩을 첫 아이폰에 사용한 후 2010년 A4 칩을 통해 처음 자체 설계에 나섰다. ARM의 설계를 바탕으로 애플은 빠른 속도로 향상된 성능의 칩을 개발했다.

인텔이 버린 카드, 비장의 무기 선보이다

비슷한 시기 ARM도 비장의 무기를 선보인다. 현재 ARM 반도체 설계의 중심은 '코어텍스Cortex'다. ARM은 코어텍스와 함께 전력 소비가 적지만 성능이 떨어진다는 평가를 정면 돌파하는 데 성공한다.

2005년 국내 언론에 코어텍스를 소개하는 기자회견에서 ARM의 청사진을 목격했지만, ARM의 자신감을 곧이곧대로 받아들이기 어려웠다. 당시 김영섭 ARM 코리아 사장은 "새로운 ARM 코어텍스-A8 프로세서가 가전 및 모바일 시장에 전례 없는 성능과 에너지 효율을 몰고 올 것"이라고 자신했다. 설마가 사실이 되는 데는 오랜 시간이 걸리지 않았다.

지금이야 많은 이들이 ARM의 이름을 알지만, 그 당시만 해도 반도체 업계를 제외하고 ARM을 아는 이가 드물었다. 반도체 설계를 판매한다는 사업 구조도 이해하기 힘들었던 때다. '그게 되겠어?' 하는 불신이 팽배했다. 종합반도체, 파운드리, 팹리스가 모두 ARM을 바라보는 지금의 모습과 비교하면 '호랑이 담배 먹던 시절'의 이야기다.

인텔의 오판은 반도체를 넘어 세계 기업사에서 결정적인 경영 실책으로 남았다. 아이폰용 칩을 판매할 기회를 스스로 걷어찬 셈이다. 물론 당시만 해도 누구도 아이폰이 지금처럼 많이 팔리고 애플 실리콘이 모바일을 넘어 PC와 태블릿 PC 시장까지 점령할 줄은 상상조차 못 했다. 오판을 한 오텔리니에게 책임을 묻기도 어렵다. 오텔리니는 아이폰 판매량이 인텔이 예상했던 것의 100배였다고 회고했다. 물론 지금은 더 늘었다.

그렇다고 인텔이 투자에 소홀했던 것도 아니었다. 인텔은 2011년과 2012년 연구개발R&D에 195억 달러를 지출했다. 당시 구글의 투자액이 80억 달러였던 것과 비교하면 얼마나 많은 투자가 이뤄졌는지 알 수 있다. 미세공정 진화를 위한 생산설비 투자도 200억 달러나 됐다. 2년간 400억 달러를 투자하고도 인텔은 고난의 행군을 시작한다.

인텔의 등에 꽂힌 애플의 칼이 남긴 상처는 깊고 치명적이었다. 모바일 칩을 저버린 선대 경영자가 남긴 숙제는 '구원투수' 팻 겔싱어 현 인텔 CEO의 어깨를 짓누르고 있다.

EUV 공정 도입을 포기한 '나비 효과'

"가능한지도 알 수 없는 일에 2억 달러나 투자해달라는 거요?"

앤디 그로브(전 인텔 CEO)

"네, 이런 것이 연구입니다."

존 카러더스(전 인텔 연구개발 책임자)

미국 첨단반도체 후퇴의 시발점

인텔은 2015년 이후 10나노, 7나노 공정 도입을 연기해왔다. 이유가 무엇인지도 설명하지 않았다. 대다수 전문가가 꼽은 이유는 하나로 귀결됐다. EUV 포토 리소그래피Photolithography● 장비 도입이 지연됐기 때문이다. 이 장비는 ASML에서만 만든다. 이 장비가 없다면 10나노 이하 공정에서 생산된 첨단 반도체 칩을 생산할 수 없

● 반도체의 표면에 사진 인쇄 기술을 써서 집적 회로, 부품, 박막 회로, 프린트 배선 패턴 등을 만들어 넣는 기법.

다. 첨단 공정 경쟁을 위해서는 무조건 확보해야 하는 필수품이다.

2020년까지 판매된 ASML의 EUV 장비 절반이 삼성과 TSMC에 설치되는 동안 인텔은 지켜만 봤다. 반도체 업계에서 '슈퍼 을'로 통하는 ASML의 EUV 장비를 개발하고 생산할 바탕을 깔아준 앤디 그로브가 이 사실을 알게 된다면 어떤 표정을 할까.

앤디 그로브 인텔 전 CEO는 1992년 EUV 투자를 위해 2억 달러가 필요하다는 사내 연구 책임자의 요청에 흔쾌히 응했다. 당시 결정을 추진했던 연구개발 책임자 존 캐러더스John Carruthers도 놀랄 정도였다. 깐깐한 그로브가 지출 결의서에 선뜻 사인했기 때문이다. 일본 기업과의 경쟁에서 뒤처진 D램을 버리고 CPU에 집중한다는 놀라운 결단을 내린 그로브는 이번에도 30년 후를 내다본 엄청난 결정을 했다.

캐러더스는 당시 수준의 포토 리소그래피 기술로는 곧 한계가 올 것이라며 경영진에게 EUV 투자를 요청했다. 당시만 해도 13.5 나노미터 수준의 EUV는 불가능하다고 여겨지던 때다. 일본 니콘은 EUV 투자를 외면했다. 불가능한 일에 투자하지 않은 셈이다.

그로브는 어떻게 보면 황당할 수도 있는 투자 요청을 받고 전 CEO인 고든 무어에게 의견을 물었다.

"앤디, 다른 방법이라도 있어요?"

"없어요."

무어의 법칙을 만든 무어가 되묻자 그로브가 답했다.

반도체 산업은 더 좁은 선폭의 회로에 더 많은 트랜지스터를 집적해 경쟁하는 것이다. 설계도 중요하지만, 생산공정이 뒷받침되지 않으면 반도체의 발전과 완성도를 유지할 수 없다. 손톱보다 작은 칩에 10억 개 이상의 트랜지스터를 넣을 수 있는 기술은 마법에 가깝지만, 이 마법을 부리는 기술이 있다. 사진을 찍어내듯 설계한 회로를 웨이퍼에 그리는 노광 작업(포토 리소그래피)은 반도체 산업의 발전을 이뤄낸 결정적 기반이었다. 이 기술도 애초 미국이 개발했다. 인텔의 질주도 포토 리소그래피에 대한 이해와 투자가 있었기에 가능했다. '무어의 법칙'도 포토 리소그래피 기술의 발전이 없었으면 불가능했다. 미국 포토 리소그래피 장비 업체들은 미국이 세계 반도체 산업을 주도하는 원동력이 됐다.

첨단 기술 다 내주고 정작 도입을 포기한 인텔

그런데 1980년대 들어 상황이 변화한다. 일본 기업들이 D램을 중심으로 대공세에 나섰다. 미국 반도체 산업은 풍전등화의 위기에 빠진다. 그 배경에도 일본산 포토 리소그래피 장비가 있었다. 독일이 주도했던 카메라 시장을 차지한 일본은 비슷한 기술이 적용되는 포토 리소그래피 시장 역시 장악했다. 제2차 세계대전 패전국을 위해 핵심 군수품인 렌즈를 만들던 니콘과 캐논은 포토 리소그래피 장비로 세계를 지배했다.

1986년 미국 포토 리소그래피 기업 GAC의 신제품 개발이 중단

됐다. 이 회사는 결국 파산했다. 또 다른 포토 리소그래피 기업 울트라테크도 역사 속으로 사라졌다. 그렇게 미국은 반도체 생산의 핵심기술인 포토 리소그래피를 잃었다.

이때 네덜란드의 다크호스 ASML이 등장한다. 지금은 반도체 업계의 '슈퍼 을'로 부상한 기업이다. 이 회사의 장비가 없다면 10나노 이하의 반도체 공정을 완성할 수 없다. 쉽게 말하면 최신 아이폰과 갤럭시 스마트폰용 칩을 만들기 위해서는 ASML의 EUV 장비가 없이는 불가능하다는 뜻이다. EUV는 ASML만이 가진 기술이다. 지금 반도체 업계를 쥐락펴락하는 ASML은 네덜란드 전자·반도체 업체인 필립스가 장비 제조사인 ASM 인터내셔널과 함께 설립했다.

ASML도 일본 기업과의 경쟁이 쉽지 않았다. ASML은 1990년대 초까지도 니콘, 캐논 등 일본 기업들과 경쟁하며 겨우 10% 정도의 시장 점유율에 그치고 있었다. 이때 결정적 변수가 등장한다. 미국이 ASML에 대한 전폭적인 지원을 결정했다. 미국은 자국의 포토 리소그래피 기업이 몰락하자 일본 기업 대신 네덜란드의 ASML을 믿을 수 있는 파트너로 낙점했다. 자국 기업의 미국 반도체 시장 침공을 측면 지원한 일본 포토 리소그래피 업체에 미국의 기술을 내줄 수 없다는 인식도 한몫했다. 미국이 일본 대신 한국의 D램 산업을 지원한 것과 비슷한 일이 ASML에서도 벌어졌다.

앞에서 언급한 EUV 상용화를 위한 최초의 지원은 인텔이 시작했다. 인텔이 직접 EUV 장비를 개발할 수는 없는 일. 인텔은 미 정부 연구소에서 탄생한 EUV를 ASML에 전수하려고 했다. 미 정부는 고민했다. 의회도 기술 이전에 반대했다. 첨단 기술을 해외에 내줘도 되느냐는 우려였다. 이런 상황에서도 인텔 등 미국 반도체 업체들은 ASML이 미국 포토 리소그래피 업체인 SVG를 인수하는 것을 정부가 허용해달라는 요청까지 했다. 크레이그 배럿 당시 인텔 CEO는 "이번 인수가 불발되면 미국의 EUV 장비 확보가 지연될 것이다"라고 주장하며 힘을 보탰다.

EUV 장비가 탄생하는 데는 오랜 시간이 걸렸다. 2012년에는 인텔과 삼성전자, TSMC가 ASML 지분을 확보하며 EUV 개발 자금을 댔다.

EUV 기술의 현실화를 위한 판을 깐 인텔은 정작 스스로 장비 도입을 포기하는 결정적인 오판을 했다. 첨단 공정 '메이드 인 아메리카' 칩의 탄생은 그렇게 속절없이 지연됐다. 인텔이 뒤늦게 EUV 장비 확보에 나섰지만, 신속하게 ASML EUV를 도입한 삼성과 TSMC는 이미 한참 앞서갔다. 뒤늦게 ASML이 인텔에 적극적으로 EUV를 공급하는 것은 EUV 탄생에 기여한 인텔에 대한 배려인 셈이다.

30년 전 인텔이 뿌린 씨, 대만과 한국에서 꽃피운다

인텔은 전임 CEO가 30년 전 뿌린 씨앗을 수확하기를 포기했다.

아이폰을 거부한 폴 오텔리니에 이어 2013년 경영 지휘봉을 이어받은 브라이언 크르자니크 전 CEO도 씻을 수 없는 상처를 남겼다.

6대 인텔 CEO 크르자니크는 인텔의 추락에 불을 붙인 인물이다. 연구개발 투자 축소와 개발 인력 감원은 가벼운 수준이다. 결정적 실수는 뒤에 설명하겠지만 EUV 장비 도입 연기라는 엄청난 오판을 했다는 것이다. 철옹성처럼 여겨지던 반도체 선두주자였던 인텔이 후발 주자로 밀려난 이유가 여기서 발생했다. 그가 사내 불륜으로 2018년 사임한 것이 인텔에 긍정적이라는 평가까지 나올 정도다.

그로브가 인텔의 미래를 위해 뿌린 EUV 씨앗은 30여 년 만에 미국이 아닌 대만과 한국에서 꽃을 피웠다. TSMC가 설립 초기 필립스의 투자를 받았다는 점은 역시 필립스에서 분사한 ASML과의 관계를 돈독하게 했다. 그렇게 미국인들이 사용하는 애플 아이폰의 칩은 미국에서 만들 수 없게 됐다.

순간의 선택이 10년을 좌우한다는 한 대형 가전회사의 광고 문구는 지금도 소비자들의 귀에 익숙하다. 반도체 업계에서는 순간의 선택이 10년이 아니라 기업의 존망을 위협한다.

애플이 과감하게 ARM의 설계와 인수합병M&A을 통해 자체 반도체를 탄생시킨 것은 신의 한 수였다. 애플의 모든 제품에 들어간 애플이 설계한 반도체는 자체 OS와 찰떡궁합으로 경쟁사를 압도하는 성능을 보였고 소비자들은 환호했다. 비용은 줄어들고 매출은 늘어나 애플은 막대한 이익을 얻었다.

반면 인텔은 수십 년간 이어오던 반도체 분야의 제왕 자리를 허무한 오판으로 날릴 수 있다는 것을 보여줬다. '신의 한 수'가 아니라 '신도 저주한 한 수'였다. 반도체 분야에서 실수를 뒤늦게 만회하기는 더 어려운 법이다.

신데렐라 된 '농장 소년', 팻 겔싱어

"농장 출신인 나는 CPU가 무엇인지도 몰랐다. 그야말로 신데렐라였다."

"아이비리그 학교를 나오지 않아도 회사에서 (자신을) 차별화할 수 있다."

팻 겔싱어(인텔 CEO)

미국 반도체를 책임지게 된 '개천에서 난 용'

1979년 미국 펜실베이니아주에 있는 전문대 링컨 테크Lincolntech에 여러 명의 기업 구인 담당자들이 방문했다. 그중에는 급격히 사세를 불려 나가던 반도체 업체 인텔의 직원인 론 스미스Ron Smith가 있었다.

정보기술 산업이 급성장하던 실리콘밸리가 위치한 서부가 아니라, 낙농업이 발달한 북동부 지역에까지 반도체 업체의 구인 담당자가 방문한 것은 어찌 보면 필연이었다.

지금도 그렇지만 당시도 반도체 관련 인력이 부족했다. 스미스는 우유 생산지로 유명한 자신의 고향에 있는 전문대 링컨 테크를 방문하겠다고 자원했다. 링컨 테크 근처에는 허쉬 초콜릿 공장이 있다. 펜실베이니아주는 필라델피아 크림치즈로도 유명하다. 우유가 많이 생산되다 보니 관련 산업이 발달했다. 전형적인 낙농 타운이다.

이곳에서 인텔 역사에 길이 남을 채용이 일어났다. 스미스도 자신이 인텔의 미래는 물론 약 40년 후 망가질 대로 망가진 미국의 반도체 생산 부활이라는 특명을 받게 될 어린 학생을 만날 것이라고는 생각하지 못했을 것이다.

인텔 CEO 팻 겔싱어의 이야기다. 겔싱어는 자타가 공인하는 미국 반도체 전문가다. 1980~1990년대 인텔 CPU 시대의 황금기를 연 286, 386, 486 CPU가 그의 참여 속에 탄생했다. 486은 겔싱어가 개발 책임을 맡았다.

지금 그의 어깨에는 애플 아이폰에 들어갈 칩이 미국에서, 미국 기업에 의해 생산돼야 한다는 무거운 짐이 놓여 있다. 반도체 개발에 30년을 매진했던 그는 이제 미국 반도체 생산 부활의 전도사 겸 투사로 실리콘밸리에 돌아왔고, 새로운 실리콘 왕국을 건설하고 있다.

겔싱어의 인생 여정을 들여다보면 미국 반도체 산업, 특히 인텔과 애플의 흥망성쇠가 겹친다. 그의 행적을 따라가 보자.

농장 소년, '실리콘 하트랜드'를 꿈꾸다

겔싱어 CEO는 자신을 '농장 소년Farm boy'이라고 부른다. 그렇다. 그는 흙수저 출신이다. 첨단 IT 기술과는 담을 쌓은 곳에서 태어났고, 농부로 자랐다.

겔싱어는 펜실베이니아주 동부의 버크스 카운티에서 태어났다. 2010년 인구 조사 당시 주민이 2,000여 명에 불과한 작은 동네다. 이 지역은 '아미시Amish' 주민들이 거주한다. 아미시는 문명사회에서 벗어나 자신들만의 전통을 유지하며 생활하는 개신교 일파다. 아미시 마을은 농경지를 일구고 소를 키우는 독일, 네덜란드계 가족 중심의 기독교 공동체 마을이다. 아미시 주민들은 종교적 이유를 들어 백신 접종도 거부하곤 한다. 코로나19 대유행 기간에도 그랬다. 지금도 자동차 대신 마차를 타며, TV를 잘 보지 않는 마을이다. 세탁기도 없다. 2021년 아미시 마을을 방문했을 때도 그들의 생활 모습에 당황했던 기억이 있다.

위키피디아는 겔싱어 역시 아미시라고 서술하고 있다. 뒤늦게 알았지만 이런 곳에서 인텔의 CEO가 탄생했다는 것이 믿어지지 않았다. 이곳에서 차로 1~2시간 거리에 있는 뉴저지주 소재 벨 연구소에서 세계 최초의 반도체 트랜지스터가 탄생했다. 시골 출신인 겔싱어에게는 지구 밖에서 벌어지는 일이었다고 해도 과언이 아니었을 것이다.

겔싱어의 직업은 출생과 함께 농부로 정해졌다. 8명의 형제자

미국 펜실베이니아주 아미시 마을의 모습. 겔싱어는 아미시 마을에서 태어나 성장했다.

매가 있던 아버지는 자식을 네 명 낳았다. 겔싱어는 맏아들이었다. 가족 소유의 농장은 없었지만, 농사일을 이어받을 처지였다.

겔싱어의 일상은 학교, 농장, 교회를 오가는 쳇바퀴의 연속이었다. 새벽 5시에 일어나 젖소, 돼지를 키우고, 콩과 수수를 재배했다. 방학이 되면 사냥을 시작했다. 반도체와 컴퓨터의 힘으로 미국이 달을 정복하는 시절이었지만 겔싱어 가족은 그렇게 옛 방식대로 살았다.

겔싱어는 농부로 평생을 살기에는 아까운 뛰어난 학생이었다. 낭중지추라고 했던가. 기회가 생겼다. 학교 인근에 있는 링컨 테크라는 전문대에 장학금을 받고 입학할 수 있는 시험에 덜컥 합격한 것이다. 16살 때인 1977년으로, 우리 나이로 고1이다. 그는 신데렐라와 같은 일이 벌어졌다고 나중에 회고했다.

겔싱어는 1년 후 뒤늦게 링컨 테크에 입학했다. 혹시나 수업을 따라가지 못하면 수업료를 내야 한다는 걱정이 앞섰다. 그는 링컨 테크에 딱 20개월을 다녔다. 짧은 기간이었지만 인생을 바꾸기에는 충분했다.

겔싱어는 그곳에서 운명처럼 컴퓨터를 만났다. 지금과 같은 컴퓨터가 아니라, 종이에 구멍을 내 컴퓨터를 작동해야 했던 시절이다. 그래도 시골 출신 겔싱어에게는 새로운 세상이 열린 것 같았다.

20개월의 학습이 끝나갈 무렵, 여러 정보기술 회사의 구인 담당자들이 학교를 찾아왔다. 그중에 인텔도 있었다. IBM, HP와 같은 대기업에 비하면 당시 인텔은 작은 회사였다. 워낙 인력이 부족하다 보니 시골 전문대에까지 기업이 찾아왔다.

면접관인 론 스미스는 겔싱어를 포함해 몇 명의 학생을 캘리포니아로 초대했다. 겔싱어는 당연히 생전 처음 비행기를 탔다. 부모는 이역만리에 있는 것 같은 캘리포니아의 실리콘을 다루는 회사에 면접을 보러 간다는 아들을 이해하지 못했다. 겔싱어도 그랬다.

"엄마, 설마 내가 그 회사에 입사할 일은 없어요."

몇 달 후 링컨 테크를 졸업한 겔싱어는 다시 캘리포니아행 비행기에 몸을 실었다. 애송이 전문대 졸업생은 미래의 세계 최대 반도체 회사의 말단 직원이 됐다. 앞으로 30년간 이어질 겔싱어의 인텔 1기 생활이 시작됐다.

인텔 직원으로 새로운 삶을 살게 된 18세의 청년은 질주를 멈출 수 없었다. 상사와 동료들이 일을 알려줬고 공부를 더 해보라고 권했다. 겔싱어는 입사 이듬해 산타클라라대학교에 편입해 졸업했다. 회사의 금전적인 지원과 배려가 있었기에 가능했던 공부다. 오전에는 공부하고 오후에 회사로 출근했다. 이어 반도체 분야의 산실이나 다름없는 스탠퍼드대학교에서 석사학위를 땄다. 그는 당시 상황을 이렇게 설명한다.

"B학점 이하를 받으면 수업료를 지원받지 못할 수도 있었다. 나는 수업료를 낼 수 있는 처지가 아니었다. 미친 듯이 일하고 공부했다."

겔싱어는 에너지가 넘친다. 지금도 제품 발표 행사 중에 팔굽혀펴기를 하고 PT 체조도 한다. 이런 그의 에너지와 열정이 반도체 개발에 큰 힘이 됐음은 분명하다.

10대에 인텔에 입사해 40대 초반에 초대 CTO가 된 것도 그런 열정이 없었다면 불가능했다. 겔싱어는 '미래의 인텔 CEO'라는 꿈을 향해 한발 한발 다가갔다. 그러나 그는 자신을 키워준 '실리콘밸리의 아버지'들이 떠난 인텔에서 첫 좌절을 겪는다. CEO를 꿈꾸던 열정 넘치는 엔지니어는 자의 반 타의 반 회사를 떠났다. 겔싱어의 실패는 단순하게 볼 사안이 아니다. 당시 세계 최대 반도체 업체인 인텔과 반도체 종주국 미국의 추락이 시작된 결정적 장면이기도 하다.

겔싱어가 다시 인텔로 돌아온 2021년, 비로소 미국은 반도체 리쇼어링에 나설 수 있게 됐다. 한 기업의 인사가 어떻게 미국 반도체의 추락으로 이어졌는지 살펴보자.

'편집광' 그로브가 세운 후계 경쟁의 승자

글로벌 금융위기가 한창이던 2009년 9월. 인텔은 돌연 경영진의 변화와 사업 부문 병합을 알리는 보도자료를 발표했다. 인텔을 떠난 이는 겔싱어였다. 겔싱어가 5년간 CTO로 활동하면서 이끌었던 개인용 PC와 서버용 CPU 부문은 모바일 칩 부문과 통합됐다.

인텔 최고 경영진의 변화를 암시하는 중요한 결정이었다. 겔싱어가 스토리지 장비 업체인 EMC로 떠난 반면 션 멀로니Sean Maloney는 PC 서버 모바일 부문을 모두 관장하는 수석 부사장이 됐다. 멀로니와 겔싱어는 차기 인텔 CEO 자리를 두고 경쟁했지만 당시 인사 결과 멀로니가 승자임이 확인됐다.

인텔은 창업자 시대가 지난 후 차기 경영자 육성을 위한 경쟁을 부추겼다. 앤디 그로브 전 회장은 자신에게 프레젠테이션을 하던 겔싱어를 눈여겨봤다. 그로브는 직접 다그치고 격려하며 겔싱어를 이끌었다. 편집광으로 유명한 실리콘밸리의 아버지에게 기술을 전수받은 겔싱어는 시골 출신 촌뜨기에서 인텔 최고의 기술자로 성장했다. 겔싱어는 지금도 자신의 멘토로 그로브를 꼽는다.

그로브는 흔들리는 겔싱어를 다잡기도 했다. 그로브는 스탠포드 대학교 박사과정을 다니기 위해 인텔을 떠나려던 겔싱어에게 이렇게 말하고 486 CPU 개발을 맡겼다.

"너는 그곳에서 비행 시뮬레이터를 배우겠지만, 이곳에서는 비행기를 타고 날아오를 수 있다."

멀로니 역시 인텔 CEO가 되기 위한 충분한 자질이 있었다. 멀로니도 인텔에서 잔뼈가 굵었다. 그는 겔싱어보다 3년 늦은 1982년 인텔에 입사했다. 그는 괴팍하면서도 후배를 강하게 질타하며 키우는 경영자인 그로브를 가까이서 3년이나 보좌했다. 멀로니가 그로브에게서 얼마나 많은 담금질을 당했을지 미루어 짐작할 수 있다.

멀로니는 겔싱어와 출신 배경이 전혀 달랐다. 영국인으로 럭비, 수영, 스키를 즐기던 젊은이는 반도체를 위해 대서양을 건너 캘리포니아로 이주했다. '마스터 커뮤니케이터', '해결사'라는 멀로니의 별명이 그의 위상을 보여준다. 멀로니는 영업 및 마케팅 그룹의 총책임자, 최고 영업 및 마케팅 책임자라는 자리를 거치면서 차곡차곡 내일의 CEO로 훈련받았다.

멀로니와 겔싱어는 인텔의 사업 방향을 두고 다른 입장에 섰던 것으로 보인다. 멀로니는 인텔이 앞장섰던 와이맥스Wimax 통신망 사업을 주도했다. 겔싱어는 와이맥스 사업 투자에 부정적이었다. 더 많은 자금을 자신이 주도했던 CPU R&D에 투자해야 한다고 생각했다.

세계 최고 반도체 업체의 CEO를 향한 두 사람의 경쟁 속에서 결정적인 변수가 등장했다. 폴 오텔리니 당시 CEO다. 엔지니어 출신이 아닌 첫 인텔 CEO인 오텔리니는 겔싱어를 외면하기 시작했다. 오텔리니가 CEO 자리를 차지한 후 겔싱어는 다시 서버와 PC용 CPU 개발을 맡았다. AMD의 추격에 인텔이 흔들리던 때다. 겔싱어는 지금은 일반화된 멀티코어 CPU와 '틱톡(공정 개선과 코어 개선을 해마다 번갈아 가며 추진하는 방식)'을 추진한다. 겔싱어는 인텔에서 사직한 후 오텔리니와의 관계가 좋지 않았다고 털어놓았다. 오텔리니의 마음은 다른 이에게로 향했다. 멀로니였다.

멀로니는 울트라모바일 PCUMPC를 주도하는 등 인텔 내에서는 모바일 분야에 특화한 인물이었다. 인텔이 모바일 시대에 멀로니를 선택한 것은 자연스러운 수순이었다. 중국의 중요성을 간파하고 아시아에서 사업을 주도한 것도 멀로니였다. 멀로니의 부인은 중국계였기에, 당연히 중국에 대한 이해가 높았다. 급성장 중인 중국 사업을 이해하고 있다는 것은 큰 강점이었다.

CEO와의 갈등 속에 겔싱어는 30년간의 열정을 쏟아온 인텔을 떠났다. 겔싱어는 30년간 살아온 실리콘밸리가 아닌 미 대륙의 정반대편인 보스턴으로 향했다. 그것도 반도체 회사가 아니라 데이터 저장 장치를 제조하는 EMC라는 회사였다. EMC는 겔싱어를 CEO로 훈련시켰다. 겔싱어는 경영수업을 받았고 재무제표도 볼 수 있게 됐다. 3년 후 겔싱어는 가상화 전문업체인 VM웨어VMware의 CEO로 실리콘밸리에 복귀했다. 클라우드와 가상화 소프트웨어로 본격적인 성장 가도에 올라선 회사에서 겔싱어는 엔지니어가 아니라 훌륭한 CEO로 거듭났다.

돌아온 농장 소년, 미국 반도체의 희망이 되다

문제는 인텔에서 발생했다. 겔싱어가 인텔을 떠난 1년 후 또 한 명의 CEO 후보였던 멀로니가 뇌졸중으로 쓰러졌다. 정상적인 업무는 당연히 불가능했다. 극적으로 어느 정도 건강을 회복해 업무에 복귀했지만 CEO를 맡을 수는 없었다. CEO 후보였던 겔싱어는 이미 회사에 없었다. 다른 이를 물색해야 했지만 멀로니와 겔싱어만큼 그로브에게 잘 훈련된 CEO 후보를 찾기란 불가능했다.

오텔리니는 예정보다 빠른 2013년에 은퇴를 결정하면서 당시 COO이던 브라이언 크르자니크에게 지휘봉을 넘겼다. 많은 이들이 이를 인텔 몰락의 시발점으로 지목한다. 연구개발비 삭감, 인력 감축은 크르자니크의 전매특허였다.

아무리 부진해도 기본적으로 엄청난 규모의 이익을 내는 인텔을 물려받은 크르자니크는 미래에 대한 투자보다는 비용 절감이 우선이었다. 앤디 그로브가 씨앗을 뿌린 EUV 장비 도입을 포기하고 무어의 법칙이 죽었다는 발표까지 했다. 미세공정에 대한 투자가 없는 인텔은 이빨 빠진 호랑이였다. TSMC와 삼성은 막대한 투자를 이어가며 미세공정에서 인텔을 추월했다. 인텔의 아류로 여겨지던 AMD는 "남자라면 팹이 있어야지"라는 창업자의 발언을 뒤엎고 팹리스로 전환해 TSMC와 함께 인텔 앞에 당당히 섰다. 비용 축소에 힘입어 인텔의 주가는 올랐지만 속 빈 강정이었다.

올바른 판단을 하던 사내 전문가들도 질려버렸다. 대표적인 예가 인텔에서 통신용 모뎀 부문을 담당했던 에이샤 에번스Aicha Evans다. 그는 인텔이 독일 인피니언의 모뎀 부문을 인수한 후 TSMC가 맡던 칩 제조를 인텔로 전환하는 임무를 맡았다. 고성능 CPU에 특화된 인텔 팹이 ARM 설계에 특화한 TSMC에 비해 부족하다는 의견을 크르자니크는 묵살했다. 오히려 인텔의 제조 능력을 무시했다는 육두문자가 섞인 조롱이 돌아왔다.

2018년 크르자니크가 부하직원과 사내 연애를 한 사실이 드러나면서 6년간 지켜온 CEO 자리에서 물러났다. 실리콘밸리에서는 인텔 이사회가 크르자니크의 경영을 더는 지켜볼 수 없다고 판단하고 스캔들을 빌미로 자리에서 끌어내린 것이라는 소문이 돌았다. 이후 3년간은 밥 스완Bob Swan이 무너져 가는 인텔을 떠맡았지만, 추락의 가속도는 더욱 빨라졌다.

인텔은 더 이상 물러날 곳이 없었다. 애플마저 인텔과 이별을 고한 후 2021년 인텔 이사회는 단 한 사람을 떠올렸다. 12년 전 내보냈던 겔싱어였다. 인텔 CEO라는 꿈을 간직했지만 뜻을 이루지 못한 농장 소년 겔싱어는 꿈을 찾아 돌아왔다.

겔싱어가 인텔 CEO가 되고 나서 얼마 지나지 않은 2022년 8월 미국의 '반도체 및 과학법CHIPS and Science Act'이 발효되었다. 미국이 중국의 반도체 굴기를 견제하고 미국 중심으로 반도체 산업을 재편하고자 하는 의지의 소산이었다. 이에 따른 미국의 자국 반도체 기업 밀어주기의 최대 수혜자는 인텔이었다. 2024년 미국 정부는 반도체 생산라인을 미국에 건설한 인텔에 200억 달러의 보조금 지급을 결정했다.

당연한 순리겠지만, 겔싱어는 동향 출신인 조 바이든 대통령과 뜻을 같이했다. 실리콘밸리가 아니라 낙후한 '러스트 벨트rust belt'를 새로운 반도체 중심지로 만들겠다는 계획이 세워졌다. 미국, 그것도 실리콘밸리가 있는 서부가 아니라 중부에서 최신 반도체를 생산한다는 계획이다.

겔싱어는 2022년 1월 200억 달러를 투자하는 오하이오주 반도체 공장 신설 계획을 발표하기 위해 백악관을 방문했다. 당시 조 바이든 대통령이 겔싱어에게 들려준 이야기는 그가 얼마나 드라마틱한 인생 반전을 이뤘는지 보여주는 좋은 예다.

"어제 부인(질 바이든 여사)이 내일은 어떤 일이 있냐고 묻길래 반도체 공장 투자 건과 전문대에서 경력을 시작한 당신의 이야기를 해줬어요. 그랬더니 질이 당신을 사랑한다고 하더군요."

바이든 대통령 역시 겔싱어와 같은 펜실베이니아주 출신이다. 바이든도 동향 사람인 겔싱어의 이력을 미리 알고 있었던 것이 확실하다. 그렇기에 전문대 강사인 영부인에게 겔싱어의 인생 스토리를 설명했을 것이다.

질 바이든 여사는 지금도 전문대에서 학생들을 가르치고 있다. 전문대 강사라는 직업에 큰 자부심을 느끼는 질 여사가 전문대 출신으로 경력을 쌓고 최고의 자리에 오른 경영자에게 감탄했을 것임을 짐작할 수 있다.

겔싱어는 피츠버그에 있는 카네기멜론대학교(공과대학으로 유명하다) 졸업 연설에서 이렇게 말했다. 피츠버그는 겔싱어의 고향 펜실베이니아주에 속하지만, 역시나 오대호 주변 러스트 벨트 지역이다.

"우리는 지금 실리콘 하트랜드Silicon heartland를 만들고 있다."

의미심장한 표현이다. heartland는 국가, 지역 또는 활동 분야의 중앙 또는 가장 중요한 부분을 뜻한다. 미국의 중흥을 이끈 공업지대에서 낙후된 슬럼으로 변한 도시들을 반도체 중심지로 탈바꿈시키겠다는 선언이다. 실리콘 하트랜드의 목표는 인텔 칩 생산이 아니다. 미국에서 설계된 최첨단 칩을 생산하는 미국 기업의 생산 거점이 되는 것이다. 궁극적으로는 애플 아이폰에 들어갈 칩과 엔비디아 GPU를 만드는 것, 이것이 바로 겔싱어와 바이든 대통령의 목표다.

'칩 메이드 인 아메리카'로
재기를 노리는 인텔

엔비디아의 한마디에 힘 실린
'칩 메이드 인 아메리카'

"모든 겸손과 온유로 하고 오래 참음으로 사랑 가운데서 서로 용납하라."

팻 겔싱어 인텔 CEO가 2023년 5월 초 자신의 트위터에 성경 '에베소서' 4장 2절을 올렸다. 겔싱어는 실리콘밸리에서도 가장 열성적인 기독교 신자로, 성경 구절을 수시로 트위터에 공유한다. 겔싱어는 기독교인들이 모인 아미시 마을 출신이지만, 실리콘밸리에 도착한 직후 예배드리러 간 교회에서 부인을 만나 더욱 독실한 신자로 거듭났다.

2023년 5월 30일. 대만 타이베이시에서 열린 2023 컴퓨텍스 행사에서 젠슨 황 엔비디아 CEO가 말했다.

"인텔의 차세대 공정 테스트 결과가 좋아 보인다."

빅뉴스다. 인텔이 오매불망 기다리던 소식이다. 겔싱어의 기도에 대한 응답일까. 400조 원의 막대한 투자를 통해 미국 반도체의 부활, 몰락한 러스트 벨트의 부활에 앞장선 인텔에게는 가뭄 속 단비와 같은 소식이었다.

1년 뒤 젠슨 황은 삼성전자하고도 협력 가능성을 내비쳤다.

"삼성전자의 HBM에 기대가 크다."

이 한마디는 삼성전자는 물론 삼성전자 주주에게도 희망이 됐다.

인텔과 엔비디아는 한때는 비교할 수 없는 관계였다. 오히려 지금은 이해하기 힘들 정도로 인텔이 절대 '갑'이었다. 인텔의 CPU는 엔비디아의 GPU보다 상위 존재였다. 거대한 산 같은 인텔을 향해 엔비디아는 실패를 경험 삼아 계속 도전했다. 엔비디아는 가상화폐 열풍과 AI라는 로켓을 얻었다. 그사이 인텔과 엔비디아는 친구에서 적으로 돌아섰다. 이런 관계를 지속할 수는 없다. 돌파구가 필요하다. 갈등은 잊고 사랑으로 서로를 배려하라는 성경 구절이 딱 들어맞는 대목이다.

2023년 현재 인텔과 엔비디아의 관계에서 갑은 엔비디아다. '탈CPU'를 선언하고 파운드리 사업을 통해 미국의 반도체 생산 부활을 책임진 겔싱어는 '가죽점퍼의 사나이' 황의 지원이 어느 때보다

절실하다.

인텔에 대한 황의 발언이 전해진 날, 〈월스트리트 저널〉은 인텔 파운드리 사업이 퀄컴, 테슬라를 고객으로 확보하는 데 실패했다고 전했다. 결이 전혀 다른 두 개의 뉴스에 시장은 어떻게 판단했을까. 이날 인텔 주가는 3% 이상 올랐다. 시장은 엔비디아와 인텔의 관계에 무게를 뒀다.

반도체, PC 전문 매체들도 일제히 황의 언급을 전하며 인텔에 서광이 비치기 시작했다고 전했다. IT 전문 블로그 〈탐스 하드웨어〉의 평을 살펴보자. 〈탐스 하드웨어〉는 황의 언급은 엔비디아가 겔싱어가 추진 중인 인텔 파운드리 사업의 고객이 될 수 있다는 첫 신호라고 분석했다. 인텔이 팹리스 업체들의 신뢰를 얻으려면 넘어야 할 산이 많다. 그 혈을 엔비디아가 뚫어주는 것은 상당한 의미가 있다.

2023년 초 인텔은 중요한 고객과 3나노 공정 테스트를 하고 있다고 밝힌 바 있다. 겔싱어는 당시 "클라우드, 엣지, 데이터센터 솔루션 공급업체가 인텔 3나노 공정의 고객이 된 것을 기쁘게 생각한다"고 밝혔지만, 해당 업체가 어디인지는 공개하지 않았다.

인텔 관련 발언에 대한 미국 내 관심이 커지는 가운데 황은 대만에 대한 배려도 잊지 않았다. 그는 TSMC에서 차세대 제품을 생산할 것이며 대만의 지정학적 위험에 대해 걱정하지 않는다고 말했다. TSMC가 지정학적으로 불안해 투자를 중단한 워런 버핏과는 다른 시각이다. 당시 황은 대만 방문 기간 중 모리스 창 TSMC 창업자와 만나는 등 대만과의 관계 유지에도 공을 들였다.

미국 생산 칩 전환 시작된
애플에 보내는 인텔의 러브레터

현재 반도체 시장을 주도하는 팹리스 업체는 애플과 엔비디아
다. 애플은 단연 타의 추종을 불허한다. TSMC 최신 공정을 아예
독점해버릴 정도로 주문 양이 많다. 애플은 삼성전자 등 안드로이
드폰과의 경쟁을 위해 최신 미세공정을 도입한 칩에 대한 욕심이
많다. 다른 기업들이 비집고 들어갈 틈이 없다.

TSMC는 애플과의 협력을 통해 파운드리 생태계를 지배하는 데
성공했다. 삼성이 제조하던 애플 칩 생산을 뺏어오기 위한 모리스
창 TSMC 창업자의 영민한 투자전략도 적중했지만, 애플과 삼성
의 소송이 없었다면 지금의 애플-TSMC의 관계는 애당초 불가능
했다.

TSMC가 대만을 지키는 '호국 신산(나라를 지키는 신령스러운 산)'
이라고 불리지만 주문을 맡기는 기업의 입장도 그럴까. 반도체 생
산을 의뢰하는 팹리스 업체에 TSMC의 독주는 심각한 문제다.

한 기업에만 반도체 생산을 맡기는 것은 주문자 입장에서는 불
리하다. TSMC와의 가격 협상에서 밀릴 수밖에 없다. 웨이퍼 한
장당 더 큰 비용을 지불해야 한다. 적절한 수율을 확보하지 못하면

더 비싼 비용을 지불하고 반도체를 생산해야 할 수도 있다. 공급망 안정을 위해 TSMC가 미국에서 반도체를 생산한다고 해도 상황은 달라지지 않는다.

당연히 팹리스 업체들은 TSMC의 대안을 찾아야 한다. 삼성에서 TSMC로 옮겨간 퀄컴 관계자의 말이다.

"우리도 한 개 업체에서만 생산하는 것을 원하지 않는다."

팹리스 업체들은 한 파운드리 업체에 종속되는 것을 원하지 않는다. 대략 두 가지 이유가 있다. 먼저 생산 단가 협상력을 높이기 위해서다. 둘째는 더 중요한 이유일 수 있다. 위험을 회피하기 위해서도 복수 기업에서 생산하는 것이 좋다. 그래야 협상력도 향상된다.

과거 인텔과 퀄컴이 독점적 지위를 내세워 IT 업계에서 절대 갑으로 행세했다면, 지금은 TSMC가 그렇다. 인텔이 미세공정에서 뒤처지고 삼성전자 파운드리에서 생산한 칩에 문제가 발생하자, TSMC로의 쏠림 현상이 벌어졌다. 최신 칩을 TSMC에서 생산하기 위한 팹리스 업체들의 경쟁이 거세졌다. 자연스럽게 TSMC의 몫은 커졌다.

TSMC가 미국에서 반도체를 생산하더라도 애플이 TSMC에만 장기간 생산을 의존한다는 것은 부담이 될 수밖에 없다. 결국은 대안을 찾아야 한다. 그 대안이 인텔과 삼성전자다. 인텔과 삼성은 미국에 파운드리 공장을 세우고 있다.

겔싱어도 이런 사실을 잘 안다. 겔싱어가 인텔 창업자 고든 무어의 사망을 애도한 팀 쿡 애플 CEO의 글에 단 댓글은 애플에 대한 '러브레터'로 보인다.

쿡은 무어에 대해 "실리콘밸리의 아버지이며 진정한 선구자"라고 했다. 이에 대해 겔싱어는 무어와 스티브 잡스 애플 창업자를 함께 거론하며 기술 선구자와 그들의 헌신에 감사한다고 댓글을 달았다. 겔싱어와 인텔은 무어의 법칙을 자신들이 이어가겠다는 의지를 연일 강조하고 있다. 2년마다 반도체의 집적도가 배로 늘어난다는 무어의 법칙은 미세공정이 거듭되면서 달성하기 어려워지고 있다. 인텔은 자신들의 IDM 2.0 전략을 통해 무어의 법칙을 이어갈 테니 우리에게 칩 생산을 맡겨달라는 신호를 보내는 셈이다.

애플도 최근 미국산 반도체 사용에 대한 의지를 드러냈다. 애플은 2023년 5월 브로드컴이 미국에서 생산한 FBAR 필터를 사용한다고 발표했다. 수십억 달러 규모의 계약이지만 단연 돋보이는 부분은 '미국산'이라는 점이다. 쿡은 TSMC의 애리조나 공장에서 생산될 칩을 사용하겠다고 공언하기도 했다. 어쨌거나 미국에서 첨단 미세공정을 진행할 수 있는 기업은 TSMC, 인텔, 삼성전자, 단 세 곳뿐이다.

엔비디아는 특수한 경우다. 대만 출신 CEO가 설립한 엔비디아는 AI용 칩을 설계하고 생산은 주로 대만에서 한다. 미국으로서는 전 세계 산업과 경제의 흐름을 바꿀 수 있는 게임 체인저인 AI용 칩이 중국의 코앞에서 생산되는 것을 바라보는 게 불편하다. 엔비디아가 중국에 AI용 칩을 수출하는 것을 금지했다고 하지만 결국은 미국에서 GPU를 생산하도록 유도할 가능성이 크다. 미국 정부 입장에서는 미국인들이 주로 사용하는 스마트폰인 애플 아이폰용 A 시리즈 칩과 GPU만은 '메이드 인 아메리카'를 붙여야 한다.

다른 칩에 비해 GPU와 애플용 반도체의 미국 내 생산은 미국 산업계는 물론 미국 정가의 지상과제다. 마침 TSMC의 행보도 불안하다. TSMC는 미국 내 반도체 공장과 비교해 대만 공장에 더 최신 미세공정을 적용한다는 방침이다.

1990년대 이후 반도체 시장은 갈등과 화해의 연속이었다. 기업 간의 치열한 다툼은 오늘의 친구를 내일의 적으로 만든다. 어제의 적이 친구로 바뀌는 것도 순식간이다.

8장

미래 반도체 산업의
지배자는 누구인가

영원한 것은 없다, 변화에 집중하라

바이든 대통령이 참석한 행사에서도,

저는 머릿속에 당신을 떠올렸습니다.

인텔 CEO 겔싱어가 일론 머스크에게 보낸 '공개 구애'

끊임없이 변화하는 반도체 시장

PC의 등장 이후 반도체 시장은 큰 물줄기의 변화에 따라 크게 요동쳤다. 영원한 것은 없다는 명제는 반도체 분야에서도 거스를 수 없다. 칩을 설계해 생산을 맡기는 기업과 첨단 장비를 제공하는 기업, 제조 기술력으로 반도체 실물을 만들어내는 기업. 반도체 시장을 지배하는 주요 요소인 이러한 기업들 외에도 디자인 하우스, 설계 소프트웨어 기업, 반도체 장비업체 등 수많은 기업이 반도체 생태계를 구성한다. 반도체 시대 초기부터 지금까지 여러 기업이 시장을 장악했지만 초미세화, EUV, 멀티코어, 패키징 등 수많은 키워드를 제압한 것은 AI다. 이 키워드가 나와야 반도체 분야에서 선두 자리에 설 수 있다.

2024년 3월 말 현재 반도체 기업 시가총액 순위는 이런 상황을 가장 잘 반영한다. 1위 엔비디아, 2위 TSMC, 3위 브로드컴, 4위 ASML라는 순서는 10년 전만 해도 상상하기 어려운 순위다. AI, 초미세화, 파운드리라는 명제에 부합한 기업들이 시장을 선도하는 중이다. 5위인 삼성이 종합반도체 업체로 선전했지만 메모리에 치중된 사업 구조는 시황에 따른 큰 변동성이 불가피하다. 인텔의 순위 추락도 TSMC를 추격하기 위해 반도체 제조 분야에 대규모 투자를 하는 것에 대해 증시 투자자들의 평가가 높지 않다는 것을 알 수 있다. 대규모 투자를 해도 수익성을 확보하기 어려운 상황을 반영한 셈이다.

2023년 반도체 기업 매출을 분석한 자료도 시장의 흐름이 어느 쪽에 있는지 잘 보여준다. 시장조사 업체 가트너에 따르면 2023년 반도체 시장 매출(TSMC 제외)이 전년 대비 11%나 줄어들었다.

가장 큰 타격을 입은 것은 한국 기업이다. 삼성은 37.5%, SK하이닉스는 32.1%나 매출이 줄었다. 인텔 매출도 16.7%나 줄었지만 삼성의 낙폭이 워낙 컸던 탓에 다시 반도체 업계 1위 자리를 차지했다. 인텔은 앞으로 시작할 파운드리 사업 확대로 1위 수성을 강조하고 있지만 CPU 판매의 회복이 제한적인 데다 파운드리 수주 성과를 내지 못하면 언제든 삼성에게 다시 밀릴 수 있다.

삼성도 경계현 사장이 2~3년 내 시장 점유율 1위 복귀를 선언했다. 삼성이 GPU용 HBM에서 SK하이닉스에 뒤처졌지만 엔비디아에 HBM을 공급하게 된다면 빠르게 매출을 늘릴 수 있다.

엔비디아는 2024년에는 매출 순위 3위권 진입이 확실해 보인다. 최근의 성장률을 고려하면 2023년 56.4%나 되는 매출 증가율은 당분간 유지될 것이라는 게 업계의 중론이다. 2023년 3위와 4위였던 퀄컴과 브로드컴을 추월하는 것도 시간문제다. 브로드컴도

2023 반도체 시장 점유율과 순위

(단위: 10억 달러)

2023 순위	2022 순위	판매사	2023 매출	2022 매출	2022~23 성장률(%)	2023 점유율
1	2	인텔	48,664	58,436	-16.7	9.1
2	2	삼성	39,905	63,823	-37.5	7.5
3	3	퀄컴	29,015	34,780	-16.6	5.4
4	6	브로드컴	25,585	23,868	7.2	4.8
5	12	엔비디아	23,983	15,331	56.4	4.5
6	4	SK하이닉스	22,756	33,505	-32.1	4.3
7	7	AMD	22,305	23,620	-5.6	4.2
8	11	ST마이크로일렉트로닉스	17,057	15,842	7.7	3.2
9	9	애플	17,050	18,099	-5.8	3.2
10	8	TI	16,537	18,844	-12.2	3.1
		기타	268,853	294,729	-8.8	50.7
		총계	533,025	599,562	-11.1	100.0

ⓒ 가트너(2024년 1월 집계)

2023년 7.2%의 성장세로 업황 부진 속에서도 두드러졌지만 엔비디아의 급성장세를 따라잡기는 무리다.

브로드컴이 2024년 3월 AI 칩 고객을 새로 확보했다고 밝힌 것도 예사롭지 않다. 월가에서는 브로드컴이 이름을 밝히지 않은 고객사에 대해 다양한 추측을 내놓았다. 틱톡의 모회사 바이트댄스, 애플, 아마존 등 다양한 이름이 거론됐다.

브로드컴은 소비자들에게는 잘 알려지지 않았지만 통신용 반도체와 메인프레임 컴퓨터, 클라우드를 위한 소프트웨어를 제공하는 반도체 기업이다. 지금의 브로드컴은 HP의 반도체 사업부로 출발한 싱가포르 기반 반도체 업체 아바고가 미국의 브로드컴을 인수하면서 탄생했다. 그래서 지금도 브로드컴의 증시 거래 코드는 'AVGO'다.

싱가포르에 본사를 둔 브로드컴은 인공지능용 네트워크 시장을 꽉 잡고 있다. 생성형 AI에 필요한 반도체 칩은 하나만 필요한 게 아니라 수백 개에서 수천 개가 병렬로 유기적으로 연결되어야 하는데, 이때 유기적으로 잘 작동되게 돕는 것이 네트워크이기 때문이다.

문제는 브로드컴을 인수한 주체가 중국계 경영자라는 데 있다. 혹 탄Hock Tan 브로드컴 CEO는 말레이시아 출신 중국계 미국인이다. 미국 정부가 브로드컴의 퀄컴 인수에 색안경을 끼고 본 이유가 여기에 있다는 평가도 나온다. 도널드 트럼프 당시 대통령은 브로드컴을 통해 미국의 첨단기술이 중국으로 새어나가는 것 아니냐는 우려를 했다. 결국 혹 탄 CEO는 브로드컴의 본사를 미국으로 옮겼다. 퀄컴 인수에 실패하자 브로드컴은 CA테크놀로지, 시만텍 VM웨어와 같은 소프트웨어 기업들을 연이어 인수하며 몸집을 키웠다. 애플도 브로드컴과의 거래를 확대했다.

브로드컴의 성장세는 반도체 기업이 칩에만 집착할 필요 없다는 반도체 시장의 변화를 잘 보여주는 예다. 브로드컴은 네트워킹용 반도체 외에 사업을 적극적으로 다양화한 경우다. 브로드컴이 가상화 업체 VM웨어를 인수한 것은 반도체 업체에서도 적잖은 파장을 불러왔다. VM웨어는 팻 겔싱어 인텔 CEO가 인텔로 복귀하기 전 CEO를 맡았던 업체다. 브로드컴은 VM웨어 인수가 AI 시대 클라우드 환경과의 결합을 통해 사업 영역을 확대하는 계기가 될 것으로 기대하고 있다.

애플, 온디바이스 AI의 미래는?

애플은 2023년 반도체 시장에서 3.2%의 점유율을 기록했다. 비록 전년 대비 5.8%의 감소세였지만 AI를 지원하는 아이폰16이 등장하면 상황은 달라질 수 있다. 애플이 칩은 물론 OS까지 확보하고 있다는 점은 어느 스마트폰 업체보다도 강력한 장점이다. 이는 애플이 AI에서 출발이 늦었다고 해도 AI의 기능을 스마트폰에 가장 밀착시킬 수 있는 요인이 된다.

다만 애플을 둘러싼 환경이 녹녹하지 않다. 최대 매출처인 중국 시장에서는 당국의 견제와 현지 스마트폰의 부상으로 부진이 계속되고 있다. 더욱 심각한 위기는 유럽과 미국의 반독점 규제의 칼날이다.

미국 당국은 독점 기업을 분해하는 데 주저하지 않았다. 세계 시장을 장악한 빅테크 기업도 예외일 수 없다. MS도 정부의 반독점 소송에 휘말리면서 장기간 침체를 기록했던 경험이 있다. 심지어 현재 미국 공정거래위원회인 연방거래위원회FTC의 수장은 메타의 문제를 연구했던 리나 칸Lina Khan이다. 조 바이든 미국 대통령은 재선을 위해 빅테크 기업에 강경한 자세를 취할 가능성이 크다. 집권 2기가 성사된다면 빅테크 기업에 대한 대대적인 공세가 벌어질 것이란 예상도 나온다. 이미 애플에 대한 선공이 이뤄진 만큼 앞으로도 공세는 더욱 거세질 가능성이 크다.

미 증시 시가총액 1위를 기록하던 애플은 MS에 뒤처지며 2위로 밀려난 데 이어 엔비디아의 거센 추격으로 2위 자리도 불안한 상황에 있다. 2017년 아이폰X, 2020년 M1 칩 이후 질주를 거듭해온 애플 실리콘의 위세가 주춤해진 것은 분명해 보인다. 퀄컴의 AP 칩 성능이 애플의 A 칩을 추격 중에 있어 하드웨어 자체만으로는 애플의 칩과 심각한 수준의 차이가 나지 않는다. 애플이 도망가는 속도보다 추격자들의 발전 속도가 빨라졌기 때문이다.

애플은 2024년 초 AI에 집중한다고 발표했다. 애플이 시장의 변화에 대한 대응을 예고하는 것은 최근 10여 년간 보기 힘든 일이었다. 애플의 조바심은 아이폰15 출시 직후부터 조금씩 감지됐다. 아이폰15 프로의 발열 이슈에 즉각 대응해 OS를 업데이트했으며, 애플 경영진들이 언론 인터뷰를 통해 자신들의 입장을 전했다. 애플 캠퍼스는 물론 애플 반도체 개발 현장도 일부 공개하는 파격도 보였다.

애플의 자신감은 이미 정해진 목표와 일정에 대한 일종의 티저이기도 하다. 애플이 2023년 WWDC에서 비전 프로를 공개하는 데 할애했다면, WWDC 2024는 AI가 주도할 것이 확실해 보인다. 꼭꼭 숨겨두었던 AI를 전면에 내세울 것이 분명하다. WWDC 2024는 애플이 AI 기업으로 돌아서는 전환점이 될 것으로 예상된다.

애플이 배수의 진을 친 것도 이런 이유로 풀이해볼 수 있다. 애플은 2024년 들어 조심스럽게 준비해오던 자율주행차 연구를 완전히 중단했다. 공식 입장은 아니지만 여러 보도를 종합하면 애플이 전기차를 내놓기는 이제 어렵다는 게 중론이다.

비록 실패했지만, 완전 자율주행 전기차를 개발해본 경험은 앞으로 출시될 아이폰의 AI 기능에 반영될 여지가 크다. 10년간 자율주행차를 만들기 위해 축적한 기술이 아이폰의 AI 기능으로 어떻게 확산될지 기대된다.

반도체 시장의 패권은 결국 사람이 주도한다

현재 파죽지세로 상승 중인 엔비디아가 애플과의 경쟁에서 최후의 승리를 거둘 것이라고 자신할 수는 없다. 여전히 애플은 소비자용 기기 시장에서 주도권을 놓지 않고 있다. 소비자가 사용하는 제품을 수십 년간 직접 만든 노하우도 있다. 스마트폰에 탑재한 온디바이스 AI도 애플과의 협력에 따라 시장 점유율이 달라질 수 있다. 마치 아이폰이 구글 검색을 지원해 구글을 측면 후원했던 것과 같은 일이 벌어질 수 있다. 다양한 AI가 애플의 선택을 받기 위해 경쟁할 수도 있다는 뜻이다.

엔비디아도 언제까지 기업용 AI 반도체를 제공하는 데만 만족할지 알 수 없다. 지금은 애플도 엔비디아의 협력이 필요하지만 만약 엔비디아가 GPU에 이어 CPU 시장에 진입해 스마트폰용 AP 시장에서 승부를 보려 하거나, 양사가 같은 사업에 진입하려 한다면 본격적인 진검 승부가 벌어질 수 있다. 잡스가 그랬던 것처럼 어느 날 엔비디아가 자체 칩을 사용한 AI 스마트폰을 내놓을지도 모를 일이다.

이미 젠슨 황 엔비디아 CEO가 AI의 미래는 로봇이라고 주장하며 로봇 사업 진출을 예고했다. 애플 역시 애플카 대신 로봇을 차기 먹거리로 준비하고 있다는 보도가 나왔다. 양사는 언젠가는 외나무다리에서 만날 처지다.

애플은 방패고 엔비디아는 창이다. 엔비디아의 키워드는 성장성, 애플의 키워드는 안정성이다. 투자시장에서 바라보는 두 회사의 시각은 분명히 다르다. 애플은 어느덧 금, 미국 국채와 맞먹는 '안전자산'으로 인정받고 있다. 약 400억 달러에 이르는 현금을 보유한 애플에 대한 투자자들의 신뢰는 여전히 높다. 투자의 현인으로 불리는 워런 버핏도 여전히 애플의 주식에 대한 신뢰를 거두지 않는다. 전 세계인들이 코카콜라를 마시면서 아이폰을 쓰는 한 버핏이 코카콜라와 애플에 대한 투자를 중단할 것으로 생각하기도 어렵다.

2024년 4월 첫 주 현재 월가에서는 애플의 목표주가를 평균 200달러로 보고 있다. 가장 높은 전망은 250달러다. 엔비디아의 경우는 평균 예상 주가가 970달러, 최대치는 1,400달러다. 여전히 월가는 연일 어닝 서프라이즈를 기록한 엔비디아의 추가 상승 가능성을 점치고 있지만, 안전자산으로 평가받는 애플의 저력을 무시하지 않고 있다.

애플과 엔비디아의 경쟁은 결국 사람이 주도한다. 애플에는 팀 쿡과 조지 스루지가, 엔비디아에는 젠슨 황과 이안 벅이 있다. AI 시대가 본격화하기 전만 해도 쿡과 스루지가 앞서가는 듯했지만 지금은 황과 벅의 기세가 무섭다. 오히려 창업자인 황에 대한 기대가 더 커지고 있다. 쿡도 경영권을 장기적으로 유지하기 위해서도 황과의 대결에서 승전보가 필요하다. 팀 쿡과 젠슨 황이 주도하는 애플과 엔비디아의 미래가 기대된다.

자동차 부문의 중요성을 인식한 인텔의 테슬라 접촉

조사기관 카운터포인트리서치는 AI(AI 서버, AI PC, AI 스마트폰 등)

가 2024년에도 반도체 산업의 성장 동력이 될 것이라고 했다. 카운터포인트리서치는 아울러 자동차 부문이 성장 동력이라고 진단한다. 2023년 인피니언과 ST마이크로의 성장세를 주도한 것도 자동차였다고 파악했다.

반도체 재고 조정의 주기가 막바지에 이르렀다는 것은 TSMC의 전망에서도 드러난다. TSMC는 2024년 실적에 대해 긍정적인 전망을 유지했다. AI 칩의 성장이 20%의 매출 증가로 이어질 것이라는 전망이다. TSMC는 AI의 핵심 조력자가 자신이라고 강조한다. 엔비디아의 칩이 TSMC에서 생산되는 것을 표현한 것이다.

컨설팅 업체 캡제미니는 2023년 12월 반도체 산업의 미래를 정의할 주요 트렌드를 소개했다. 공급망 변동성, 지속 가능성, 정부 투자, 생성형 AI, 지정학적 긴장, 자동차 분야의 성장, 인력확보 등이다. 여기서 눈여겨볼 점은 자동차다. AI의 급성장에 이어 자동차가 향후 반도체 시장을 주도할 성장 요인이라는 판단이다. 향후 자동차용 반도체에서 앞서가는 기업이 성장세를 기록할 것임을 예고한 대목이다.

팻 겔싱어 인텔 CEO가 테슬라의 일론 머스크 CEO에게 자사의 팹을 견학해볼 것을 권한 것도 자동차 분야의 중요성을 보여주는 예다. 겔싱어는 미국 정부의 85억 달러 보조금 지급을 축하하는 기념식 후 머스크를 생각했다고 했다. 겔싱어는 자신이 직접 공장 투어를 안내하겠다면서 머스크에게 X(옛 트위터)의 DM을 통해 직접 연락을 달라고까지 했다.

IT 매체 〈탐스 하드웨어〉는 겔싱어에게 머스크만 한 고객도 없다고 평했다. 앞서 엔비디아가 인텔의 파운드리에 관심을 보였다고 해도 TSMC 대신 인텔에 주문할 가능성은 크지 않다는 의견도 많다. 그렇다면 인텔은 다른 대형 고객을 잡아야 한다. 테슬라의 경영자 머스크는 자동차 외에도 AI, 컴퓨터 비전, 자율주행 등 다양한 분야에서 AI 칩의 지원이 필요하다. 아마도 겔싱어는 머스크가 추진하는 도조 슈퍼컴퓨터에 들어갈 칩을 수주하기 위해 머스크를 끌어들인 것으로 추정된다.

겔싱어는 오픈AI의 샘 올트먼과도 만났다. 그는 칩 제조 주문을 받기 위해 만나지 못할 사람이 없다. 겔싱어는 과거 경쟁사였던 AMD의 칩도 생산할 수 있다고 했다. 변하지 않으면 더욱 밀려날 수 있다는 절박함은 '엔지니어' 출신 CEO를 영업맨으로 만들고 있다.

미국의 규제가 오히려 중국의 경쟁력을 강화하다

반도체 분야는 국제 관계의 변화에 대한 관리 능력도 필요하다. 미국 정부가 퀄컴의 5G 칩, 엔비디아의 AI 칩, ASML의 EUV 장비의 대중 수출 금지 조치에 나서자 중국도 대응 수위를 높이고 있다. 정부나 국유 기업의 아이폰 구매 제한에 이어 인텔과 AMD CPU를 사용한 PC를 구매할 수 없도록 했다는 보도는 지정학적인 반도체 갈등이 지속될 것임을 예고한다. 기업이 빠져 있기는 하지만 정부 관련 조직에서 미국산 CPU와 운영체제를 사용한 PC를 퇴출시키겠다는 것은 중국 기업을 키우겠다는 의지로 볼 수 있다. 이미 어느 정도 대비도 했기에 이런 조치가 이뤄질 수 있다.

그럼에도 미국 기업들의 CEO는 중국에 대한 순애보를 멈추지 않고 있다. 팀 쿡 애플 CEO는 2024년 3월에도 애플스토어 상하이 징안점 개점 행사에 참석했고 이후 중국 관료들과 만났다. 리사 수 AMD CEO는 비슷한 시기 베이징에서 열린 AI PC 혁신 서밋 Summit이라는 행사에 참석해 최신 CPU와 APU(가속처리장치) 제품 홍보에 주력했다. 이런 모습은 정치적 혼란과 관계없이 미·중 사이에서 끈을 완전히 놓을 수 없는 기업인의 처지를 보여준다.

중국은 이미 2022년부터 관공서와 국유 기업에 대해 외국산 PC 사용 중단 지침을 내렸다. 당시에는 대체가 어려운 CPU는 규제 대상에서 빠졌지만, 이번에는 CPU를 직접 겨냥했다. 이러한 중국 정부의 결정은 2년 사이에 중국 기술로 인텔과 AMD CPU를 대체할 수 있다는 자신감으로 해석할 수 있다. 젠슨 황 엔비디아 CEO가 중국으로의 반도체 수출 규제가 역설적으로 중국의 자국 반도체 산업 육성으로 이어질 거라고 우려한 것이 현실화하고 있는 셈이다.

분업의 시대에서 협업의 시대로

장기적인 시각에서 투자와 지원이 필요하다

반도체 업계에서 분업이 일상화됐다면 이제는 협업의 중요성이
두드러진다. 선도업체의 변화에 빠르게 대응해 장기적인 시선에서
투자와 연구가 이뤄져야 한다.

대표적인 예가 엔비디아가 필요로 하는 HBM 메모리를 삼성전
자가 적시에 대응하지 못한 것이다. 삼성은 HBM 개발에 선도적으
로 나섰지만 끝을 맺지 못했다. 삼성의 HBM 개발팀 중 상당수가
이탈하면서 엔비디아 발 AI 열풍의 '곁불'은 SK하이닉스의 몫이 됐
다. 엔비디아의 AI 칩 개발이 본격화하고 있고 관련 연구도 확산하

고 있음을 삼성이 상세히 파악했다면 섣불리 HBM 개발을 중단하지 못했을 것이다.

이 대목에서 에릭 슈미트 전 구글 CEO가 강조했던 70-20-10의 법칙이 떠오른다. 이 법칙은 기업 역량의 70%는 기존 비즈니스에, 20%는 기존 비즈니스와 인접한 영역에, 10%는 완전히 새로운 혁신을 위해 배분하는 것이다. 10%에 대한 투자가 기업의 운명을 완전히 바꿀 수 있다.

트렌드의 변화를 조기에 간파하고 AI 과학자, 오픈 AP와 적극적으로 협업한 젠슨 황의 과감한 시도는 엔비디아가 반도체 전쟁의 승자로 부상하는 데 결정적 역할을 했음을 이해해야 한다.

젠슨 황은 알렉스넷의 놀라운 성과를 확인한 후 엔비디아의 연구개발 역량을 AI로 틀었다. 황은 2016년에는 엔비디아 최초의 슈퍼컴퓨터 DGX AI를 오픈AI에 직접 가지고 가 전달했다. 오픈AI 옆에는 엔비디아가 있었고, 현재 오픈AI의 놀라운 성과는 엔비디아가 고스란히 차지하고 있다. 협업에 대한 정확한 판단과 자사 제품의 개발 방향까지도 틀 수 있다는 의지가 결합했기에 엔비디아는 모든 반도체 기업을 제치고 AI 시대의 황제로 부상할 수 있었다.

이런 점에서 삼성의 '마하1' 칩이 네이버와의 협업으로 개발됐다는 소식은 우리 반도체 업계에도 변화의 물꼬가 트일 수 있다는 희망을 안겨준다. 인텔도 네이버의 손을 잡았다.

승부가 완전히 끝났다고 보기는 이르다. 엔비디아가 주로 담당하는 AI는 초대형 LLM 모델이나 빅테크급의 투자에 해당한다. 시장 초기에는 대부분 기업과 각국 정부가 LLM 구축을 위해 엔비디아 칩을 확보하는 데 집중했다. 아직도 시장이 커질 여지가 충분하지만 AI 열기 역시 영원할 수는 없다. 특히나 AI의 위험성에 대한 정부 차원의 견제가 본격화한다면 AI에 대한 투자도 줄어들 것이고 관련 기업들의 실적도 하락할 것이다. 정치는 과학과 산업의 방향을 좌지우지한다. 정치인들이 AI를 계속 지원할지를 속단하기는 이르다.

AI 칩이 영원히 지금과 같은 고가에 거래된다는 보장도 없다. 매번 그렇지만 지나친 쏠림은 급격한 추락도 야기하기 마련임을 역사는 보여주고 있다. 알파고를 만든 구글 딥마인드의 데미스 하사비스Demis Hassabis의 언급은 이런 점에서 시사점이 있다. 하사비스는 언론 인터뷰를 통해 가상화폐에서 보았던 과장된 열풍hype이 AI에서도 나타나고 있다고 우려했다. AI에 치중한 지나친 투자와 관심에 핵심이 빠져 있다는 진단이다. AI가 진정으로 세상을 바꾸려면 과학 발전에 기여해야 한다. 과학과 기술개발 현장에서 인간의 창의성을 지원해줄 AI가 필요하다.

이런 점에서 AI를 활용한 소비자용 기기를 만드는 기업들은 강점이 있다. 소비자들이 직접 체험할 수 있는 AI는 여전히 스마트폰이다. 스마트폰을 장악한 이가 AI 시대 최후의 보루가 될 수 있다. AI가 보편화되더라도 결국 누군가의 손에 들린 스마트폰을 통해 경험할 것이다.

빅테크 기업들은 개별 제품을 지원하기 위해 AI 반도체를 자체 개발하려고 나설 것이다. 이러한 흐름을 가장 먼저 파악하고 올라탄 빅테크 기업은 따지고 보면 애플이었다. 메타버스 시장을 장악하겠다며 이름까지 바꿨던 메타도 AI를 특효약 삼아 다시 업계 선두권에 나섰음을 기억해야 한다. 지속적인 연구개발에 대한 투자만이 경쟁력을 유지하기 위한 기반이다.

한국 반도체 산업이 나아갈 방향은?

애플과 엔비디아 같은 세계 빅테크 기업들과의 경쟁에서 살아남으려면 한국 반도체 산업은 어떻게 돌파구를 찾아야 할까? 지금처럼 수동적으로 시장에 대응해야 할까?

한국 반도체 산업은 메모리 반도체 위주로 집중되어 있다. 시스템 반도체와 비교하면 메모리의 규모는 한정된다. 시장 비중이 작은 데다 첨단 공정 투자 도입을 위한 대규모 투자가 불가피하다. 조금만 틈을 보이면 호시탐탐 우리 기업의 자리를 노리는 경쟁자들도 있다. D램과는 별도로 낸드플래시 사업도 챙겨야 한다.

메모리 반도체는 시황산업이다 보니 가격 경쟁도 치열하다. 많은 어려움이 있지만 그럼에도 삼성과 SK하이닉스는 시장을 선도해왔고 AI 시대에도 HBM을 통해 흐름을 주도하고 있다. 비록 삼성이 HBM에 다소 뒤처졌다고는 하지만 업계 최고의 기술력을 보유했다는 것은 부인할 수 없다.

시스템 반도체 경쟁력 확보와 인재 육성의 필요성을 촉구하는 목소리는 2000년대 초반부터 있어 왔다. 매번 메모리에서 벗어나자는 목소리가 높았으며, 우리에게도 기회가 있었다. 삼성은 ARM과의 협업, DEC의 알파 칩, 안드로이드, HBM 등에서 기회가 있었다. 삼성은 TSMC가 만든 파운드리 분야에서도 격차가 있긴 하지만 2위까지 치솟았다. CPU에만 주력한 업계 1위였던 인텔이 AI 시대에 앞서서 열린 모바일 시대에 올라타지 못했고 이제야 파운드리를 거론했지만, 삼성은 모바일 분야에서도 파운드리에서도 충분한 저력이 있다. 다만 더 높은 곳으로 가기 위한 조건을 갖출 필요가 있다.

챗GPT에게 삼성반도체의 도전과제에 대해 물으니, "혁신을 장려하며 실패를 허용하는 문화를 조성하고 협력사와의 파트너십을 강화하라"고 조언했다. HBM 도전의 중지, 협력사의 이탈. 이는 삼성반도체에서 목격했던 장면들이다. AI도 삼성에게 부족한 부분이 무엇이었는지 학습을 통해 알고 있다는 것은 해법이 오히려 쉬울 수 있다는 것을 증명한 것 아닐까.

한국 반도체 업계는 일본의 수출 제한 조치를 돌파해냈다. 2000년대 초반만 해도 일본의 협조 없이는 반도체 공장이 돌아가지 못하리라 생각했었다. 그러나 지난 수십 년간 쌓이고 축적된 경험이 어느 순간 우리 스스로가 생각했던 것 이상으로 높은 수준에 올라 있음을 보여주었다.

특히 우리나라는 대만을 제외하면 어느 국가보다 많은 반도체 인력을 양성했다. 미국과 일본은 반도체 설계에만 주력했기에 제조에 관한 인력 양성에 약점이 있다. 숙련된 반도체 인력이 하늘에서 뚝 떨어질 수 없다. 이런 인력을 지키는 국가적인 차원의 노력이 필요하다. 기업만으로는 해낼 수 없는 일이다.

기업 차원에서는 우수한 인력들을 적극적으로 양성하고 창업 스타트업과의 협력도 소중하게 생각해야 한다. 혁신적인 아이디어가 장기간에 걸쳐 산업의 흐름을 바꿀 수 있다는 것을 우리는 몇 번의 실패 사례에서 목격했다. 수직적인 사고가 아닌 수평적인 사고를 통해 과거에 생각지 못한 혁신이 등장할 수 있다.

우리나라는 한정된 국토와 강화된 환경 규제하에서도 대규모 인구가 거주하는 지역에서 성공적으로 반도체 생산을 이어왔다. 이런 노하우는 쉽게 얻어지는 게 아니다. 여전히 한국의 반도체 생산 경쟁력은 미국이나 일본보다 앞서 있다. 왜 한국의 반도체 기업과 인력을 해외에서 빼가려는지 되돌아보자. 우리는 다시 비상할 기회와 자격이 충분하다.

애플 엔비디아 쇼크웨이브

초판 1쇄 발행 2024년 4월 30일
2쇄 발행 2024년 6월 10일

지은이 백종민
펴낸이 오세인 | **펴낸곳** 세종서적(주)

주간 정소연
편집 최정미 | **표지디자인** 유어텍스트 | **본문디자인** 김진희
마케팅 유인철 | **경영지원** 홍성우
인쇄 탑 프린팅 | **종이** 화인페이퍼

출판등록   1992년 3월 4일 제4-172호
주소   서울시 광진구 천호대로132길 15, 세종 SMS 빌딩 3층
전화   (02)775-7012 | 마케팅 (02)775-7011 | 팩스 (02)319-9014

홈페이지 www.sejongbooks.co.kr | 네이버 포스트 post.naver.com/sejongbooks
페이스북 www.facebook.com/sejongbooks | 원고 모집 sejong.edit@gmail.com

ISBN 978-89-8407-315-9   03320